GB/T 19001—2016 idt ISO 9001:2015
质量管理体系培训教程

钱超云　余雪明　博　乐　编著

黄 河 水 利 出 版 社
·郑 州·

内容提要

本教程详细阐述了对ISO9001:2015标准的理解与应用实践，本书分成七个章节，包括质量管理体系标准发展历程、质量管理基础和重要术语理解、质量管理体系标准全解读、建立与实施质量管理体系简要指南、质量管理体系内部审核指南、质量管理体系文件编制指南和质量管理体系第三方认证审核等，重点强调实用性和权威性，目前处于行业领先水平。

本教程可作为质量管理体系标准认证审核员及内审员培训教材、QMS体系新建与换版升级的指南，也适用于作为质量管理体系培训与咨询机构讲师的参考资料，以及所有对质量管理体系感兴趣管理人员的入门与提升指南。

图书在版编目(CIP)数据

GB/T 19001—2016 idt ISO 9001:2015 质量管理体系培训教程/钱超云，余雪明，博乐编著. —郑州：黄河水利出版社，2018.8

ISBN 978-7-5509-2090-3

Ⅰ.①G… Ⅱ.①钱… ②余…③博… Ⅲ.①质量管理体系-国际标准-技术培训-教材 Ⅳ.①F273.2-65

中国版本图书馆CIP数据核字(2018)第173557号

组稿编辑：贾会珍　　电话：0371-66028027　　E-mail：110885539@qq.com

出 版 社：黄河水利出版社　　网址：www.yrcp.com

地址：河南省郑州市顺河路黄委会综合楼14层　　邮政编码：450003

发行单位：黄河水利出版社

发行部电话：0371-66026940、66020550、66028024、66022620(传真)

E-mail：hhslcbs@126.com

承印单位：河南承创印务有限公司

开本：890 mm×1 240 mm　1/16

印张：16

字数：473千字　　印数：1—1 500

版次：2018年8月第1版　　印次：2018年8月第1次印刷

定价：56.00元

前　言

以ISO 9001为代表的国际质量管理体系标准至今已经有30多年历史了，由于ISO 9001标准的结构编排和术语等与中国式质量管理思维与方式存在较大差异，可以说，直到2008版ISO 9001标准发布以后，各应用组织的质量管理人员才逐渐适应过来，故建立基于ISO 9001质量管理体系30多年来对当代中国质量管理究竟起到了怎样的推动与变革作用，至今没有一个确切的说法与定论，至多是见人见智而已。

造成这种局面的一个重要原因在于，以往没有充分理解ISO 9000标准与ISO 9001标准的基本面，不少组织不知道建立怎样的质量管理体系才是符合标准的真正要求，以及这样的质量管理体系究竟对组织质量管理又有怎样的促进作用，或者说如何将体系标准要求与组织的战略、现有质量管理模式与要求有机融合成一个整体，而非长期广泛存在的“两张皮”现象与困局。而这些正是本书试图在有限篇幅内通过权威、实用与有效的阐述来解决的问题，只不过是通过提供质量管理体系内审员培训指南的途径。

ISO 9001:2015标准是质量管理体系标准30多年历史上一次质的飞跃，因其不再将质量管理体系作为一个独立的管理单元来看待，包括要求组织必须关注相关方及其要求、影响质量管理体系预期输出能力的与内外部相关方(包括天气等自然环境)相关的风险，以及识别与改善过去往往忽视的影响质量管理体系执行者——组织员工的各种因素，诸如工作环境、作息安排、心理与情绪等，也就是说，这版标准对提升组织质量管理体系水平的潜在促进作用是ISO 9001:2008所无法比拟的。

本书作者的职业生涯与质量管理体系运行经历均超过30年，作为我国实施ISO 9001标准30多年的见证者，能够充分感悟到这30年来各组织应用ISO 9001标准的得失及其根本原因所在。首先，表现在对ISO 9001标准要求理解不够，不能将现有管理要求及其文件有机融合进基于ISO 9001标准的质量管理体系之中，造成体系文件与实际质量管理相脱节；为此本书几乎用了将近三分之一的篇幅，详尽解读了ISO 9000中近90个术语和全部的ISO 9001标准要素，这在我国质量管理体系内审员书籍中属于首次，尤其是其中近40个实用性超强的图表，无疑代表了到目前为止对标准应用的最高境界。其次，即使组织对ISO 9001标准理解基本到位，但编制出符合组织实际质量管理需求的庞大管理程序并非易事，新版标准中再也没有这样要求的原因，只是基于保证其广泛的适用性，为此本书给出了三个极具代表性的程序文件示例，均改编自质量管理非常先进的国际化组织实际管理文件，且超越原有文件水平。最后，鉴于内审员是组织建立、运行甚至认证审核质量管理体系中不可缺少的主体，本书也设置了特定章节就如何建立基于ISO 9001质量管理体系、如何进行规范有效的内部审核以及如何充分应对认证审核，给出详细的指南。

就当今全球质量管理的最高水平与境界而言，虽然ISO 9001:2015标准也只是质量管理的最基本思维、最基本框架与最基本途径，但却是通往这个最高境界的起点与必经之路，充分理解这个标准并在此基础上与组织质量战略与质量管理要求、技术与氛围有机融合，是许多组织质量管理还要经历的阶段与过程。

本书的初衷就是针对ISO 9001:2015标准编制一本全面、权威与实用的ISO 9001质量管理体系培训教材，并使得内审员有能力成为推动企业(ISO标准中，统称“组织”)质量管理体系水平持续提升的生力军。但是否能实现这个目标,还需时日加以验证。因此,期望企业的内审员、质量管理人员(特别是组织的质量管理决策者)以及认证机构的审核员,能够对本书提出宝贵的意见与建议(反馈邮箱:117499506@qq.com),期待与全国质量管理同仁一道,为国家的质量管理战略及其实现奉献绵薄之力。

编　者

2018 年 5 月

目 录

第 1 章　质量管理体系标准发展历程

第 1 节　ISO 国际标准化组织简介

国际标准化组织(International Organization for Standardization,简称 ISO),是一个具有全球影响力的独立性非政府组织,是国际标准化领域中一个十分重要的组织。ISO 的宗旨是促进全球范围内的标准化及其有关活动,以利于国际间产品与服务的交流,以及在知识、科学、技术和经济活动中促进国际间的相互合作。

国际标准化活动最早开始于电子领域,于 1906 年成立了世界上最早的国际标准化机构——国际电工委员会(International Electrotechnical Commission,简称 IEC),其后还有成立于 1928 年的国际标准化协会国际联合会(International Federation of the National Standardizing Associations,简称 ISA)以及 1944 年成立的联合国标准协调委员会(United Nations Standards Coordinating Committee,简称 UNSCC),ISA 和 UNSCC 为 ISO 的前身。1946 年 10 月,来自 25 个国家的代表在伦敦召开会议,决定成立一个新的国际组织,即国际化标准组织,简称 ISO,其目的是促进国际间的合作和行业标准的统一,总部设在瑞士的日内瓦,并于 1947 年 2 月 23 日开始运作。ISO 主要负责制定除(由 IEC 负责的)电气工程和电子工程领域以外的国际标准,并于 1951 年发布了第一个标准——《工业长度测量用标准参考温度》(Standard Reference Temperature for Industrial Length Measurement)。

有人不禁要问,既然国际标准化组织的全称为 International Organization for Standardization,按理其简称应为“IOS”而不是现在的“ISO”,这是为什么呢? 因为考虑到国际标准化组织在不同国家与不同语言里有不同的缩写形式,如在英语里为“IOS”、在法语里为“OIN”,这样在世界范围内极容易引起混乱和误解,为此该创立者在组织成立之初决定给国际标准化组织起一个简短的、在世界范围内通用的名称,于是他们选择了“ISO”。“ISO”源于希腊文“isos”,其意为“平等、相同、相等”。现在无论是在哪个国家还是哪种语言中,“国际标准化组织”的缩写一律为 ISO,其发布的标准也以 ISO 打头了。

ISO 机构包括全体大会、主要官员、成员团体、通信成员、捐助成员、政策发展委员会、理事会、ISO 中央秘书处、特别咨询组、技术管理处、标样委员会、技术咨询组、技术委员会等,今天,ISO 的成员来自 161 个国家。

ISO 技术工作是高度分散的,由多个技术委员会(TC)承担,共有 776 个技术委员会与分委员会关注标准的开发。在瑞士日内瓦 ISO 总部(中央秘书处)仅有 135 名全职工作人员。

在这些委员会中,世界范围内的工业界代表、研究机构、政府权威、消费团体和国际组织都作为对等合作者共同讨论各自领域内的标准化问题。管理一个技术委员会的主要责任由一个 ISO 成员团体(诸如 AFNOR、ANSI、BSI、CSBTS、DIN、SIS 等)担任,该成员团体负责日常秘书工作,并指定 1 ~ 2 人具体负责技术和管理工作,委员会主席协调成员达成一致意见。每个成员团体都可参加他所感兴趣课题的委员会,与 ISO 有联系的国际组织、政府或非政府组织都可参与工作。

制定国际标准的工作通常由 ISO 的技术委员会(TC)完成,截至 2006 年底,ISO 自己统计已经发布的标准共计 16 455 个,全部标准内容按英文排版共计 620 768 页。截至目前,ISO 已经发布 22 053 个涵盖几乎所有技术与制造方面的国际标准。

直到 20 世纪 80 年代中期至 90 年代中期,ISO 才先后颁布了两大管理体系国际标准,即产生广泛而深远影响的由 ISO 的 TC 176 制定的质量管理体系标准——ISO 9000 族标准,以及由 ISO 的 TC 207 制定的环境管理体系标准——ISO 14000 系列标准。2005 年起,ISO 又颁布了食品安全管理体系标准——ISO 22000 系列标准，以及后来的诸如 ISO 26000 社会责任、ISO/IEC 27001 信息安全管理、ISO 31000 风险管理、ISO 37001 反贿赂管理体系、ISO 45001 职业健康安全、ISO 50001 能源管理等国际标准。

第 2 节　ISO 9001 标准发展历程

1979 年，一个新的 ISO 技术委员会批准成立，即 ISO/TC 176 质量管理和质量保证技术委员会，秘书国为加拿大。成立之初共有 20 个成员国（Participating Members）以及 14 个观察员国（Observing Members）；如今成员国已经增加到 94 个，观察员国增加到 27 个。TC 176 于 1987 年上半年发布了第一个标准。

通常 ISO 各标准的编号是按照目录自动分配的，当 TC 176 接近完成第一个质量管理体系标准时，ISO 标准的编号快要到 9000 号了。当时 ISO 认识到 TC 176 的第一个标准以及相关标准将对整个世界产生广泛影响，于是干脆给这个标准系列号取个非常便于记忆的整数号——9000，即 ISO 9000 族系列标准就诞生了。

当然，在 TC 176 制定这一将在世界范围内应用的质量管理总体（系列）标准时，必须参照各国的质量管理经验与成果，比如已经获得广泛认可的英国标准 BS 5750，即英国标准化协会 BSI 于 1979 年颁布的《质量管理和质量保证》系列标准，以及加拿大 CSAZ 299 国家标准，即加拿大标准化协会于 1979 年颁布的四级《质量保证》系列标准等。其他一些有着良好质量管理实践的国家，比如日本也对 TC 176 的工作给予了热情支持，此外一些军方的质量保证标准和规范，诸如北大西洋公约组织的 AQAP 系列标准以及美国 MIL - SPEC 规范等也是 TC176 制定标准的重要参考文件。

以 ISO 9001:1987《质量体系　设计、开发、生产、安装和服务的质量保证模式》为代表的 87 版 9000 族标准非常突出地体现了制造业的特点，束缚了其在其他领域的应用价值。

为了使 ISO 9000 族标准能够适用于不同性质和规模的组织，ISO 在 1994 年（包括先前的 1991 年和 1993 年）经过修订颁布了 1994 版的 ISO 9000 族标准，此时的《质量体系　设计、开发、生产、安装和服务的质量保证模式》（ISO 9001:1994）与 87 版标准相比，引进了质量改进等概念，也扩大了产品的内涵，但依然存在许多需要继续改进的地方，比如采用 20 个要素（即标准中 4.1 管理职责 ~4.20 统计技术）组成质量保证体系，其中 17 个要素需要建立程序文件，且他们之间的逻辑顺序以及接口不太理想，使得各要素对应的质量管理活动相对孤立，难以有效形成质量管理核心原理的 PDCA 持续改进循环。同时标准多强调体系的符合性，而对产品质量本身并未强调必须符合相应的法规标准与顾客要求，还缺少对顾客满意信息的监控。如此造成的后果之一是不管组织（组织当时还叫作“供方”；现在的“外部供方”以前叫作“分供方”，当时我国最不适应这两个概念）的产品质量如何，也不论顾客对产品的满意度怎样，只要“依葫芦画瓢”，将组织的质量管理装进体系的 20 个要素组成质量保证体系，基本上就可以通过认证了。如此一来，一些企业相继通过所谓的“国际质量认证”（只有很少企业正规宣传为“通过国际 ISO 质量管理体系认证”），使得 ISO 9000 系列标准及认证的声誉在我国一落千丈，其应有的形象至今都没有完全恢复。

鉴于以上情况，ISO 于 2000 年发布了新的 ISO 9000 系列标准，将原来的 ISO 9001 ~ ISO 9003 合并为 ISO 9001:2000，此标准更加强调了产品满足顾客要求和法规标准要求的重要性，提出了以顾客为关注焦点、持续改进、顾客满意（度）等许多新要求，还有将原有 20 个要素按照 PDCA 循环的逻辑顺序分别写入 4 质量管理体系（P）、5 管理职责（P）、6 资源管理（P）、7 产品实现（D）、8 测量分析和改进（C + A）等五大条目中，这样就将由各大质量过程取代原来的 20 个管理体系要素，其 PDCA 循环一目了然。2000 版质量管理体系 PDCA 循环模式的建立还受益于 1996 年发布的《环境管理体系　规范及使用指南》（ISO 14001:1996）的成功，从此包括质量管理体系、食品安全管理体系以及非 ISO 颁布的职业健康安全管理体系内容编排皆采用这一模式。2000 版质量管理体系标准是划时代的，可以预见在未来相当长的时间内，其主体架构和强调与体现的过程方法、持续改进、法规符合、顾客满意等管理理念将不会发生本质的变化。

2008 年发布的《质量管理体系　标准》与 2000 版相比没有发生大的变化，主要是澄清了一些可能产生模糊的表达，以及加强与《环境管理体系　要求标准及使用指南》(ISO 14001:2004)的兼容性。

2015 年发布的《质量管理体系　标准》与 2008 版相比又发生了相当大的变化，主要表现为：其一，引入风险管理的要求；其二，不再单纯着眼于质量管理体系本身，要求组织必须识别影响体系输出能力的内外部环境因素信息并予以监视与评审；其三，要求理解影响组织质量管理体系运行、运行绩效及其风险管理的相关方需求，以及应对与内外部环境和相关方相关的风险与机遇；其四，对组织质量管理体系文件没有做硬性要求，只对一些记录有硬性要求；其五，将原来内含四类产品形式的"产品"变为"产品"和"服务"，更直接有利于服务业的采用；其六，要素条款由原先的八个章节扩展为十个章节，且除质量管理体系标准以外的其他管理体系标准也逐渐转向这个十章节格式，从而为应用多个管理体系组织的多个管理体系融合奠定基础。

ISO 9001:2015 标准核心的十个章节条款名称分别为：

(前言)	(Foreword)
(引言)	(Introduction)
1 范围	(Scope)
2 规范性引用文件	(Normative references)
3 术语和定义	(Terms and definitions)
4 组织环境	(Context of the organization)
5 领导作用	(Leadership)
6 策划	(Planning)
7 支持	(Support)
8 运行	(Operation)
9 绩效评价	(Performance evaluation)
10 改进	(Improvement)

《环境管理体系　要求及使用指南》(ISO 14001:2015)也同样采用以上格式，今后其他 ISO 管理体系标准的首次发布与修订换版发布也将采用以上条款格式。

截至目前，ISO 9000 族质量管理相关标准的最新版本号以及对应的(我国)国家标准号见表 1-1。

表 1-1　最新 ISO 9000 族主要标准及对应的国家标准一览表

ISO 9000 族主要标准	对应的我国国家标准	备注
《质量管理体系　基础和术语》(ISO 9000:2015)	《质量管理体系　基础和术语》(GB/T 19000—2016)	此标准中术语和定义不仅适用于 ISO 9001 标准，而且也适用于其他管理体系标准
《质量管理体系　要求》(ISO 9001:2015)	《质量管理体系　要求》(GB/T 19001—2016)	质量管理体系认证标准。ISO 9001:2015 认证证书一般为境外认证机构颁发，国内认证机构证书是 GB/T 19001—2016
《持续成功组织的管理——一种质量管理方法》(ISO 9004:2009)	《追求组织的持续成功　质量管理方法》(GB/T 19004—2011)	为帮助组织持续成功实施质量管理而制定的标准，非认证标准，范围比 ISO 9001:2008 标准更广泛
《管理体系审核指南》(ISO 19011:2011)	《管理体系审核指南》(GB/T 19011—2013)	本标准也适用于其他管理体系的认证审核以及所有体系内部审核参考

注：(1) ISO 9000 族标准(修订)换版工作一般要经过五大阶段，即工作组草案阶段(WD)、委员会草案阶段(CD)、国际标准草案阶段(DIS)、最终国际标准草案阶段(FDIS)、国际标准阶段(IS)；

(2)《追求组织的持续成功　质量管理方法》(GB/T 19004—2011)等同采用《持续成功组织的管理——一种质量管理方法》(ISO 9004:2009)(对应中文名称为直译，而非 GB/T 19004 的意译)。

总之,站在 ISO 的角度和立场,制定 ISO 9000 族标准核心的目的是:帮助实施标准的组织实现顾客(对产品或服务)的质量要求和适用法规的要求,以达成提升顾客满意(度),以及在追求(质量)目标过程中达成业绩的持续改进。

就质量管理体系标准而言,ISO 除了 ISO 9001 这个适用于很多不同类型组织的最常见标准,还有一些基于 ISO 9001 标准但更适用于其他特定行业的质量管理体系标准,就这些行业质量管理体系认证而言,一般不会再采用 ISO 9001 标准。这些标准包括:

(1)《石油、石化与天然气行业 - 特定行业质量管理体系 - 产品与服务提供组织要求》(ISO/TS 29001)(ISO/TS 29001 Petroleum, petrochemical and natural gas industriessector - specific quality management systems - Requirement for product and service supply organizations)。

注:最新版本为 ISO/TS 29001:2010,基于 ISO 9001:2008 标准制定,鉴于已经有 ISO 9001:2015 标准,该标准很快会升级换版。TS 代表技术规范,即 Technology Specification。

(2)《医疗器械　质量管理体系 - 针对监管目的的要求》(ISO 13485)(ISO 113485 Medical device - Quality management systems - Requirements for regulatory purposes)。

注:最新版本为 ISO/13485:2016。

(3)《软件工程　计算机软件 ISO 9001:2008 应用指南》(ISO/IEC 90003:2014 Guidelines for the application of ISO:2008 to computer software)。

(4)《质量管理体系　各政府所有层次选举组织应用 ISO 9001:2008 的特定要求》(ISO/TS 17582:2014)(ISO/TS 17582:2014 Quality managements - Particular requirements for the application of ISO 9001:2008 for electoral organizations at all levels of government)。

(5)《质量管理体系　地方政府 ISO 9001:2008 应用指南》(ISO 18091:2014 Quality management system - Guidelines for the application of ISO 9001:2008 inlocalgovernment)。

注:ISO/TC 176 下面设有三个分技术委员会,即:

①ISO/TC 176/SC1(第一分技术委员会),正式名称为概念与术语委员会(Concepts and Terminology),已经发布标准(以现行有效版本计,下同)1 个,即:

《质量管理体系　基础和术语》(ISO 9000:2015 Quality management systems - Fundamentals and vocabulary)。

②ISO/TC 176/SC2(第二分技术委员会),正式名称为质量体系委员会(Quality Systems),已经发布标准 6 个,即:

a.《质量管理体系　要求》(ISO 9001:2015 Quality management systems——Requirements);

b.《质量管理体系 ISO 9001:2015 应用指南》(ISO/TS 9002:2016 Quality management systems——Guidelines for the application of ISO 9001:2015);

c.《持续成功组织的管理——一种质量管理方法》(ISO 9004:2009 Managing for the sustained success of an organization——A quality management approach);

d.《质量管理体系　质量计划指南》(ISO 10005:2005 Quality management systems——Guidelines for quality plans);

e.《质量管理体系　项目质量管理指南》(ISO 10006:2017 Quality management——Guidelines for quality management in projects);

f.《质量管理　状态管理指南》(ISO 10007:2017 Quality management——Guidelines for configuration management)。

其中《持续成功组织的管理——一种质量管理方法》(ISO 9004:2009)与《质量管理体系　质量计划指南》(ISO 10005:2005)正在修订中。

③ISO/TC 176/SC3(第三分技术委员会),正式名称为支持技术委员会(Supporting Technologies),已经发布标准 14 个,即:

a.《质量管理　顾客满意　组织行为规范指南》(ISO 10001:2007)(ISO 10001:2007 Quality management——Customer satisfaction—— Guidelines for codes of conduct for organizations);

b.《质量管理体系　顾客满意　组织处理投诉指南》(ISO 10002:2014 Quality management——Customer satisfaction——Guidelines for complaints handling in organizations);

c.《质量管理　顾客满意　组织外部争议解决指南》(ISO 10003:2007 Quality management——Customer satisfaction——Guidelines for dispute resolution external to organizations);

d.《质量管理　顾客满意　监视和测量指南》(ISO 10004:2012 Quality management——Customer satisfaction——Guidelines for monitoring and measuring);

e.《质量管理　顾客满意　企业对消费者(B2C)电子商务交易指南》(ISO 10008:2013 Quality management——Customer satisfaction——Guidelines for business-to-consumer electronic commerce transactions);

f.《测量管理体系　测量过程和测量设备的要求》(ISO 10012:2003 Measurement management systems——Requirements for measurement processes and measuring equipment);

g.《质量管理体系文件指南》(ISO/TR 10013:2001 Guidelines for quality management system documentation);

其中,TR代表技术报告,即Technical Report。

h.《质量管理　实现财务和经济效益指南》(ISO 10014:2006 Quality management——Guidelines for realizing financial and economic benefits);

i.《ISO 10014:2006标准2007年第1号技术勘误表》(ISO 10014:2006/Cor1:2007);

j.《质量管理　培训指南》(ISO 10015:1999 Quality management——Guidelines for training);

k.《ISO 9001:2000的统计技术指南》(ISO/TR 10017:2003 Guidance on statistical techniques for ISO 9001:2000);

l.《质量管理　人员参与和能力指南》(ISO 10018:2012 Quality management——Guidelines on people involvement and competence);

m.《质量管理体系咨询师选择及其服务使用指南》(ISO 10019:2005 Guidelines for the selection of quality management system consultants and use of their services);

n.《管理体系审核指南》(ISO 19011:2011　Guidelines for auditing management systems)。

以上标准中,ISO 10001、ISO 10002、ISO 10003、ISO 10004、ISO 10014、ISO 10015、ISO 10017、ISO 10018正在修订中;以上ISO 9000族系列标准对应的GB/T标准见第3章末尾部分。

第 2 章 ISO 9000:2015 质量管理基础和术语理解

本章内容中,《质量管理体系 基础和术语》(ISO 9000:2015)标准原文用楷体编排,此外对于"术语和定义"还编排在框中。以中文版《质量管理体系 基础和术语》(GB/T 19000—2016)(全书可简称为 GB/T 19000—2016)代替《质量管理体系 基础和术语》(ISO 9000:2015),但在理解部分将主要提及《质量管理体系 要求》(ISO 9001:2015)(全书可简称为 ISO 9001:2015)。

第 1 节 基本概念理解

1 范围

本标准表述的质量管理的基本概念和原则一般适用于:

——通过实施质量管理体系寻求持续成功的组织;

——对组织稳定提供符合其要求的产品和服务的能力寻求信任的顾客;

——对在供应链中其产品和服务要求能得到满足寻求信任的组织;

——通过对质量管理中使用的术语的共同理解,寻求促进相互沟通的组织的相关方;

——依据 GB/T 19001 的要求进行合格评定的组织;

——质量管理的培训、评价和咨询的提供者;

——相关标准的起草者。

本标准给出的术语和定义适用于 SAC/TC 151 起草的所有质量管理和质量管理体系标准。

【理解】 就实施 ISO 9001:2015 质量管理体系的组织人员及其内审员而言,不彻底学习、理解 ISO 9000:2015标准并熟练应用其中的术语及其定义的话,想建立并实施好质量管理体系是不可能的。对于内审员而言,ISO 9000、ISO 9001 与 ISO 19011《管理体系审核指南》三个标准应当全部理解透彻,用不了三五年的实践,就可以达到外部认证机构审核员的水平,可以在组织的认证审核中占据有力位置,与认证机构审核员"平起平坐",而不是做他们的学生。组织、组织的客户(顾客)、供应商等相关方管理人员与技术人员也要了解这三个标准,这样才有可能与组织进行质量管理方面的有效沟通,特别是对客户而言,完全可以通过第二方审核来考察组织输出产品或服务的质量及其能力,有利于持续稳定地获得来自组织的高质量产品和服务。

2 基本概念和质量管理原则

2.1 总则

本标准表述的质量管理的概念和原则,可帮助组织获得应对与最近数十年截然不同的环境所提出的挑战的能力。当前,组织的工作所面临的环境表现出如下特性:变化加快、市场全球化以及知识作为主要资源出现。质量的影响已经超出了顾客满意的范畴,它也可直接影响到组织的声誉。

社会教育水平的提高、需求的增长,使得相关方的影响力在增强。本标准通过提出建立质量管理体系的基本概念和原则,为组织更加广阔地进行思考提供了一种方式。

所有的概念、原则及其相互关系应被看成一个整体,而不是彼此孤立的。没有哪一个概念或原则比另一个更重要。在应用时，进行适当的权衡是至关重要的。

【理解】 对任何一个组织而言，要想持续发展并跟上时代步伐，没有实施基于 ISO 9001 与 ISO 9000 标准质量管理体系基本上是不可能的，虽然这样的体系不是万能的，但它可以成为其他管理体系以及更高级质量管理体系必不可少的基础，诸如 ISO 9004 卓越绩效管理体系（《持续成功组织的管理——一种质量管理方法》）（ISO 9004），不懂 ISO 9000 质量管理原则和术语的管理者，绝对不是一位称得上有水平的管理者。

2.2　基本概念

2.2.1　质量

一个关注质量的组织倡导一种通过满足顾客和其他有关相关方的需求和期望来实现其价值的文化，这种文化将反映在其行为、态度、活动和过程中。

组织的产品和服务质量取决于满足顾客的能力，以及对有关相关方的有意和无意影响。

产品和服务的质量不仅包括其预期的功能和性能，而且还涉及顾客对其价值和受益的感知。

【理解】 当今社会，除了那些从历史上传承下来的行业，绝大多数行业的公司（组织）除了确保其产品和服务符合规定要求（如强制性法规标准要求），还应关注与满足其他相关方的期望与要求，以竞争最为激烈的通信手机为例，满足消费者需求当然最重要，但是不搞好与媒体甚至政府管理部门的关系，没有满足他们的需求和期望，也会产生严重后果，甚至是致命的后果。三星手机这几年在国内市场上的萎缩就是一个最典型的例子。苹果手机通过领先全球的营销手段以及技术、产品质量、产品广告等，营造出至高无上的品牌价值与形象，很多消费者就是冲着这个品牌来的，有时根本就不考虑什么功能不功能，新款发布时连夜排队去抢购也毫无怨言，甚至认为是一种时尚、风尚与生活方式，苹果手机的成功可以说是前无古人、极有可能也后无来者了。

2.2.2　质量管理体系

质量管理体系包括组织确定其目标以及为获得期望的结果确定其过程和所需资源的活动。

质量管理体系相互作用的过程和所需的资源，以向有关相关方提供价值并实现结果。

质量管理体系能够使最高管理者通过考虑其决策的长期和短期影响而优化资源的利用。

质量管理体系给出了在提供产品和服务方面，针对预期和非预期的结果确定所采取措施的方法。

【理解】 质量管理体系（标准要求）是一种最基本与最必要的产品和服务质量管理思考、决策、计划、实施、检查与改进的思路和方法，包括识别顾客（客户、消费者）对产品与服务的要求（很多要求隐含在法规标准中）与期望，在考虑与优化实现产品和服务的各关联过程，以及对各类资源（人力资源、设施设备资源、计量检测资源等）的充分优化利用，而为此制定组织愿景与使命下的质量方针与质量目标是所有质量活动的起始点。

2.2.3 组织环境

理解组织环境是一个过程。这个过程确定了影响组织的宗旨、目标和可持续性的各种因素。它既需要考虑内部因素，例如:组织的价值观、文化、知识和绩效，还需要考虑外部因素，例如:法律、技术、竞争、市场、文化、社会和经济环境。

组织的宗旨可被表述为包括其愿景、使命、方针和目标。

【理解】 ISO 9001:2015 最大变化之一是不仅将质量管理体系本身视为一个独立的大过程，而且要求组织必须关注影响这个过程的有效性与效率的内外部因素，而这些因素在以前各版标准中是没有提及的。例如，影响员工参与质量管理积极性的由组织价值观与文化所决定的工作氛围、影响员工薪酬福利的组织绩效(利润等)，再例如行业市场与竞争会影响组织对其产品和服务质量的重新设计与优化，法律法规标准等强制要求必须予以考虑并落实在各个质量管理过程中，否则就有违法风险;反过来，遵守这些强制要求可能提高产品与服务质量及其过程效率。多数行业受新技术的影响较大，引进新技术与引进掌握新技术的人才以提高质量与效率，也是组织最高管理者必须考虑的事项之一。

2.2.4 相关方

相关方的概念扩展了仅关注顾客的观点，而考虑所有有关相关方是至关重要的。

识别相关方是理解组织环境的过程的组成部分。有关相关方是指若其需求和期望未能满足，将对组织的持续发展产生重大风险的那些相关方。为降低这些风险，组织需确定向有关相关方提供何种必要的结果。

组织的成功，有赖于吸引、赢得和保持有关相关方的支持。

【理解】 强调关注除顾客以外的有关相关方也是新版标准的一大亮点，现实中除组织顾客外，很多相关方同样也或多或少影响甚至决定组织质量管理结果甚至经营的生死。最重要的相关方就是政府立法、司法与行政管理机关，特别是各级质量技术监督管理局、食品药品监督管理局、市场监督管理局，甚至包括与质量管理无直接关系的环保局、安全生产监督管理局等行政管理机关，他们的需求包括识别、遵守适用的法规标准，他们的期望是自觉完全遵守，不要因出事给他们“添乱”，并保持经常性的良好沟通。次重要的相关方还包括新闻媒体，一个不适、不恰当或歪曲事实、断章取义的报道可能会给产品与组织形象带来严重甚至致命的不良后果。组织附近的基层政府、社区居民等也是比较重要的相关方。另外，组织内部员工也是重要的相关方，高层员工的质量管理意识与素质、基层质量管理者与一线员工的意识与技能，会直接关乎产品和服务的质量，包括所谓的“组织不把员工当人，休想指望员工把顾客当人”，如此等等，最高管理者必须予以明察，并将所采取的措施融入质量管理过程与活动之中。

2.2.5 支持

2.2.5.1 总则

最高管理者对质量管理体系和全员积极参与的支持，能够:

——提供充分的人力和其他资源;

——监视过程和结果;

——确定和评估风险和机遇;

——采取适当的措施。

负责任地获取、分配、维护、提高和处置资源,以支持组织实现其目标。

【理解】 从我国 30 多年的 ISO 9001 质量管理体系实践历程与经验来看,组织最高管理者的质量管理意识、自身素质(胸怀、境界、信念甚至信仰、管理与技术能力)、知识技能(包括对 ISO 9000 系列标准的熟悉与认同程度)直接决定质量管理体系的高度及其绩效,在我国,“领导就是生产力”可能是常态。最高管理者不懂管理、不懂 ISO 语言是组织实施 ISO 9001 质量管理体系的不幸与悲哀,谁也无能为力、予以改变。

2.2.5.2　**人员**

人员是组织内不可缺少的资源。组织的绩效取决于体系内人员的工作表现。

通过对质量方针和组织所期望的结果的共同理解,可使组织内人员积极参与并协调一致。

2.2.5.3　**能力**

当所有人员理解并应用所需的技能、培训、教育和经验,履行其岗位职责时,质量管理体系是最有效的。为人员提供拓展必要能力的机会是最高管理者的职责。

2.2.5.4　**意识**

意识来源于认识到自身的职责,以及他们的行为如何有助于实现组织的目标。

【理解】 就智商、勤奋、吃苦耐劳而言,中国人无疑位居全球第一,也就是说中国人的潜在能力是无穷无尽的,关键是组织要有良好的以人为本的体制与机制来激发出这种能力与潜能。一个人在某个岗位上,只要用心并好学,五年可成为组织内专家,十年可成为行业或国家级专家,十五年或最多二十年可成为世界级专家。总之,组织内人员才是有效实施质量管理体系的核心资源。

人与人之间差别的最典型表现形式就是意识,意识来源于相关的科学知识、技术能力以及责任感,组织给予员工成就感与荣誉感可强化其意识,更有利于在质量管理中识别与实施各项质量改进活动,持续提升质量管理相关绩效。

2.2.5.5　**沟通**

经过策划并有效开展的内部(如整个组织内)和外部(如与有关相关方)沟通,可提高人员的参与程度并更加深入地理解:

——组织环境;

——顾客和其他有关相关方的需求和期望;

——质量管理体系。

【理解】 组织内与质量相关的有效沟通(诸如会议、交谈、讨论、邮件、建议收集等)绝对是必要的,要知道,身处一线的员工与基层管理人员,比谁都更了解质量的实情与改进方向,不过往往是不会主动讲的,特别是当上级盛气凌人批评指责时,有时不讲的原因竟是讲出来了只会增加自身的工作量与“麻烦”,领导也不会说声好,更不可能增加工资或奖金,多一事不如少一事。总之,员工才是质量管理最大的“金矿”,能够通过有效沟通来提升质量管理水平与业绩,是各级管理者的“本领”,更是最高管理者的“本领”。

第2节　质量管理七项原则理解

2.3　**质量管理原则**

2.3.1　**以顾客为关注焦点**

2.3.1.1　**概述**

质量管理的首要任务是满足顾客要求并且努力超越顾客期望。

2.3.1.2　**依据**

组织只有赢得和保持顾客和其他相关方的信任才能获得持续成功。与顾客相互作用的每个方面,都提供了为顾客创造更多价值的机会。理解顾客和其他相关方当前和未来的需求,有助于组织的持续成功。

2.3.1.3　**主要益处**

主要益处可能有:

——提升顾客价值;

——增强顾客满意;

——增进顾客忠诚;

——增加重复性业务;

——提高组织的声誉;

——扩展顾客群;

——增加收入和市场份额。

2.3.1.4　**可开展的活动**

可开展的活动包括:

——识别从组织获得价值的直接顾客和间接顾客;【ISO 9001:2015 涉及章节号:4.2】

——理解顾客当前和未来的需求和期望;【ISO 9001:2015 涉及章节号:5.1.2、9.1.2】

——将组织的目标与顾客的要求和期望联系起来;【ISO 9001:2015 涉及章节号:4.2、5.1.2、6.2.1】

——在整个组织内沟通顾客的需求和期望;【ISO 9001:2015 涉及章节号:5.2、5.1.2、7.4、8.2.1/2/3】

——为满足顾客的需求和期望,对产品和服务进行策划、设计、开发、生产、交付和支持;【ISO 9001:2015 涉及章节号:8.1、8.2、8.3、8.5】

——测量和监视顾客满意情况,并采取适当的措施;【ISO 9001:2015 涉及章节号:8.5.5、9.1.2、10.1】

——在有可能影响到顾客满意的有关相关方的需求和适宜的期望方面,确定并采取措施;【ISO 9001:2015 涉及章节号:4.2、8.4.2】

——主动管理与顾客的关系,以实现持续成功。【ISO 9001:2015 涉及章节号:7.4、8.2.1、9.1.2】

【理解】　“【】”内的 ISO 9001:2015 章节号是作者加上去的,下文也一样。

2.3.2　**领导作用**

2.3.2.1　**概述**

各级领导建立统一的宗旨和方向,并创造全员积极参与实现组织的质量目标的条件。

2.3.2.2　**依据**

统一的宗旨和方向的建立,以及全员的积极参与,能够使组织将战略、方针、过程和资源协调一致,以实现其目标。

2.3.2.3 **主要益处**

主要益处可能有:

——提高实现组织质量目标的有效性和效率;

——组织的过程更加协调;

——改善组织各层级、各职能间的沟通;

——开发和提高组织及其人员的能力,以获得期望的结果。

2.3.2.4 **可开展的活动**

可开展的活动包括:

——在整个组织内,就使命、愿景、战略、方针和过程进行沟通;【ISO 9001:2015 涉及章节号:5.2.2、6.2.1】

——在组织的所有层级创建并保持共同的价值观,以及公平和道德的行为模式;

——培育诚信和正直的文化;

——鼓励在整个组织范围内履行对质量的承诺;【ISO 9001:2015 涉及章节号:5.1.1】

——确保各级领导者成为组织中的榜样;

——为员工提供履行职责所需的资源、培训和权限;【ISO 9001:2015 涉及章节号:5.3、7.1.1】

——激发、鼓励和表彰员工的贡献。

【理解】 领导特别是最高领导者对质量管理体系的有效性起着决定性的作用,这种作用不仅是在质量管理体系之内,更多的是在其之外,就像以上"可开展的活动"中所列的那样,"领导就是生产力""领导就是企业文化与企业氛围",对于我们这个有几千年人治历史的国度而言,尤为如此。

值得一提的是,组织及其最高管理者对质量管理部门(诸如品管部/技术部等)的授权应当主要是通过建立相应的二级程序文件来实现的,特别是针对外部供方(供应商、承包商、服务商等)的评估与选定、业绩评价,以及针对采购产品不合格的判定与处置等往往涉及利益,这方面如果程序的流程及其规定形同虚设,什么事情都要最后请示最高管理者决定,如果他是组织拥有者(老板)的话,叫作自作自受也就罢了,如果他只是职业经理人的话,组织的老板就要倒霉了;必须对此有清醒的认识,有很多企业、公司(组织)就是因此慢慢被耗空的,此乃我们的"特色"。

本标准 2.1"总则"里说本节中的七个原则没有一个比另外一个更重要,这可能只适用于国外,在我国,"领导作用"原则统领并决定着其他原则,这个原则没有落实,其他原则就是空谈或摆设。

2.3.3 **全员积极参与**

2.3.3.1 **概述**

整个组织内各级胜任、经授权并积极参与的人员,是提高组织创造和提供价值能力的必要条件。

2.3.3.2 **依据**

为了有效和高效地管理组织,各级人员得到尊重并参与其中是极其重要的。通过表彰、授权和提高能力,促进在实现组织的质量目标过程中的全员积极参与。

2.3.3.3 **主要益处**

主要益处可能有:

——组织内人员对质量目标有更深入的理解,以及更强的加以实现的动力;

——在改进活动中,提高人员的参与程度;

——促进个人发展、主动性和创造力;

——提高人员的满意程度;

——增强在整个组织内的相互信任和协作；

——促进整个组织对共同价值观和文化的关注。

2.3.3.4 可开展的活动

可开展的活动包括：

——与员工沟通，以增强他们对个人贡献的重要性的认识；【ISO 9001:2015 涉及章节号:7.3】

——促进整个组织内部的协作；

——提倡公开讨论，分享知识和经验；

——让员工确定影响执行力的制约因素，并且毫无顾虑地主动参与；

——赞赏和表彰员工的贡献、学识和进步；

——针对个人目标进行绩效的自我评价；

——进行调查以评估人员的满意程度，沟通结果并采取适当的措施。

【理解】 如前所述，只要"领导作用"原则落到实处，"全员参与"不是问题，而"全员参与"是质量管理体系（各级文件）落到实处的关键，虽然在 ISO 9001 标准中没有提及与全员参与相关的要求，但一旦领导，特别是最高领导（最高管理者）能够营造良好的组织文化与工作氛围，在分配职责时戒除私心私利、对程序运行不因利益而加以无理干预，全员参与自然会出现，员工不是傻子，一旦潜能被激发出来，搞好质量管理就是小儿科般简单的事情了。

2.3.4 过程方法

2.3.4.1 概述

将活动作为相互关联、功能连贯的过程组成的体系来理解和管理时，可更加有效和高效地得到一致的、可预知的结果。

2.3.4.2 依据

质量管理体系是由相互关联的过程所组成。理解体系是如何产生结果的，能够使组织尽可能地完善其体系并优化其绩效。

2.3.4.3 主要益处

主要益处可能有：

——提高关注关键过程的结果和改进的机会的能力；

——通过由协调一致的过程所构成的体系，得到一致的、可预知的结果；

——通过过程的有效管理、资源的有效利用及跨职能壁垒的减少，尽可能提升其绩效；

——使组织能够向相关方提供关于其一致性、有效性和效率方面的信任。

2.3.4.4 可开展的活动

可开展的活动包括：

——确定体系的目标和实现这些目标所需的过程；【ISO 9001:2015 涉及章节号:4.4.1】

——为管理过程确定职责、权限和义务；【ISO 9001:2015 涉及章节号:4.4.1、5.3】

——了解组织的能力，预先确定资源约束条件；【ISO 9001:2015 涉及章节号:4.1】

——确定过程相互依赖的关系，分析个别过程的变更对整个体系的影响；【ISO 9001:2015 涉及章节号:6.3】

——将过程及其相互关系作为一个体系进行管理，以有效和高效地实现组织的质量目标；【ISO 9001:2015 全部正文章节(第4章至第10章)】

——确保获得必要的信息，以运行和改进过程并监视、分析和评价整个体系的绩效；【ISO 9001:

2015 涉及章节号:9.1、9.2、9.3、10】

——管理可能影响过程输出和质量管理体系整体结果的风险。【ISO 9001:2015 涉及章节号:6.1】

【理解】 理解过程方法的关键是充分理解适用于所有管理领域的“过程”,详见本章第 3 节“关键性术语理解”中 3.4“有关过程的术语理解”中 3.4.1“过程 process”的理解。如果不对“过程”及其过程设计方法有所了解,就难以制定出好的能够满足体系标准要求且切实可行有效的程序文件、作业指导书、质量标准、检验计划等质量管理体系文件,且难以保证所有文件之间的兼容性、连贯性与可执行性,导致诸多跨部门的质量管理活动职责不清、接口不明、问题无人牵头识别与解决、改进,常见的表现是相互推诿、推卸责任、出了问题找不到责任人,事事好像有人管其实没有人管、外部相关方来沟通时找不到对应部门或能够决定的对应人等种种管理乱象。“过程”及其“过程方法”的有效应用是当今所有领域管理中最实用、最有效与最必需的工具与途径。

对于质量管理体系而言,所谓“过程方法”就是要将所有质量管理体系管理过程的前后顺序、逻辑关系、接口关系、传递条件、启动或终止条件等通过精心策划与设计加以明确,其结果是事事有人管、且只有一个人(或一个部门)来管,涉及多个部门过程的启动、传递、反馈与终止活动顺畅,各过程之间接口传递职责明确、流程顺畅。

理解“质量管理体系是由相互关联的过程所组成”详见本书第 3 章中对 ISO 9001:2015 标准 4.4.1 条款的解读。

2.3.5　改进

2.3.5.1　概述

成功的组织持续关注改进。

2.3.5.2　依据

改进对于组织保持当前的绩效水平,对其内、外部条件的变化做出反应,并创造新的机会,都是非常必要的。

2.3.5.3　主要益处

主要益处可能有:

——提高过程绩效、组织能力和顾客满意;

——增强对调查和确定根本原因及后续的预防和纠正措施的关注;

——提高对内外部风险和机遇的预测和反应能力;

——增强对渐进性和突破性改进的考虑;

——更好地利用学习来改进;

——增强创新的动力。

2.3.5.4　可开展的活动

可开展的活动包括:

——促进在组织的所有层级建立改进目标;【ISO 9001:2015 涉及章节号:6.2.1】

——对各层级人员进行教育和培训,使其懂得如何应用基本工具和方法实现改进目标;

——确保员工有能力成功地促进和完成改进项目;【ISO 9001:2015 涉及章节号:7.3】

——开发和展开过程,以在整个组织内实施改进项目;

——跟踪、评审和审核改进项目的策划、实施、完成和结果;

——将改进与新的或变更的产品、服务和过程的开发结合在一起予以考虑;

——赞赏和表彰改进。

【理解】 质量管理体系标准(ISO 9001)就是一个基于PDCA大循环的质量改进系统,改进包括组织体系本身的完善、质量目标的逐年提高、顾客满意的逐年提升、针对不合格与不符合纠正措施的实施、持续识别与满足不断提升的顾客与相关方要求,以及通过内部审核与管理评审从微观与宏观再审视可能实施(持续)改进的领域与机会。

2.3.6 循证决策

2.3.6.1 概述

基于数据和信息的分析和评价的决策,更有可能产生期望的结果。

2.3.6.2 依据

决策是一个复杂的过程,并且总是包含某些不确定性。它经常涉及多种类型和来源的输入及其理解,而这些理解可能是主观的。重要的是理解因果关系和潜在的非预期后果。对事实、证据和数据的分析可导致决策更加客观、可信。

2.3.6.3 主要益处

主要益处可能有:

——改进决策过程;

——改进对过程绩效和实现目标的能力的评估;

——改进运行的有效性和效率;

——提高评审、挑战和改变观点和决策的能力;

——提高证实以往决策有效性的能力。

2.3.6.4 可开展的活动

可开展的活动包括:

——确定、测量和监视关键指标,以证实组织的绩效;【ISO 9001:2015涉及章节号9.1.1/2】

——使相关人员能够获得所需的全部数据;

——确保数据和信息足够准确、可靠和安全;

——使用适宜的方法对数据和信息进行分析和评价;【ISO 9001:2015涉及章节号9.1.3】

——确保人员有能力分析和评价所需的数据;

——权衡经验和直觉,基于证据进行决策并采取措施。

【理解】 "决策必须基于事实"是任何领域有效管理的基本原则,而监视与测量结果就是最具体与真实的"事实",有时这些结果性信息(数据)需要通过相关的统计技术处理才能直接看出隐藏在其中的规律与真相,所以,确保数据的准确性与代表性是必要的前提条件,会看或读懂熟悉又是必要的基本手段,再将其与要求相比较,就可以做出判断以及必要改进的决策。

2.3.7 关系管理

2.3.7.1 概述

为了持续成功,组织需要管理与有关相关方(如供方)的关系。

2.3.7.2 依据

有关相关方影响组织的绩效。当组织管理与所有相关方的关系,以尽可能有效地发挥其在组织绩效方面的作用时,持续成功更有可能实现。对供方及其合作伙伴网络的关系管理是尤为重要的。

2.3.7.3　主要益处

主要益处可能有:

——通过对每一个与相关方有关的机会和限制的响应,提高组织及其有关相关方的绩效;

——对目标和价值观,与相关方有共同的理解;

——通过共享资源和人员能力,以及管理与质量有关的风险,增强为相关方创造价值的能力;

——具有管理良好、可稳定提供产品和服务的供应链。

2.3.7.4　可开展的活动

可开展的活动包括:

——确定有关相关方(如:供方、合作伙伴、顾客、投资者、雇员或整个社会)及其与组织的关系;【ISO 9001:2015 涉及章节号:4.2】

——确定和排序需要管理的相关方的关系;【ISO 9001:2015 涉及章节号:4.2】

——建立平衡短期利益与长期考虑的关系;

——与有关相关方共同收集和共享信息、专业知识和资源;

——适当时,测量绩效并向相关方报告,以增强改进的主动性;

——与供方、合作伙伴及其他相关方合作开展开发和改进活动;

——鼓励和表彰供方及合作伙伴的改进和成绩。

【理解】 与所有内外部相关方搞好关系也是质量管理的重要组成部分,搞好关系可以提升相互理解与信任,有利于真实与真诚的沟通与信息传递,将所有相关方构成一个多赢的共同体,通过质量管理共同提高各自的质量管理水平。

从以上可以看出,ISO 9000:2015 七个质量管理原则在 ISO 9001:2015 标准中都有所涉及,但只有对这些原则有透彻的理解,才有可能建立科学、适宜、可行与有效的质量管理体系,而单纯满足 ISO 9001 标准条款要求是远远不够的,特别是对组织的最高管理者而言,其营造的文化与工作氛围、授权与信任、沟通与激励、良好外部关系维持等非体系标准要求事项,对质量管理体系运行的绩效却起着至关重要的作用。

也有不少企业(组织)由于历史原因、体制、企业文化与最高管理者素质等因素形成了不少独特的管理原则,有些是显性的(规定于文件之中),有些是隐性的,有些竟是有害于公司管理的潜规则,见表 2-1。应用 ISO 9000 所描述的七项质量管理原则来改造、融合与提升组织质量管理原则及其过程,是有效改进质量管理业绩的最佳途径之一,也是组织自身应用 ISO 9001 体系水平的一大看点。

表 2-1　组织常见的管理原则分类一览表

显性管理原则	隐性管理原则	有害的潜规则
能一次完成之事决不拆分来做	效率越高,越受欢迎	简单的事复杂做
能用表格表达就不用文字描述		任何活动都要形成报告存档
能用图示的流程就免文字描述	文字描述越多,越难得到好评	
对满足客户无意义过程可取消	谁得罪、轻视客户,没好果子吃	无聊的事要拼命做
几分钟交谈能解决的绝不开会	老板很少开会	会越多、越长越好
(对某一过程或活动而言)高工资、少员工好于低工资、多员工	工作叫我满意、工资叫你满意	员工少发点,我就能多拿点
对事不对人	以理服人	因人而异来对事
有多少能力做多大的事	踏实肯干者容易升迁	能力越大,越要排挤打压
一线员工才是创造历史的动力	凡事首先向基层员工请教	职位高学问大,下面人不懂
员工是公司第一财富、唯一重要的财富	员工潜力无限,关键在于挖掘	员工就是机器,领导才是一切

2.4　运用基本概念和原则建立质量管理体系

此处略。

第 3 节　87 个关键性术语理解

ISO 9001:2015 标准中的术语完全采用 ISO 9000:2015 中的术语，故理解这些术语对理解 ISO 9001 标准至关重要，当组织彻底理解这些术语之后，完全可以用组织已经使用很长时间的内部或行业术语替代这些术语，这在 ISO 9000:2015 标准附录 A.1 中有明确的说明，本节从近 150 个术语中选定关键性的 87 个术语予以理解。

3.1　有关人员的术语理解

3.1.1　**最高管理者** top management

在最高层指挥和控制**组织**(3.2.1)的一个人或一组人

注 1：最高管理者在组织内有授权和提供资源的权力。

注 2：如果**管理体系**(3.5.3)的范围仅覆盖组织的一部分，在这种情况下，最高管理者是指挥和控制组织的这部分的一个人或一组人。

注 3：这是 ISO/IEC 导则 第 1 部分 ISO 补充规定的附件 SL 中给出的 ISO 管理体系标准中的通用术语及核心定义之一。

【理解】　总经理、厂长、行使日常管理职责的总裁、首席执行官、常务董事、执行董事、合伙人、校长、行长、会长、社长、站长、车长、船长、店长、总监、院长、园长、首席代表乃至老板等就是各种不同类型组织的最高管理者（在组织质量管理体系各级文件中，可用这些实际的头衔来替代“最高管理者”），或者说组织的这些领导与几个高层管理者共同构成所谓“最高管理者”，不过国内实施 ISO 9001 质量管理体系的最高管理者往往就是那个权力最大的领导。

在《质量管理体系　要求》(GB/T 19001—2016)（等同采用 ISO 9001:2015）标准中，术语“最高管理者”出现的条款号及内容如下：

5.1.1　**总则**

最高管理者应通过以下方面，证实其对质量管理体系的领导作用和承诺：

a) 对质量管理体系的有效性负责；

……

5.1.2　**以顾客为关注焦点**

最高管理者应通过确保以下方面，证实其以顾客为关注焦点的领导作用和承诺：

a) 确定、理解并持续满足顾客要求以及适用的法律法规要求；

……

5.2.1　**制定质量方针**

最高管理者应制定、实施和保持质量方针，质量方针应：

a) 适应组织的宗旨和环境并支持其战略方向；

……

5.3　**组织的岗位、职责和权限**

最高管理者应确保组织相关岗位的职责、权限得到分配、沟通和理解。

最高管理者应分配职责和权限，以：

a)确保质量管理体系符合本标准的要求；

……

9.3　**管理评审**

9.3.1　**总则**

最高管理者应按照策划的时间间隔对组织的质量管理体系进行评审，以确保其持续的适宜性、充分性和有效性，并与组织的战略方向保持一致。

从以上条款可以看出，最高管理者在组织质量管理体系中的作用举足轻重、至关重要，具有决定性意义。从国内实际情况来看，真正懂得 ISO 9001 质量管理体系并提供充分资源有效管理体系的最高管理者并不多见，可以说，最高管理者的意识、意志与支持是决定组织质量管理体系有效性与高度的决定性因素。

在组织编写《质量手册》及程序等体系文件时，可以具体名称如“总经理”替代“最高管理者”，当然“组织”本身最好也用具体名称如“某某公司”替代。

3.2　有关组织的术语理解

3.2.1　**组织 organization**

为实现**目标**(3.7.1)，由职责、权限和相互关系构成自身功能的一个人或一组人

注 1：组织的概念包括，但不限于代理商、公司、集团、商行、企事业单位、行政机构、合营公司、**协会**(3.2.8)、慈善机构或研究机构，或上述组织的部分或组合，无论是否为法人组织，公有的或私有的。

注 2：这是 ISO/IEC 导则　第 1 部分　ISO 补充规定的附件 SL 中给出的 ISO 管理体系标准中的通用术语及核心定义之一，最初的定义已经通过修改注 1 被改写。

【**理解**】　各类公司、工厂、饭店、电影院、研究院、学校、代表处、银行、检测检验院、协会等，皆是可以建立与实施质量管理体系的组织，在这些组织的质量管理体系中，应当用其名称(包括简称或名称首字母缩写)来代替术语“组织”，否则不仅在内部造成混乱，而且也是生硬理解与应用 ISO 9001 标准体系的表现。

3.2.2　**组织环境 context of the organization**

对**组织**(3.2.1)建立和实施**目标**(3.7.1)的方法有影响的内部和外部因素的组合

注 1：组织的目标可能涉及其**产品**(3.7.6)和**服务**(3.7.7)、投资和对其**相关方**(3.2.3)的行为。

注 2：组织环境的概念，除了适用于营利性组织，还同样能适用于非营利或公共服务组织。

注 3：在英语中，这一概念常被其他术语，如“business environment(经营环境)”“organizational environment(组织环境)”或“ecosystem of an organization(组织生态系统)”所表述。

注 4：了解**基础设施**(3.5.2)对确定组织环境会有帮助。

【**理解**】　定义中的“目标”包括组织的战略目标(愿景、使命等)与质量目标，影响组织确定目标的因素有很多，外部的包括经济环境因素(如房地产泡沫导致目标消费群体购买力逐年下降，而这类群体对价格敏感，故在确保产品基本特性与功能的前提下，降低价格或变相降低价格与促销应作为优先考虑

事项)、社会因素(如上海人均受教育程度很高、年轻人又极不愿意从事制造业,低工资招不到人,非技术性质、高要求岗位考虑招聘外来人员,关键技术性质要求高的岗位招本地人)、技术因素(如本行业技术装备、工艺、产品日新月异,故设计和开发的要素及其实施部门应为实施 ISO 9001 体系优先重点考虑领域,包括研发部的设备设施人力资源配置、人员工资与激励措施等管理手段)、市场因素(如公司为新进入本行业的小公司,虽产品质量很有竞争力,但由于占有率有限,故与消费者的沟通包括售后服务、网络宣传等成为制约发展的瓶颈,应通过质量管理体系的建立得到进一步强化)、适用法规标准(如《产品质量法》[1]《工业产品生产许可证管理条例》《消费者权益保护法》和产品行业标准等,必须逐一识别与遵守,与组织质量相关的法律、法规、规章、标准与指南等,都在几十个甚至上百个,需要专业人员收集识别)。内部因素包括组织总体绩效(国内欧美日背景组织的质量管理体系一般远超过 ISO 9001 标准要求,大气、上档次,表现之一就是资源培训充足、职责授权明确、高技术素质人员多,而诸如中小型内资背景组织多数只是依葫芦画瓢,形似神不似,舍不得投钱投资源,建立真正有效的质量管理体系)、人员方面因素(人员素质、薪酬福利、奖惩机制等)、运营因素(规模、性质、顾客满意度等)以及管理性因素(如决策机制与原则、组织管理构架等)。

组织最高管理者或者最低至建立质量管理体系的负责人(如保留原有的质量管理体系管理者代表[2])应在建立或换版升级 ISO 9001:2015 质量管理体系时,识别出影响体系建立与运行的这种内外部因素(包括所涉及的风险与机遇),从而为建立有效体系与管理性目标(如质量目标)提供最基本与最重要的信息,并符合组织自身的发展战略。

3.2.3 相关方 interested party ; stakeholder

可影响决策或活动、受决策或活动所影响、或自认为受决策或活动影响的个人或**组织**(3.2.1)

示例:**顾客**(3.2.4)、所有者、组织内的人员、**供方**(3.2.5)、银行、监管者、工会、合作伙伴以及可包括竞争对手或相对立的社会群体。

注:这是 ISO/IEC 导则 第 1 部分 ISO 补充规定的附件 SL 中给出的 ISO 管理体系标准中的通用术语及核心定义之一,最初的定义已经通过增加示例被改写。

【理解】 相关方定义中的主体为"组织",相关方对组织实施质量管理体系及有效运行非常重要,必须(在《质量手册》及相应程序中)予以识别,包括其要求、期望、反馈与沟通等,可以说没有组织的相关方,也就没有了组织的质量管理体系,包括质量方针与质量目标(很多的质量目标就与相关方直接相关)。相关方例子包括:

——"可影响(组织)决策或活动的个人或组织":政府立法机构、执法机构(质量技术监督管理局、食品药品监督管理局、市场监督管理局等)、组织上级如总部、认证机构、当地政府、竞争对手、行业协会、新闻媒体、团体(如消费者协会)、非政府组织等。

——"受(组织)决策或活动所影响的个人或组织":外部供方(原辅料供应商、基建或设备维护承包商、设施设备生产商与安装调试商、服务提供商、运输商、产品第三方检验机构、第三方顾客满意调查机构)、内部员工、组织工会、产品质量责任投保机构、广告商等。

——"自认为受(组织)决策或活动影响的个人或组织":外部供方的供方、外部供方员工、顾客的顾客等。

在《质量管理体系 要求》(GB/T 19001—2016)标准中,术语"相关方"(加下划线)出现的条款号

[1] 本书中法律法规名称多为简称,如《产品质量法》为《中华人民共和国质量法》。

[2] 本书中"管理者代表"可简称为"管代",下同。

及内容如下。

4.2　**理解相关方的需求和期望**

由于相关方对组织稳定提供符合顾客要求及适用法律法规要求的产品和服务的能力具有影响或潜在影响,因此,组织应确定:

a)与质量管理体系有关的相关方;

b)与质量管理体系有关的相关方的要求。

组织应监视和评审这些相关方的信息及其相关要求。

4.3　**确定质量管理体系的范围**

组织应确定质量管理体系的边界和适用性,以确定其范围。

……

b)4.2 中提及的相关方的要求;

……

5.2.2　**沟通质量方针**

质量方针应:

……

c)适宜时,可为有关相关方所获取。

8.3.2　**设计和开发策划**

在确定设计和开发的各个阶段和控制时,组织应考虑:

……

i)顾客和其他有关相关方所期望的对设计和开发过程的控制水平;

……

9.3.2　**管理评审输入**

策划和实施管理评审时应考虑下列内容:

……

c)下列有关质量管理体系绩效和有效性的信息,包括其趋势:

1)顾客满意和有关相关方的反馈;

……

识别并满足与质量相关的“相关方”要求的最终目的,是为组织满足其“顾客”要求提供最必需的关键性保证。在 ISO 9001:2015 标准中,“相关方”(4.2)与“顾客”(5.1.2)是分开描述的,虽然“顾客”是组织最重要与最关键的相关方。

3.2.4　**顾客 customer**

能够或实际接受为其提供的,或按其要求提供的**产品**(3.7.6)或**服务**(3.7.7)的个人或**组织**(3.2.1)

示例:消费者、委托人、最终使用者、零售商、内部**过程**(3.4.1)的产品或服务的接收人、受益者或采购方。

注:顾客可以是组织内部的或外部的。

【理解】　制造业的顾客包括客户(其产品为后者的原料)、销售商(批发商、零售商、直营商)和

(或)消费者;银行的顾客包括客户(单位)、用户(个人);学校的顾客是学生;餐饮业的顾客是食客(消费者);设计院的顾客是甲方,建筑商的顾客也是甲方;运输业的顾客是物品的所有者;铁路、民航业的顾客是乘客;组织可用行业名称或俗称等来代替所谓的“顾客”。

ISO 9001:2015 标准中,涉及术语“顾客”条款内容主要如下。

5.1.2 **以顾客为关注焦点**

最高管理者应通过确保以下方面,证实其以顾客为关注焦点的领导作用和承诺:

a)确定、理解并持续地满足顾客要求以及适用的法律法规要求;

b)确定和应对风险和机遇,这些风险和机遇可能影响产品和服务合格以及增强顾客满意的能力;

c)始终致力于增强顾客满意。

8.2.1 **顾客沟通**

……

8.2.2 **产品和服务要求的确定**

在确定向顾客提供的产品和服务的要求时,组织应确保:

……

8.2.3 **产品和服务要求的评审**

8.2.3.1 组织应确保有能力向顾客提供满足要求的产品和服务。

……

8.5.3 **顾客或外部供方的财产**

8.6 **产品和服务的放行**

……

除非得到有关授权人员的批准,适用时得到顾客的批准,否则在策划的安排已圆满完成之前,不应向顾客放行产品和交付服务。

9.1.2 **顾客满意**

组织应监视顾客对其需求和期望已得到满足的程度的感受。组织应确定获取、监视和评审该信息的方法。

从以上主要涉及顾客的标准条款可以看出,整个 ISO 9001 标准就是围绕识别顾客及其要求、满足顾客及其要求、评价顾客(对要求得到满足感知的)满意度,并通过持续改进来提升顾客满意(度)这个核心目标展开的,没有顾客,就没有所谓的质量管理体系。

3.2.5 **供方 provider ; supplier**

提供**产品**(3.7.6)或**服务**(3.7.7)的**组织**(3.2.1)

示例:产品或服务的制造商、批发商、零售商或商贩。

注 1:供方可以是组织内部的或外部的。

注 2:在合同情况下,供方有时称为“承包方”。

【理解】 “供方”是 ISO 9001:2000 及 2008 版中的术语(理解与应用时可分为所谓的组织“内部供方”和“外部供方”),ISO 9001:2015 版标准中已经变更为更加明确的术语“外部供方”,即由原来的“供方”→“组织”→“顾客”,变更为现在的“外部供方”→“组织”→“顾客”。

3.2.6　**外部供方 external provider ; external supplier**

组织(3.2.1)以外的**供方**(3.2.5)

示例:**产品**(3.7.6)或**服务**(3.7.7)的制造商、批发商、零售商或商贩。

【理解】　组织不是万能的,在向顾客提供产品和服务时,会寻求其他类型组织的帮助,以制造业为例,外部供方包括原辅包材供应商、化学品(清洗、消毒等)供应商,这些材料如果直接从制造商供应,则可称为“生产商”;如果经转手供应,则可称为“经销商”;如果经进口商引进,可称为“代理商”;提供设备实施供应与安装调试的或承接某一过程或活动的,可称为“承包商”;提供成品储存、运输的,可称为“运输商”“承运商”;为组织销售产品的,可称为“承销商”;为组织提供虫害控制、咨询培训服务等的,可称为“服务商”。

3.3　有关活动的术语理解

3.3.1　**改进 improvement**

提高**绩效**(3.8.7)的活动

注:活动可以是循环的或一次性的。

3.3.2　**持续改进 continual improvement**

提高**绩效**(3.8.7)的循环活动

注 1:为**改进**(3.3.1)制定**目标**(3.7.1)和寻找机会的**过程**(3.4.1)是一个通过利用**审核发现**(3.13.9)和**审核结论**(3.13.10)、**数据**(3.8.1)分析、**管理**(3.3.3)**评审**(3.11.2)或其他方法的持续过程,通常会产生**纠正措施**(3.12.2)或**预防措施**(3.12.1)。

注 2:这是 ISO/IEC 导则　第 1 部分　ISO 补充规定的附件 SL 中给出的 ISO 管理体系标准中的通用术语及核心定义之一,最初的定义已经通过增加注 1 被改写。

【理解】　持续改进不是连续改进,就绩效而言,一个或几个质量目标或质量数据,即使以月度、季度甚至年度为期限计算,也允许有反复甚至回落(这符合管理学中的统计学规律),但只要总的趋势是好的、是上升的,就满足所谓“持续改进”的要求,组织内部或外部认证审核员不能将此判定为没有实现“持续改进”或“不符合”。

3.3.3　**管理 management**

指挥和控制**组织**(3.2.1)的协调活动

注 1:管理可包括制定**方针**(3.5.8)和**目标**(3.7.1),以及实现这些目标的**过程**(3.4.1)。

注 2:在英语中,术语“management”有时指人,即具有领导和控制组织的职责和权限的一个人或一组人。当“management”以这样的意义使用时,均应附有某些修饰词以避免与上述“management”的定义所确定的概念相混淆。例如:不赞成使用“management shall ……”,而应使用“**top management** (3.1.1)shall ……”。另外,当需要表达有关人的概念时,应该采用不同的术语,如:managerial or managers。

【理解】 管理即包括策划与编制管理文件,也包括执行管理性文件的过程,管理需要管理者来协调,也包括管理过程所涉及的各类资源与对象。

3.3.4 **质量管理** quality management 关于**质量**(3.6.2)的**管理**(3.3.3) 注:质量管理包括制定**质量方针**(3.5.9)和**质量目标**(3.7.2),以及通过**质量策划**(3.3.5)、**质量保证**(3.3.6)、**质量控制**(3.3.7)和**质量改进**(3.3.8)实现这些质量目标的**过程**(3.4.1)。

【理解】 整个 ISO 9001:2015 标准就是一个完整的质量管理体系,涉及"质量方针"的条款为5.2,涉及"质量目标"的条款为 6.2,没有对应于"质量保证"的条款,这个术语已经过时,见以下对术语"质量保证"的理解,涉及"质量控制"的条款为 8.1、8.5.1、8.6、8.7、9.1.1,涉及"质量改进(标准中的"持续改进")"的条款为 9.1.3、9.3.3 和 10.3。

3.3.5 **质量策划** quality planning **质量管理**(3.3.4)的一部分,致力于制定**质量目标**(3.7.2)并规定必要的运行**过程**(3.4.1)和相关资源以实现质量目标。 注:编制**质量计划**(3.8.9)可以是质量策划的一部分。

【理解】 虽然"质量策划"一词并未出现在 ISO 9001:2015(GB/T 19001—2016)标准条款中,但其中 6.2"质量目标及其实现的策划"条款就是质量策划。

3.3.6 **质量保证** quality assurance **质量管理**(3.3.4)的一部分,致力于提供**质量要求**(3.6.5)会得到满足的信任。

【理解】 质量保证一部分包括部分质量策划的实施,例如顾客要求、适用法规要求、其他相关方要求的识别、应对措施(如程序文件、作业指导书)制定,一部分包括资源提供(包括质量管理组织结构图、职责分配),生产输入控制(如合格原材料检验计划编制与实施,合格供应商能力评估、选定、业绩评价),过程及其产品或服务的监视与测量方案编制等,通过这些活动向组织内外部相关方提供"质量要求(质量目标、产品和服务要求、适用法规标准要求等)",一定"会"得到满足的(保证)信任。

以前 ISO 9001 体系就称为质量保证体系,如《质量体系 设计、开发、生产、安装和服务的质量保证模式》(ISO 9001:1994),那时实施认证组织的质量管理部门往往称为质量保证部。自 2000 版标准开始,标准就不再提什么质量保证了,而且在 2000 版、2008 版以及 2015 新版中再也没有"质量保证"这个术语,也很少有人明白它的含义了。

质量保证简称为 QA,与之对应的就是 QC(质量控制，见以下 3.3.7),QA 与 QC 就构成了制造类组织的质量管理部门及其人员,如质量控制部(质量管理部/品控部等)部长(经理)下面的 QA 主管、QC 主管,或质量保证科、质量控制科。

3.3.7　**质量控制 quality control**

质量管理(3.3.4)的一部分,致力于满足**质量要求**(3.6.5)

【理解】　质量控制包括对过程及其产品(包括最终输出的产品)、服务的监视和测量,也包括现实产品和服务过程的本身。一般将对采购产品的检验控制划归质量保证即 QA。2000 及以后版本的 ISO 9001 标准中,不再出现“质量控制”这个术语了,被监视和测量等替代,不过直到现在,在组织内部质量管理中,“质量控制”即 QC 经常出现与使用。

3.3.8　**质量改进 quality improvement**

质量管理(3.3.4)的一部分,致力于增强满足**质量要求**(3.6.5)的能力

注:质量要求可以是有关任何方面的,如**有效性**(3.7.11)、**效率**(3.7.10)或**可追溯性**(3.6.13)。

【理解】　“质量改进”(简称 QI)就是 ISO 9001 标准中的质量改进,包括质量管理体系(文件、资源、过程)的改进、监视与测量的改进、最终产品和服务质量等的持续改进,改进的目的是确保组织持续保持满足不断增长的顾客要求以及相关方要求的能力。

3.4　有关过程的术语理解

3.4.1　**过程 process**

利用输入实现预期结果的相互关联或相互作用的一组活动。

注 1:过程的“预期结果”称为**输出**(3.7.5),还是称为**产品**(3.7.6)或**服务**(3.7.7),随相关语境而定。

注 2:一个过程的输入通常是其他过程的输出,而一个过程的输出又通常是其他过程的输入。

注 3:两个或两个以上相互关联和相互作用的连续过程也可作为一个过程。

注 4:**组织**(3.2.1)通常对过程进行策划,并使其在受控条件下进行,以增加价值。

注 5:不易或不能经济地确认其输出是否**合格**(3.6.11)的过程,通常称之为“特殊过程”。

注 6:这是 ISO/IEC 导则　第 1 部分　ISO 补充规定的附件 SL 中给出的 ISO 管理体系标准中的通用术语及核心定义之一,最初的定义已经被改写,以避免过程和输出之间循环解释,并增加注 1 至注 5。

【理解 1】　在理解“过程”这一定义时,首先要理解什么是“输入”和“输出”,通俗来讲,输入就是启动过程的条件,输出就是过程的结果或目的规定的状态,条件的形式有文件、产品(如原料等)、应有状态等。所谓“相互关联或相互作用的一组活动”是指一个过程通常包含几个小的、有前后顺序或逻辑关系的活动。同时,某一过程的输出就是下一个过程的输入,这样很多过程通过这样的联系就构成了质量

这个最大的过程。在质量管理标准中,不管是大的还是小的过程,其名称、输入、输出等并不一定表述得非常清楚;有些过程只有输入和(或)输出,至于这个过程到底应怎样进行(采取何种方式将"输入"转化为"输出"),没有具体的规定,如管理评审这个过程,只有评审输入和评审输出,到底应该怎样评审没有具体的规定;还有部分过程的输入和输出需仔细品读标准才能悟出其中含义。

就过程中输入与输出的属性而言,目标、标准、作业指导书、设备设施、分析方法、检测计划、原料材料、半成品与成品、过程检测结果及其报告、法规、来自组织内外部的要求、人员及其资质、环境卫生状况等要素,即过程的输入就是启动过程以及实施过程所必需的全部条件,所谓人、机、料、法、环、测、态、时等;过程的输出就是过程预先所期望的结果(包括状态、状况),其属性可以是产品及其特性的保持、文件(表格、检查/检测报告、证书、检定报告、流程图、程序文件等)、记录(环境、设备设施、工具器具)状态、人员(素质、技能)等。

经常提及的组织质量管理的很多"活动",其实就是某个质量管理"过程"的一个步骤,很少有一个活动就构成了一个独立的过程。

包括输入、输出可能要素属性的过程关联图如图 2-1 所示。

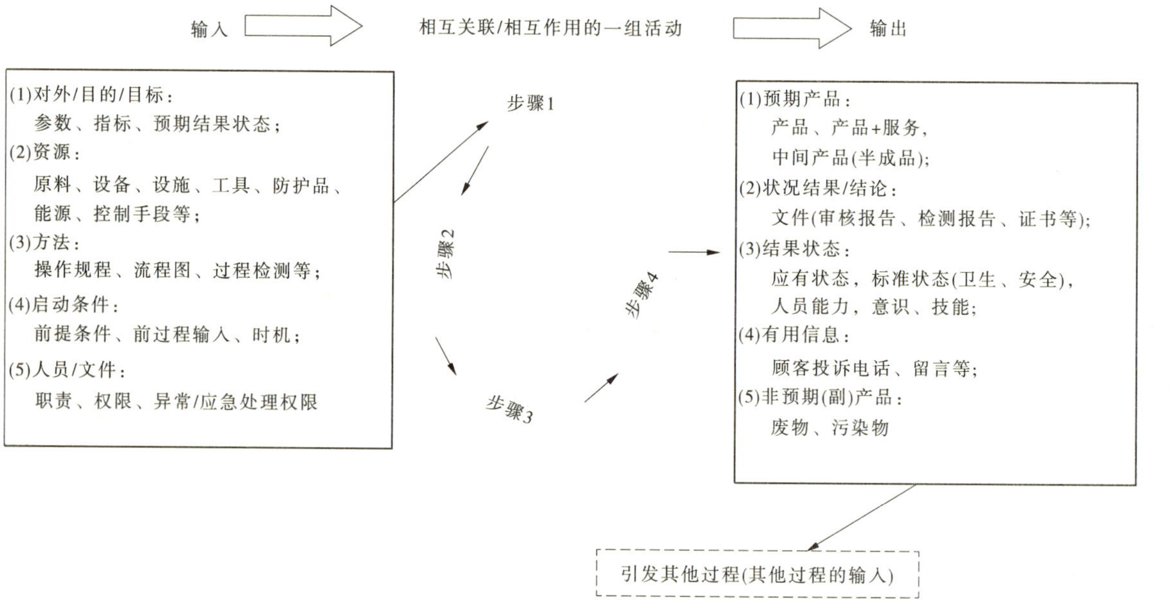

注:图中所谓"相关关联/相互作用的一组活动"(即假设由步骤 1~4 构成的活动)可理解为活动输入要素按照一定顺序相互作用、相互转化,最终产出预期的"输出"。

图 2-1　过程输入、输出要素属性示意

【理解 2】 过程识别与过程改进用乌龟图。将过程的输入细化成五个方面,与过程(相互关联或相互作用的一组活动)本身及输出就构成一个形象的乌龟图,非常利于对过程的识别、理解、优化与改进。过程管理乌龟图以及组织生产计划制订过程的乌龟图分别如图 2-2、图 2-3 所示。

就乌龟图而言,一个理想的过程必须:

(1)明确过程的目的与对象,没有明确目的的过程很可能是一个不必要或虽已经存在,但可以取消或并入其他过程作为其中的一个活动步骤;

(2)明确其中的相关步骤,确定前后关联与顺序,包括作为输入的前道过程的输出,以及输出到下一个过程的节点,包括接收时机、方式、场所、接收者等;

(3)有充分的资源保证,很多质量管理过程无法实现其预期目的,重要原因之一就是资源不够与不

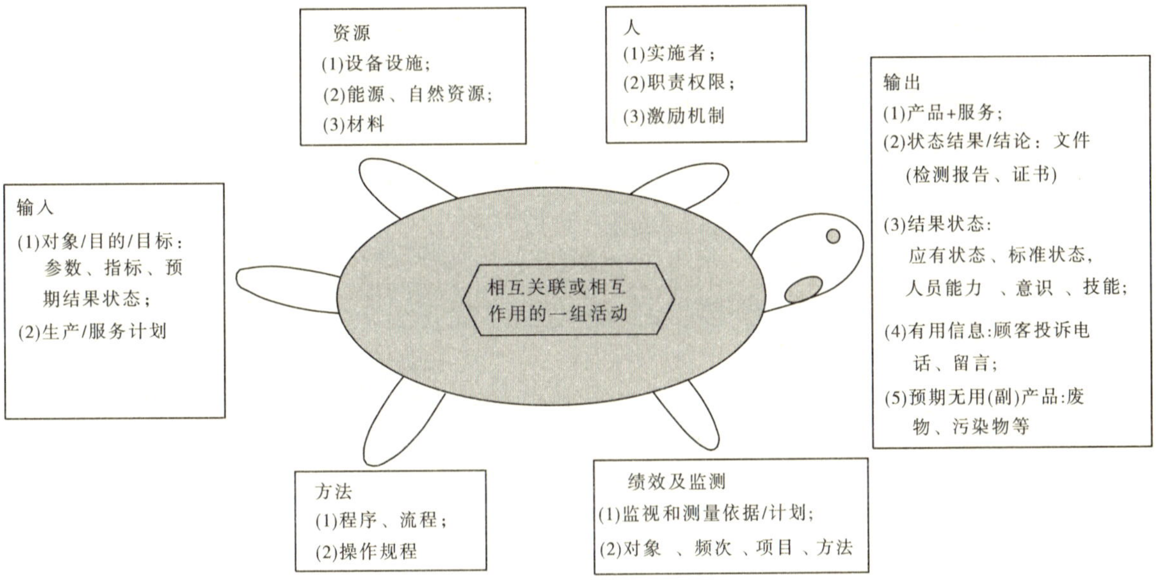

图 2-2　过程管理乌龟图

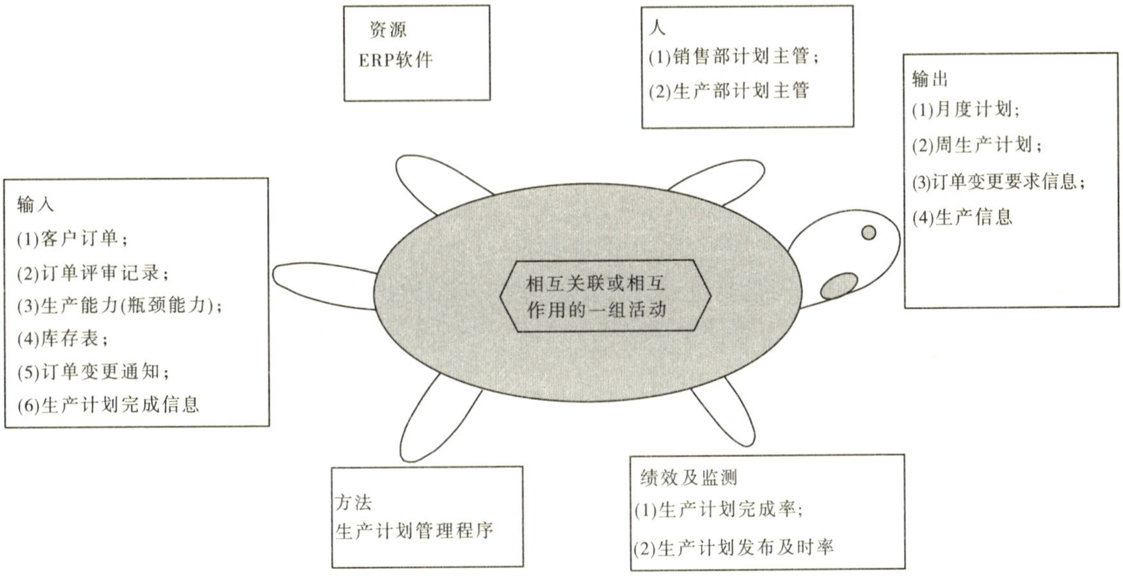

图 2-3　组织生产计划制订过程乌龟图

充分;

(4)明确过程的责任者,最好是唯一性的责任者,避免“一件事(过程)看似有很多个负责人,出问题时一个负责的都看不见”的管理窘境,责任者有充分的授权来使用、调配相关的必需资源;

(5)提供实现过程的方法,包括程序(流程)、作业指导书、准则或原则与标准等,做到有章可循;

(6)规定绩效目标,尽可能量化并测量每个过程,甚至过程中每个步骤的输出,没有得到有效监控的过程是很难搞好的,因为每个人都可能有惰性。

质量管理体系的很多较大的过程,在策划时都可以编制类似表 2-2 的表格,这样可充分识别与规定过程,减少遗漏,为过程控制(如编制适宜、充分、有效的程序文件)提供坚实的基础。

表 2-2　过程策划及其与 PDCA 对应关系一览表

过程名称	责任者	输入/资源	方法	输出	绩效及监测
生产计划编制	(1)主责:生产计划主管; (2)配合:销售计划主管、生产计划主管、仓库主管、销售订单主管	(1)客户订单; (2)订单评审记录、生产能力(瓶颈能力)日报表; (3)包材库存与收料信息; (4)ERP 软件	生产计划管理程序	(1)月度计划; (2)周生产计划; (3)订单变更要求信息; (4)生产信息(注:编制过程本身即过程中具体活动不用列出)	(1)生产计划完成率; (2)生产计划发布及时率; (监视者:生产总监)
PDCA 对应关系	P:策划	P:策划	P:策划	D:实施 (乌龟身体部分)	C:检查 D:改进(监视后可能的改进活动)

【理解 3】 ISO 9001:2015 中提及的诸多条款及其要求,对于组织而言,就是要求对应的组织内部质量管理过程及其要求。某公司对照 ISO 9001:2015 标准理解的对应质量管理过程及其输出见表 2-3。

【理解 4】 “过程”及其衍生的“过程方法”(包括质量管理的所有)在管理体系中是如此重要,以至于 ISO/TC 176/SC2(176 技术委员会第二分委员会)专门为此编制了指南性文件 N544,即《关于管理体系过程方法概念与使用指南》(N544 - Guidance on the concept and use of the process approach for management system)”。现将该指南的主要内容概述如下。

注:本指南中提及的 ISO 9001 标准为 ISO 9001:2008,过程的类型指可以识别出以下的过程类型。

——组织管理的过程。

注:这些包括与战略策划、建立方针、设定目标、提供沟通、确保所需资源的获取以及管理评审有关的过程。就 ISO 9001 标准而言,这些过程的描述集中在第 4、5 部分,如 4.1、5.3、5.4、5.5.3、5.6 等。

——管理资源的过程。包括为管理组织、实现以及测量过程提供所需资源的过程。

注:就 ISO 9001 标准而言,这些过程的描述集中在第 4、5、6 部分,如 4.2.1、4.2.2、4.2.3、5.2、5.3、5.5.1、5.5.2、6.1、6.2、6.3、6.4)。

——现实过程。这些包括所有提供组织预期输出的过程。

注:就 ISO 9001 标准而言,这些过程的描述集中在第 7 部分以及 8.3,即可将其视为一个大的产品实现过程。当然这个大过程中包含 7.1 ~7.6 数个较小的过程。

——测量、分析和改进过程。包括测量及收集数据以供业绩分析与效果效率改进的过程。它们包括测量、监视与审核过程、纠正措施与预防措施,以及作为一个整体的管理、资源管理与实现过程。

注:就 ISO 9001 标准而言,这些过程的描述集中在第 8 部分,如 8.1、8.2、8.4、8.5,以及将 4 ~8 作为最大的一个整体过程。

过程方法是一种组织与管理如何使工作场所活动为顾客及其他相关方创造价值的有效方式。

注:ISO 9000 中对过程方法的解释为“将活动的相关资源作为过程进行管理,可以更高效地得到期望的结果。

(1)组织的结构通常按职能分层。组织的管理常常是垂直的,其预期输出的职责被职能单位拆开。相关单位通常看不见最终顾客或其他相关方。其结果是给予在关联边界发生问题的优先考虑常常低于单位的短期目标。这导致对相关方而言很少或没有改进,因为行动总是着眼于职能,而非组织的总体利益。

(2)过程方法引入水平式管理,跨越不同职能单位之间的障碍,并统一他们的关注点于组织的主要目标,这也改进了过程关联点的管理。

(3)通过过程方法的运用可以改进组织的绩效。通过创造与理解多个过程的网络及它们的相互作用,这些过程可作为一个系统来管理。这个网络的协调性运作通常称为管理的“系统方法”。

表 2-3　某公司对标 ISO 9001:2015 的质量管理过程一览表

ISO 9001:2015 条款要素		过程名称	输出形式	输出方式
4. 组织环境	4.1　理解组织及其环境	影响公司质量管理体系内外部因素确定	影响公司质量管理体系内外部(相关方相关及其要求相关)因素及其风险与机遇应对一览表	《质量手册》中或作为附件
	4.2　理解相关方的需求和期望	公司质量管理相关方的需求和期望理解	公司质量管理相关方的需求和期望信息一览表	《质量手册》中
	4.3　确定质量管理体系的范围	公司质量管理体系范围确定	公司质量管理体系范围确定	《质量手册》中
	4.4　质量管理体系及其过程	公司质量管理体系及其所需过程相互关系确定	公司质量管理体系及其所需过程相互关系图	《质量手册》中
5. 领导作用	5.1　领导作用和承诺	总经理在公司质量管理体系中职责确定	总经理在公司质量管理体系中职责	《质量手册》中
	5.2　方针	质量方针制定和沟通	《质量方针》	可置于《质量手册》中
	5.3　组织的岗位、职责和权限	公司质量管理组织结构及其职责和权限确定	公司质量管理组织结构图及其职责权限	《质量手册》中
6. 策划	6.1　应对风险和机遇的措施	公司质量管理风险和机遇应对措施确定	影响公司质量管理体系内外部(相关方相关及其要求相关)因素及其风险与机遇应对一览表	《质量手册》中或作为附件
	6.2　质量目标及其实现的策划	公司年度质量目标确定与变更管理	公司年度质量目标、各部门年度质量目标	单独作为《质量手册》中引出的文件
	6.3　变更的策划	年度质量管理体系一、二、三级文件修订管理	年度质量管理体系一、二、三级文件修订计划	
7. 支持	7.1　资源	公司质量管理资源识别及其充分性确定	公司质量管理资源描述	《质量手册》中
			公司质量管理仪器仪表检定与校准一览表	《质量手册》或程序的附件
			公司质量核心人才与外部关键技术源一览表	《质量手册》或程序的附件
	7.2　能力	公司质量管理各岗位能力确定	公司《岗位描述》	人力资源部三级文件
		年度员工教育培训实施	公司年度培训计划	培训管理程序的执行文件
	7.3　意识	员工质量意识教育	质量意识教育描述(宣传栏、口头教育、现场管理措施示范等)	《质量手册》中
	7.4　沟通	内外部质量管理确定	公司内外部质量沟通相关信息一览表	《质量手册》中
	7.5　成文信息	质量管理体系文件与记录策划	《质量方针》、程序文件及其附件、记录公司质量体系文件清单、记录清单	
		质量管理体系文件与记录评审	各级文件会签(讨论策划、审核与批准)	各级文件发布页面或栏中
		文件和记录控制(包括修订准则与流程)策划	《文件管理程序》《记录管理程序》	

续表 2-3

ISO 9001:2015 条款要素		过程名称	输出形式	输出方式
8. 运行	8.1 运行的策划和控制	成品、交付与售后服务策划	产品标准、产品储运标准、售后服务流程	三级文件
		采购产品与再制品标准	原料、辅料、加工助剂、包装材料、工程材料、各类半成品标准	三级文件
		工艺技术、过程检测策划	工艺技术标准、过程及产品检测计划	三级文件
		产品实现过程策划及其实施	作业指导书、操作记录与过程检测记录	三级文件、四级文件
		公司质量相关外包过程管理	《外包管理程序》、公司质量相关外部过程管理信息一览表	二级文件、二级文件引出的文件
	8.2 产品和服务的要求 8.2.1 顾客沟通 8.2.2 产品和服务要求的确定 8.2.3 产品和服务要求的评审 8.2.4 产品和服务要求的更改	客户交流与售后服务 产品与服务要求确定 销售合同与订单评审 销售合同与订单变更控制	销售合同、销售订单、销售备忘录、售后记录 《公司产品和服务相关要求一览表》 销售年计划、月计划与周计划 销售合同变更记录表、销售订单一览表	三级文件、四级文件 《质量手册》中 三级文件 三级文件
	8.3 产品和服务的设计和开发	新产品开发策划	《新产品研发管理程序》、2018～2020 年新产品研发计划	二级文件、二级文件引出的文件
		新产品开发立项与研发计划评审	新产品立项报告、新产品研发计划可行性评审报告	二级文件（程序）引出的文件
		新产品性能确认与新试验产品符合性检验	新产品确认报告、新试验产品符合性检验报告	
		新产品原料、工艺技术、过程检验与产品标准评审与发布	新产品原料、工艺技术、过程检验与产品标准评审报告；新产品研发报告	
		新产品研发相关信息修订控制	获得修订的各类新产品开发相关文件	
	8.4 外部提供的过程、产品和服务的控制 8.4.1 总则 8.4.2 控制类型和程度 8.4.3 提供给外部供方的信息	供应商与服务商管理	《供应商评价、选定与业绩评价管理程序》 《服务商评价、选定与业绩评价管理程序》 供应商与服务商评价报告（含资质证明文件） 供应商与服务商年度业绩评价报告 合格供应商名录、合格服务商名录 供应商采购合同、服务商服务合同	二级程序 二级程序引出的文件

续表 2-3

ISO 9001:2015 条款要素		过程名称	输出形式	输出方式
8. 运行	8.5　生产和服务提供 8.5.1　生产和服务提供的控制 8.5.2　标识和可追溯性 8.5.3　顾客或外部供方的财产 8.5.4　防护 8.5.5　交付后活动 8.5.6　更改控制	生产与交付过程管理 产品标识与可追溯性管理 顾客产品配方与核心原料防护 在制品、成品及其储运期间防护 产品交运管理、售后服务管理 产品、工艺技术与销售服务标准变更管理	交付给客户的产品和服务。操作记录、过程检测记录、设备设施维护记录、人为质量异常再发防止措施及有效性验证记录 带检验状态与批次标识的产品，批次记录 《客户与其他外部供方产品管理程序》 《产品防护管理程序》及其对应操作规程 《产品交运管理规定》《售后服务管理程序》 《产品、工艺技术与销售服务标准变更管理程序》	四级文件 四级文件 二级文件 二级文件、三级文件
	8.6　产品和服务的放行	成品出厂检验与出货管理	《成品出厂检验记录》《成品检验报告》 《成品出货记录单》	四级文件
	8.7　不合格输出的控制	采购产品不合格控制 再制品不合格控制 成品不合格控制	《不合格控制管理程序》 《采购产品不合格处置单》《再制品不合格处置单》《轻微质量异常处置单》《成品不合格处置单》《产品召回及处置记录单》	二级文件 二级文件引出的记录
9. 绩效评价	9.1　监视、测量、分析和评价 9.1.1　总则 9.1.2　顾客满意 9.1.3　分析与评价	质量管理体系业绩监测 客户与消费者满意度管理 产品符合性、顾客与消费者满意度、风险与机遇措施有效性、供应商与服务商业绩、质量管理体系业绩与有效性等的评价	《公司质量管理体系监测信息一览表》 《客户与消费者满意度调查与改进管理程序》 月度产品合格率报告、年度顾客与消费者满意度评价、年度供应商与服务商业绩评价、内审报告、质量管理风险与机遇应对措施有效性评价、管理评审输入(管理者代表)	《质量手册》中 二级文件 《质量手册》及对应二级程序文件的执行记录
	9.2　内部审核	公司质量体系内审管理	《内部审核管理程序》、审核方案/计划/报告等	二级文件及其执行文件
	9.3　管理评审	公司质量体系管理评审	《管理评审报告》	二级文件及其执行文件
10. 改进	10.1　总则	公司质量持续改进管理	年度(改进型)质量目标及其实现过程、管理评审报告中改进事项及其落实	
	10.2　不合格和纠正措施	产品不合格及其纠正措施管理 体系实施性与有效性不符合管理	《纠正措施管理程序》 产品不合格/内部审核不符合/外部审核不符合/政府机构监管不符合/第二方审核不符合/产品质量投诉工厂责任/管理评审评价不符合《纠正措施记录单》	二级文件 二级文件的执行记录
	10.3　持续改进	公司质量持续改进管理	同以上 10.1 总则的对应内容	

一个过程的输出可能是其他多个过程的输入并关联进整个网络或系统。

以下过程方法的实施可应用于任何类型的过程，步骤顺序仅是一种方式，并非预期式的说明，一些步骤可以同时完成，如表 2-4 所示。

表 2-4　组织过程

1　组织过程的识别		
过程方法的步骤	做什么？	指南
1.1　清楚地规定组织的目的	组织应识别其顾客与其他相关方及其他们的要求、需求和期望，以清楚地规定组织的预期输出	(1)收集、分析和确定顾客与其他相关方要求及其他需求和期望。频繁的与顾客及其他相关方沟通以确保持续的理解他们的要求、需求和期望； (2)确定质量管理、环境管理、职业健康和安全、管理、业务风险、社会责任以及将应用于组织内其他管理体系准则的要求
1.2　阐释组织的方针和目标	基于要求、需求和期望的分析，建立组织的方针和目标	最高管理者应当决定组织应面对的市场并建立相应的方针。基于这些方针，管理层应设定预期输出的目标（如产品、环境绩效、职业健康和安全绩效）
1.3　确定组织的过程	识别所有生产预期输出所需要的过程	确定完成预期输出所需的过程。这些过程包括管理、资源、实现和测量与改进，与供应商、顾客及其他相关方（可能是内部或外部的）一起识别所有过程输入与输出
1.4　确定过程的顺序	确定过程按顺序的流程及其相互作用方式	详细说明与建立过程网络的描述及它们的相互作用，考虑以下内容： (1)每个过程的顾客； (2)每个过程的输入和输出； (3)哪些过程相互作用； (4)相互关联及什么是他们的特性； (5)相互作用过程的时机与顺序； (6)顺序的效果与效率。 作为例子，导致输出的过程（诸如产品交付至客户）会与其他过程（诸如管理、测量与监视，以及资源提供过程）相互作用。 诸如结构流程图、矩阵图和流程图的方法与工具可用于支持过程顺序及其相互作用的开发
1.5　规定过程责任主体	为每个过程分配职责与权限	为确保每个过程及其相互作用的实现、维护与改进，管理层应规定每个人的任务与职责，此类个人通常称为“过程责任者/责任主体”。为管理过程间相互作用，组建一个具有全局性了解所有过程的由来自每个相互作用过程管理代表组成的“过程管理小组”也许是有效的方式
1.6　规定过程文件	确定哪些需要形成文件的过程及其方法	存在于组织内的过程及最初方法应限于以最适合的方式来识别和管理他们，没有必须形成文件的过程“目录”或清单。 文件化的主要目的是使过程运作能够保持一致与稳定，组织应确定哪些过程形成文件，基于： (1)组织的规模及其活动的类型； (2)过程的复杂性及其他们的相互作用； (3)过程的临界风险； (4)能胜任人员的数量。 在有必要文件化过程的情况下，许多不同的方法可以使用诸如图示（表）、书面指导书、检查表、流程图、视觉媒介或电子方式

续表 2-4

过程方法的步骤	做什么?	指南
2　过程的策划		
2.1　规定过程内的活动	详细规定需要达成过程预期输出的活动	(1)详细规定过程所需的输入和输出; (2)确定将输入转化为所需输出需要的活动; (3)确定与规定过程内活动的顺序及其相互作用; (4)确定每个活动如何实施; (5)某些情况下,顾客可能指定过程实施的方式
2.2　规定监视和测量要求	规定应该应用的测量和监视点与方法,这应同时用于过程的控制与改进,以及预期的过程输出,确定记录结果的需求	识别用于过程控制与过程绩效的测量和监视标准(criteria),以确定过程的有效性与效率,考虑诸如以下因素: (1)符合要求; (2)顾客满意; (3)供应商业绩; (4)及时交付; (5)订货至交付时间; (6)故障比例; (7)废物; (8)过程成本; (9)突发事件频次
2.3　详细说明资源需求	确定每个过程有效运作所需的资源	资源的例子包括: (1)人力资源; (2)基础设施; (3)工作环境; (4)信息; (5)自然资源; (6)材料; (7)财务资源
2.4　依照其计划的目标验证过程	确定过程的特性与组织的目的相一致(见 1.1)	验证所有在 1.1 识别的要求得到满足,如果未满足,考虑需要怎样的附加过程活动并返回至 2.1,以改进过程
3　过程的实施和测量		
依照计划实施过程及其活动,组织可为实施开发出包含但不仅限于以下内容一个方案: (1)沟通; (2)意识; (3)培训; (4)变更管理; (5)管理层参与; (6)适用的评审活动。 依照计划实施测量、监视和控制		
4　过程的分析		
(1)评价从监视和测量获取的数据,以便量化过程绩效,合适时,使用统计方法; (2)将过程绩效测量结果与规定的过程要求相比较,以确定过程效果、效率以及任何纠正措施需求; (3)在过程绩效数据基础上识别过程改进机会,适合时,向最高管理者报告过程的绩效		

续表 2-4

5　过程的纠正措施和改进
应明确规定纠正措施的实施方法以消除问题(问题的例子包括失误、缺陷、充分过程控制的缺乏)的根本原因。实施纠正措施并验证其效果,一旦计划的过程目标得以实现,基于持续的原则组织应集中精力于改进过程绩效至更高水平之上的活动。应明确规定并实施改进方法(改进的例子包括过程优化、效率提高、效果改进、过程循环时间减少),验证改进的有效性。可使用风险分析工具来识别潜在问题。应识别并纠正这些潜在问题的根本原因,防止其在具有类似识别出风险的所有过程中发生。PDCA 方法(计划—实施—检查—处置)应该是一个有效的规定、实施、控制纠正措施以及改进的工具,众多语言中有大量的管理 PDCA 循环的文献

注:过程方法的应用是所有管理体系策划、建立、运行及认证审核的核心方法,这也是当前国内管理体系运作和认证的弱项与不足之处。

3.4.3　**质量管理体系实现 quality management system realization**

建立、形成文件、实施、保持和持续改进**质量管理体系**(3.5.4)的**过程**(3.4.1)

[源自:GB/T 19029—2009,改写,注已经被删除]

【理解】　这个术语很好理解,组织建立基于 ISO 9001 标准体系文件,并加以运行、维持与持续改进体系文件、过程、产品或服务的过程,就是所谓的“质量管理体系实现”。

3.4.5　**程序 procedure**

为进行某项活动或**过程**(3.4.1)所规定的途径

注:程序可以形成文件,也可以不形成文件。

【理解】　在 ISO 9001:2008 标准条款中,有六处标准条款要求描述为“应编制形成文件的程序……”时,所提及的程序才必须形成文件(所谓程序文件),这些程序文件的名称与格式没有硬性的规定,由各组织自行决定。而在 ISO 9001:2015 标准中,已经没有先前的“应编制形成文件的程序……”,就是没有再具体要求编制相应的(书面)程序文件(术语“程序”也没有出现在 ISO 9001:2015 标准正文中),标准中的原文如下:

4.4.2　在必要的范围和程度上,组织应:

a)保持成文信息以支持过程运行;

b)保留成文信息以确信其过程按策划进行。

在 ISO 9001 标准中,先前版本标准中的“文件”和“记录”已经分别被“保持成文信息”和“保留成文信息”所取代,当然实施过 ISO 9001:2008 版标准的组织,在升级换成 ISO 9001:2015 版标准时,完全可以维持以前的文件与记录定义及其应用,且维持先前编制的所有《质量手册》、程序文件、记录表格等,而不是所谓的“成文信息”。

在理解程序时，所谓的程序就是过程(可能由多个活动组成)或(单一性)活动的流程(途径)，这个流程有时会以程序文件或流程图等的书面(纸质、照片或电子版等形式)规定下来，每个程序的实施者或参与者都看得见，有时不一定会写出来，因为这个程序的实施者与参与者都清楚具体该怎样做以及前后活动的节点与交接，且程序已经实施多年，写出来也不会有人看，不写出来也不会影响程序实施的有效性。

关于组织质量管理体系程序文件的数量，完全由组织自己确定，所有程序全部在《质量手册》中加以规定也可以，这样就不必再编制单独的程序文件。不过通行的做法是，有一定规定与复杂程度的组织，往往会单独编制一些程序文件，数量从几个、十几个到几十个不等。尤其是一些大规模组织，会将与质量管理相关的所有程序文件(这些程序文件有时会来自上级公司、关键性客户甚至其他管理体系)，按照所实施的 ISO 9001 体系标准要素前后顺序进行编号，并在《质量手册》中引出这些程序文件。

有关组织最好应当编制的程序文件清单及其程序文件编制示例分别见第 3 章和第 6 章。

3.4.6　**外包 outsource**

安排外部**组织**(3.2.1)承担组织的部分职能或**过程**(3.4.1)

注 1：虽然外包的职能或过程是在组织的**管理体系**(3.5.3)范围内，但是外部组织是处在范围之外。

注 6：这是 ISO/IEC 导则　第 1 部分　ISO 补充规定的附件 SL 中给出的 ISO 管理体系标准中的通用术语及核心定义之一。

【理解】　组织与质量相关的外包过程有很多，诸如原料与包装物挑选、设备设施维护、某一过程外部承包、成品外部储存、成品储运甚至售后服务。就 ISO 9001 标准而言，只要这些外包过程规定在质量管理体系范围之内，就必须得到控制并成为质量管理体系的一部分，包括应有相应的程序、标准与作业指导书、过程检测、人员资质与承包方资质要求等，这些质量管理性要求应在外包合同中予以明确规定。

同时，站在法规与顾客层面，外包过程结果的法律责任主体仍是组织，即一旦这些过程出现任何违法、违反组织质量管理文件要求而导致组织产品或服务损害顾客利益的情况，组织要负最终的法律责任。在组织的内审、日常监管以及管理评审中，所有外包过程必须与非外包过程一样得到审核，包括外包方人员、所负责的过程、产品或服务，对外包方的文件执行与记录填写要求，同组织内其他部门。

组织最好编制一份质量管理相关外包过程管理信息一览表，包括外包过程名称、外包方(公司名称、负责人联系方式、现场负责人名字与联系方式)、签订的合同协议编号、先前业绩评价结果、过程输入域输出信息、过程检测及检测人、组织内过程协调人等信息，作为内部管理外包过程的平台以及外部审核的有力证据。

术语“外包”在 ISO 9001:2015 标准中，仅出现一次，即：

8　**运行**

8.1　**运行的策划和控制**

组织应确保外包过程受控(见 8.4)。

该标准 8.4“外部提供的过程、产品和服务的控制”条款已经涵盖对“外包”管理，即将外包方与(提供产品的)原料供应商合并在一起，称为“外部供方”，而先前版本 ISO 9001 标准中，“供方”就是原辅料供应商。组织在实施 ISO 9001 体系时，可用承包商(过程或服务承包方)来替代所谓“外包方”。

3.4.8 **设计和开发** design and development

将对**客体**(3.6.1)的**要求**(3.6.4)转换为对其更详细的要求的一组**过程**(3.4.1)

注1:形成的设计和开发输入的要求,通常是研究的结果,与形成的设计和开发**输出**(3.7.5)的要求相比较,可以用更宽泛和更通用的含意予以表达。通常,这些要求以**特性**(3.10.1)来规定。在一个**项目**(3.4.2)中,可以有多个设计和开发阶段。

注2:在英语中,单词"design"和"development"与术语"design and development"有时是同义的,有时用于规定整个设计和开发的不同阶段。

注3:可以使用修饰词表述设计和开发的性质[如:**产品**(3.7.6)设计和开发,**服务**(3.7.7)设计和开发或过程设计和开发]。

【理解】 就制造业而言,所谓的"设计和开发"(很多组织内简称为"新产品研发")就是将针对(往往是建立在改良现有产品基础之上的)新产品的立项性质的粗略要求,通过设计和开发过程,最终转化为组织能够精确生产出符合新产品预定要求的、更详细的原材料标准、原料配方、工艺过程及其控制标准、过程检测计划、包装材料标准、操作规程等的文件、规范、样品样机,即组织生产部门能够依据这些"输出",稳定地生产出符合最初(粗略性)要求的产品。

组织为什么要进行设计和开发?重要原因是每个产品都有一个市场生命周期,必须通过不断改进才能长久立于市场,新产品的粗略要求往往是组织通过市场调查、分析来自顾客的相关信息以及结合自身要求来确定的。诸如苹果公司设计和开发的粗略要求就很少来自消费者,他们是在为消费者创造原本都没有明示功能要求的新产品,且新产品每隔几年就(通过从未停止的"设计和开发")得到更新,从而能够持续性地给消费者带来未曾期待的产品功能,继而产生惊喜(这也是消费者满意的最高境界),可以说没有领先全球的"设计和开发"能力,就没有苹果公司的今天,"设计和开发"是苹果公司存在的核心价值与生命力。

3.5 有关体系的术语理解

3.5.1 **体系(系统)** system

相互关联或相互作用的一组要素

3.5.3 **管理体系** management system

组织(3.2.1)建立**方针**(3.5.8)和**目标**(3.7.1)以及实现这些目标的**过程**(3.4.1)的相互关联或相互作用的一组要素

注1:一个管理体系可以针对单一的领域或几个领域,如**质量管理**(3.3.4)、财务管理或环境管理。

注2:管理体系要素规定了组织的结构、岗位和职责、策划、运行、方针、惯例、规则、理念、目标,以及实现这些目标的过程。

注3:管理体系的范围可能包括整个组织,组织中可被明确识别的职能或可被明确识别的部门,以及跨组织的单一职能或多个职能。

注4:这是ISO/IEC导则 第1部分 ISO补充规定的附件SL中给出的ISO管理体系标准中的通用术语及核心定义之一,最初的定义已经通过修改注1至注3被改写。

3.5.4 **质量管理体系** quality management system

管理体系(3.5.3)中关于**质量**(3.6.2)的部分

【理解】 组织在谈到质量管理时,按照习惯应当称作“质量管理体系”,而不是听起来别扭的“质量管理系统”,虽然“体系”与“系统”等意,英文皆是“system”。有明确方针、目标以及实现这些目标的过程(包括提供资源、划分职责权限、过程活动、监视与测量、审核评审以及改进等)就可称作体系,诸如“质量管理体系”“环境管理体系”“食品安全管理体系”“信息安全管理体系”等,如果三缺一(缺乏方针或缺乏目标)甚至三缺二只剩下过程的话,就最好不要称作体系,最多可称为系统或者过程(以过程名称表示即可)。

3.5.8　**方针 policy**

(组织)由**最高管理者**(3.1.1)正式发布的**组织**(3.2.1)的宗旨和方向

注:这是 ISO/IEC 导则　第 1 部分　ISO 补充规定的附件 SL 中给出的 ISO 管理体系标准中的通用术语及核心定义之一。

3.5.9　**质量方针 quality policy**

关于**质量**(3.6.2)的**方针**(3.5.8)

注 1:通常,质量方针与**组织**(3.2.1)的总方向相一致,可以与组织的**愿景**(3.5.10)和**使命**(3.5.11)相一致,并为制定**质量目标**(3.7.2)提供框架。

注 2:本标准中提出的质量管理原则可以作为制定质量方针的基础。

【理解】 ISO 9001:2015 标准中对质量方针要求要宽松一些,标准中如下所述。

5.2.1　**制定质量方针**

最高管理者应制定、实施和保持质量方针,质量方针应:

a)适应组织的宗旨和环境并支持其战略方向;

b)为建立质量目标提供框架;

c)包括满足适用要求的承诺;

d)包括持续改进质量管理体系的承诺。

好的基于 ISO 9001 标准体系的质量方针特点包括:一看内容就知道是什么行业、体现与支持组织的宗旨(使命)与战略(不少组织没有什么书面性的宗旨、战略,此时不体现也罢)、围绕其展开制定质量目标、用适宜描述体现满足适用(法规标准、相关方、自身)要求与持续改进质量管理体系的承诺。

现今很多组织(公司)将愿景、使命(宗旨)、战略(价值观)、质量方针依次书面表达出来。两个公司的质量方针示例如下:

华为公司

时刻铭记质量是华为生存的基石,是顾客选择华为的理由。

(1)我们把顾客要求与期望准确传递到华为整个价值链,共同构建质量。

(2)我们尊重规则流程,一次把事情做对;我们发挥全球员工潜能,持续改进。

(3)我们与客户一起平衡机会与风险,快速响应客户需求,实现可持续发展。

华为承诺向客户提供高质量的产品、服务和解决方案,持续不断让客户体验到我们致力于为每个客户创造价值。

某航空公司

通过对生产和服务过程的品质管理和持续改进,使某航空公司的产品和服务成为顾客的首选,促进某航空公司持续、健康、快速的发展,为社会做出更大的贡献。

3.5.10 **愿景 vision**

(组织)由**最高管理者**(3.1.1)发布的对**组织**(3.2.1)的未来展望

3.5.11 **使命 mission**

(组织)由**最高管理者**(3.1.1)发布的对**组织**(3.2.1)存在的目的

3.5.12 **战略 strategy**

实现长期或总**目标**(3.7.1)的计划

【理解】 “愿景”和“使命”是组织最高层面的文件(如果写出来形成文件的话),一般由组织的拥有者制定,或者传承于组织的上层组织(如总部、集团公司),作为职业经理人的最高管理者,一般是没有资格制定“愿景”与“使命”的。“战略”则服务于“愿景”与“使命”,即为它们的实现提供最佳路径或方式。“愿景”和“使命”并未出现在 ISO 9001:2015 标准之中,标准中“组织的宗旨”可视为“组织的使命”,“战略”也仅出现以下几个地方(一个可视为重复),即:

4.1 **理解组织及其环境**

组织应确定与其宗旨和战略方向相关并影响其实现质量管理体系预期结果的能力的各种外部和内部因素。

5.1 **领导作用和承诺**

5.1.1 **总则**

最高管理者应通过以下方面,证实其对质量管理体系的领导作用和承诺:

a)对质量管理体系的有效性负责;

b)确保制定质量管理体系的质量方针和质量目标,并与组织环境相适应,与战略方向相一致;

9.3.1 **总则**

最高管理者应按照策划的时间间隔对组织的质量管理体系进行评审,以确保其持续的适宜性、充分性和有效性,并与组织的战略方向保持一致。

总之,由“使命”“愿景”导出“战略”,再由“战略”引出“(质量)方针”,继而制定出具体可行的“(质量)目的”;有些公司还有所谓的“价值观”,与“战略”内涵十分相似。不过,“使命”“愿景”“战略”并非只针对质量管理而言,往往针对包括质量管理的整个组织的经营活动。国内外著名公司(集团)的愿景、使命、战略示例如下:

微软公司

使命:致力于提供使工作、学习、生活增加方便、丰富的个人电脑软件。

万科集团

愿景:成为中国房地产的领跑者。

使命(宗旨):建筑无限生活。

价值观:(1)创造健康丰富的人生;

(2)客户是我们永远的伙伴;

(3)人才是万科的资本;

(4)阳光照亮的体制;

(5)持续的增长和领跑。

迪士尼公司

愿景:成为全球的超级娱乐公司。

使命:使人们过得快活。

价值观:(1)极为重视一致性和细节刻画;

(2)通过创造性、梦幻和大胆想象,不断取得进步;

(3)严格控制、努力保持迪士尼“魔力”的形象。

苹果公司

愿景:让每人拥有一台计算机。

使命:借推广公平的资料使用惯例,建立用户对互联网的信任和信心。

价值观:提供大众强大的计算能力。

3.6　有关要求的术语理解

3.6.1　客体 object ; entity ; item

可感知或可想象到的任何事物

示例:**产品**(3.7.6)、**服务**(3.7.7)、**过程**(3.4.1)、人员、**组织**(3.2.1)、**体系**(3.5.1)、资源。

注:客体可能是物质的(如:一台发动机、一张纸、一颗钻石)、非物质的(如:转换率、一个项目计划)或想象的(如:组织未来的状态)。

[源自:GB/T 15237.1—2000,3.1.1,改写]

【理解】　术语“客体”并没有出现在 ISO 9001 标准中,只是构成以下很多术语的主语,即任何有形乃至无形的关注或讨论对象都是客体。

3.6.2 **质量** quality

客体(3.6.1)的一组固有**特性**(3.10.1)满足**要求**(3.6.4)的程度

注1:术语"质量"可使用形容词来修饰,如:差、好或优秀。

注2:"固有"(其对应的是"赋予")是指存在于**客体**(3.6.1)中。

3.6.5 **质量要求** quality requirement

关于**质量**(3.6.2)的**要求**(3.6.4)

【理解】 就ISO 9001质量管理体系而言,质量的"客体"主要是指从开始(诸如原料、服务条件)至最终为顾客提供的产品或服务,即所谓的产品质量和服务质量。"固有特性"就是产品或服务内在的特性,与人们主观感觉无关,诸如高清液晶电视分辨率、就餐时从点菜到上菜的时间、医院就诊时的排队等待时间,固有特性是判断产品或服务质量的核心与关键因素,与"要求"(包括有形的产品标准要求、无形的顾客要求等)相比较后的满足程度就是所谓质量,满足程度越高,说明质量越好。

3.6.4 **要求** requirement

明示的、通常隐含的或必须履行的需求或期望

注1:"通常隐含"是指**组织**(3.2.1)和**相关方**(3.2.3)的惯例或一般做法,所考虑的需求或期望是不言而喻的。

注2:规定的要求是经明示的要求,如:在**成文信息**(3.8.6)中阐明。

注3:特定要求可使用限定词表示,如:**产品**(3.7.6)要求、**质量管理**(3.3.4)要求、**顾客**(3.2.4)要求、**质量要求**(3.6.5)。

注4:要求可由不同的相关方或组织自己提出。

注5:为实现较高的**顾客满意**(3.9.2),可能有必要满足那些顾客没有明示、也不是通常隐含或必须履行的期望。

注6:这是ISO/IEC导则 第1部分 ISO补充规定的附件SL中给出的ISO管理体系标准中的通用术语及核心定义之一,最初的定义已经通过增加注3至注5被改写。

【理解】 达成顾客质量要求(需要或期望)是组织建立与实施质量管理体系的终极目的,为此,组织还应识别与满足其他相关方的要求,包括法律法规的强制性要求(包括产品质量标准)、组织上级单位(如总部)要求、组织内部职能部门提出的要求等,这些要求也是顾客要求的组成部分,包括所谓明示(如产品质量标准,有时由顾客提出乃至制定,即为明示要求)或隐含(如有些做法在行业风行多年,人人皆知,已成不成文的惯例,并不需要形成文件让人看到。惯例示例:餐饮店就餐时,往空位一坐,服务员会立马上前倒茶,拿出菜单让点菜,吃完后甚至做个手势,服务员会立马上前结账,整个过程甚至不需要讲话,这就是不成文的惯例,完全不需要在店家与顾客之间先签订个书面协议什么)的要求。

术语"要求"在ISO 9001:2015标准出现频次达百次之多,可见对其标准的重要性。在组织《质量手册》8.2.2"产品和服务要求的确定"中最好列表出所识别的全部顾客质量要求(需求和期望),以便通过体系的有效运行加以满足。当然,这些要求并不需要在与顾客签订销售或服务合同时全部列出。食品行业的一个例子见表2-5。

表 2-5 上海 ABC 啤酒有限公司顾客要求识别信息一览表

产品与服务要求类别			责任部门										华东销售公司		内部质量管理用程序文件	监视结果文件	
			采购部	酿造部	包装部	工程部	品管部	人行部	储运部	财务部	总经理	总酿	销售部	市场部		文件名称	发布时机/频次
顾客要求	明示要求	酒液质量	□	■	■	□	★		□			★	□		《采购产品质量控制程序》 《过程质量检测管理程序》 《产品销售管理程序》 《生产计划管理程序》 《产品召回管理程序》 《包装物回空管理程序》 《产品储运管理程序》 《不合格品管理程序》 《产品可追溯性管理程序》 《成品检验与放行程序》	《过程检测报告》	每日/周/月
		包装质量	■		■		★		□			★	□			《包装检测报告》	每日/周/月
		成品数量与品种	□	□	■		★		□			★	■			《订单履行报告》	每日/周/月
		运输与产品防护要求			□		★		■			★	□			《产品防护检查报告》	每日/周/月
		交付及时性与服务质量			□		□		■		★		■			《订单履行报告》	每日/周/月
		订单沟通要求							□		★	■	■	□		《订单履行报告》	每日/周/月
		不安全产品主动召回					□		■	□	★	□	■	□		《产品召回报告》	召回发生后
		押金包装物回空回款要求							■	■	★		□			《包装物回空报告》	每日/周/月
	隐含要求	质量反馈与投诉及时处理		□	□		■		□			★	■		《顾客投诉处理程序》	《投诉处理报告》	每日/周/月
		过期酒撤回与调换					★		■				□		《过期酒调换管理程序》	《过期酒调换报告》	每日/周/月
		产品广告与促销					□		□	□	□	□	■	■	《产品广告与促销程序》	《产品促销报告》	每周/月
		产品质量责任保险					□		□	■	★		□		《产品质量责任保险程序》	—	每年一次

续表 2-5

产品与服务要求类别			责任部门										华东销售公司		内部质量管理用程序文件	监视结果文件	
			采购部	酿造部	包装部	工程部	品管部	人行部	储运部	财务部	总经理	总酿	销售部	市场部		文件名称	发布时机/频次
主要法律法规要求	法律	《食品安全法》	□	□	□	□	■		□			★	□	□	《质量与食品安全适用法律法规标准识别、遵守与合规性管理程序》	《年度适用法规标准合规性评价报告》	半年一次，管理评审
		《消费者权益保护法》					■		□			★	■	□			
		《广告法》					□				★		□	■			
		《上海市食品安全条例》	□	□	□	□	■		□			★	□	□			
	法规标准	《食品召回管理办法》					□		□		★	□	■	□	《产品召回管理程序》		
		《食品安全国家标准　食品生产通用卫生规范》(GB 14881—2013)	□	□	□	□	■		□			★	□	□	《过程质量检测管理程序》《内部审核管理程序》《工艺技术标准管理程序》《新产品开发管理程序》《SOP 管理程序》	《内部审核报告》	内审后
		《啤酒》(GB/T 4927—2008)	□	■	■	□	★		□			□				《产品检测报告》	每日/周/月
		《食品安全国家标准　发酵酒及其配制酒》(GB 2758—2012)	□	■	■	□	★		□			□				《产品委托(型式)检验报告》	半年/品种
		《食品安全国家标准　预包装食品标鉴通则》(GB 7718—2011)	□	■	■	□	★		□			□					半年/品种
公司内部要求		啤酒出厂内控标准达标率	□	■	■	□	★		□			□			《质量目标管理程序》	《月度/季度/年度质量目标达成汇总报告》	每月质量分析会、管理评审
		啤酒出厂新鲜度要求	□	■	■	□	★		■			□	□				
		啤酒市场老化度检查管理要求					■					★	■	□	《产品生产质量检查程序》	《生产产品检查报告》	
		顾客投诉处理及时率与结案率					■		□			★	□	■	《顾客投诉管理程序》	《顾客投诉处理报告》	
		客户与消费者改进建议落实率	□	□	□	□	■	□	□		★	■	□	□	《外部质量沟通管理程序》	《外部质量沟通报告》	

注:■—满足要求负主要责任;□—满足要求负配合责任;★—要求得到满足的监视责任,顾客包括批发商及零售商、直销餐饮店、桶装扎啤定制商、消费者。

3.6.6　**法律要求** statutory requirement

立法机构规定的强制性**要求**(3.6.4)

3.6.7　**法规要求** regulatory requirement

立法机构授权的部门规定的强制性**要求**(3.6.4)

【理解】　我国法律法规相关信息如下所述。

根据《中华人民共和国立法法》,我国法律体系由法律、行政法规、地方性法规、自治条例和单行条例、规章组成。

法律,有广义、狭义两种理解。广义上讲,法律泛指一切规范性文件;狭义上讲,法律仅指全国人大及其常委会制定的规范性文件。法律在与法规等一起谈时,法律是指狭义上的法律。

法律解释,是对法律中某些条文或文字的解释或限定,这些解释将涉及法律的适用问题。法律的解释权属于全国人民代表大会常务委员会,其做出的法律解释同法律具有同等效力。

注:还有一种司法解释,即由最高人民法院或最高人民检察院做出的解释,用于指导各基层法院的司法工作。

法规,是由权力机构通过的、有约束力的法律性文件,即指由国务院、地方人大及其常委会、民族自治机关和经济特区人大制定的规范性文件,包括行政法规、地方性法规、民族自治法规及经济特区法规等。

行政法规,由国务院制定并由国务院总理签署国务院令公布,同法律一样,行政法规也具有全国通用性,是对法律的补充,在成熟的情况下会被补充进法律,其地位仅次于法律。

规章,是由国务院组成部门及直属机构,省、自治区、直辖市人民政府及省、自治区政府所在地的市和经国务院批准的较大的市和人民政府,在它们的职权范围内,为执行法律、法规,需要制定的事项或属于本行政区域的具体行政管理事项而制定的规范性文件。

法律形成过程应符合《中华人民共和国立法法》的规定,行政法规形成过程应符合国务院《行政法规制定程序条例》的规定,规章和地方性法规的形成过程应符合国务院《法规规章备案条例》《规章制定程序条例》。

我国法律体系的相关信息见表 2-6。

表 2-6　我国法律体系相关信息

属性	立法权限/制定机构	制定依据/授权	公布签署人(机构)	名称形式
法律(法律解释)	(1)全国人民代表大会(全国人大); (2)全国人民代表大会常务委员会; (3)全国人大常委会法制工作委员会	宪法	国家主席	《中华人民共和国×××法》 《中华人民共和国宪法通释》 《中华人民共和国×××法释义》
行政法规(法规性文件)	国务院	宪法、法律	国务院总理	《中华人民共和国×××法实施条例》《中华人民共和国×××法细则》《中华人民共和国×××条例》 (《×××办法》《×××规定》《×××决定》《×××意见》《×××通知》)

续表 2-6

属性	立法权限/制定机构	制定依据/授权	公布签署人（机构）	名称形式
地方性法规（法规性文件）自治条例、单行条例	（1）省、自治区、直辖市人民代表大会及其常务委员会； （2）较大市的人大及其常务委员会； （3）自治区、州、县人民代表大会	宪法、法律、行政法规 宪法、民族区域自治法等	人代会主席团、人大常务委员会	（《×××规定》《×××决定》《×××决议》） 《×××条例》《×××办法》 《×××自治条例》《×××条例》
规章（规范性文件）	（1）国务院各部委、中国人民银行、审计署和具有行政职能的直属机构； （2）省、自治区、直辖市和较大市人民政府	国务院行政法规、决定、命令 地方性法规	部务会议，部全体会议，省长、自治区主席、市长	《×××规定》《×××办法》《×××实施细则/办法》 （《×××通知》《×××意见》《×××决定》） 国家标准（GB、GB/T）、行业标准等

法律、法规、规章常简称为法规，法规、规章也常简称为规章。

3.6.9　**不合格，不符合 nonconformity**

未满足**要求**（3.6.4）

注：这是 ISO/IEC 导则　第 1 部分　ISO 补充规定的附件 SL 中给出的 ISO 管理体系标准中的通用术语及核心定义之一。

3.6.11　**合格，符合 conformity**

满足**要求**（3.6.4）

注 1：在英语中，“conformance”一词与本词是同义词，但不赞成使用。在法语中，“compliance”也是同义的，但不赞成使用。

注 2：这是 ISO/IEC 导则　第 1 部分　ISO 补充规定的附件 SL 中给出的 ISO 管理体系标准中的通用术语及核心定义之一，最初的定义已经通过增加注 1 被改写。

【理解】　为什么一个“nonconformity”要翻译成“不合格”与“不符合”呢？这是由我国的语言习惯所导致的，针对不（未）满足具体量化的指标要求产品或服务（尤其是有形产品或服务），称为“不合格品”，而称为“不符合品”则听起来别扭。针对不（未）满足可量化或不可量化的要求（诸如手册、程序、规范等）的过程、状态、状况、情形、结果等，就称为“不符合”，当然此时称为“不合格”也不别扭。但是，针对内审或外审的负面性审核发现，则统称为“不符合项”（轻微的或暂时难以确定的不符合项也可称为观察项或建议项），没有称为“不合格项”的。同理，“合格”与“符合”也是一样的道理。

在 ISO 9001:2015 中，“不符合”共出现 3 次，“不合格”共出现超过 20 次，但包括了针对产品或服务的不合格以及针对管理状态的不合格，即该标准中文版（GB/T 19001—2016）并没有完全体现“不合格”与“不符合”使用的细微差异。不过，只要组织依据上段文字理解与应用好“不合格”与“不符合”措辞上的差别就可以了，包括在《质量手册》、程序文件等中精准使用，外部审核也不会出现任何问题。

3.6.13　**可追溯性 traceability**

追溯**客体**(3.6.1)的历史、应用情况或所处位置的能力

注1:当考虑**产品**(3.7.6)或**服务**(3.7.7)时,可追溯性可涉及:

——原材料和零部件的来源;

——加工的历史;

——产品或服务交付后的分布和所处位置。

注2:在计量学领域中,采用 ISO/IEC 指南 99 中的定义。

【理解】　在 ISO 9001 质量管理体系中,所谓"可追溯性"主要针对产品和服务形成过程中的可追踪性,例如,某个产品或服务一旦不合格,应当可以追踪到是哪个过程(环节)出了问题,就某个或某批次产品而言,应当可追溯到使用了哪些原料、这些原料的批次及其来源、中间产品的生产情况、产品最终包装材料与包装班次等信息,通过对所有过程产品的批次进行(状态)标识并详细记录,就可以为进行追踪提供线索。从最终产品到原料批次称为"逆向(反向)追溯(追踪)",反之则为"顺向(正向)追溯(追踪)"。

3.7　有关结果的术语理解

3.7.1　**目标 objective**

要实现的结果

注1:目标可以是战略的、战术的或操作层面的。

注2:目标可以涉及不同的领域(如:财务的、职业健康与安全的和环境的目标),并可应用于不同的层次(如:战略的、**组织**(3.2.1)整体的、**项目**(3.4.2)的、**产品**(3.7.6)和**过程**(3.4.1)的)。

注3:可以采用其他的方式表述目标,例如:采用预期的结果、活动的目的或运行准则作为**质量目标**(3.7.2),或使用其他有类似含意的词(如:目的、终点或标的)。

注4:在**质量管理体系**(3.5.4)环境中,**组织**(3.2.1)制定的**质量目标**(3.7.2)与**质量方针**(3.5.9)保持一致,以实现特定的结果。

注5:这是 ISO/IEC 导则　第1部分　ISO 补充规定的附件 SL 中给出的 ISO 管理体系标准中的通用术语及核心定义之一,原定义已通过修改注2被改写。

3.7.2　**质量目标 quality objective**

关于**质量**(3.6.2)的**目标**(3.7.1)

注1:质量目标通常依据**组织**(3.2.1)的**质量方针**(3.2.4)制定。

注2:通常,在**组织**(3.2.1)的相关职能、层次和**过程**(3.4.1)分别制定质量目标。

【理解】　质量目标可以是数值量化的,也可以是非量化的,未说明期限情形下多为一年(日历年)。质量目标的对象可以是产品(原辅料、在制品与最终产品——成品)、服务、形成产品或服务的过程、人员、资源、监视与测量、后续服务及其结果等,示例如下:

产品

(1)主原料进厂检验不合格次数(以批次计):≤4 次(上年度6次)。

(2)成品出厂检验合格率(以批次计)。

①以产品明示的国标计:100.0%(上年度 100.0%);

②以内控标准计:>97.0%(上年度 96.7%)。

(3)在制品 AB 级质量异常件数:5 件(注年度 7 件)。

服务(餐饮业)

(1)顾客现场投诉菜品质量次数:<2.0 件/周(上年度 3.2 件/周)。

(2)最长等待时间(从进店到点菜):≤40 分钟(上年度最长 46 分钟)。

(3)最长等菜时间(从点菜到上第一道菜):≤20 分钟(上年度最长 26 分钟)。

过程

(1)包装线效率:≥92.0%(上年度 91.5%)。

(2)二道工序产品(内控标准,批次计)不合格次数:≤8 次(上年度 10 次)。

人员

(1)人员岗位最低要求符合率:≥98.7%(上年度 98.0%)。

(2)人员人均质量管理培训时间:≥16 小时(上年度 14.5 小时)。

监视与测量

(1)车间现场过程检测计划执行率(检测项目计):≥97.8%(上年度 97.0%)。

(2)品控部检验计划执行率(检测项目计):≥98.8%(上年度 98.5%)。

售后服务

(1)产品投诉率(最小销售单位计算):≤0.14 ppm(上年度 0.18 ppm)(其中,ppm = $\frac{\text{不合格品个数} \times 1\,000\,000)}{\text{批量}}$。

(2)产品恶性质量投诉件数:0 件(上年度 1 件)。

(3)产品投诉结案率:≥99.2%(上年度 98.8%)。

综合

(1)客户综合满意率:≥95.0%(上年度 94.6%)。

(2)产品上海地区市场占有率:≥18.7%(上年度 17.9%)。

以上目标都是组织层面上的,要实现这些目标,必须将它们逐层分解到各个执行的组织内部门与人员,即所谓的“落实”或“落地”,见下面例子。

某航空公司质量目标

(1)航班正常率≥ 80%。

(2)客舱服务满意率≥ 98%。

(3)地面服务满意率≥98%。

(4)运输行李差错率 < 0.01%。

(5)飞行机械故障不正常千次率≤8。

(6)飞机事故征候万时率≤0.6。

(7)维修事故征候万时率≤0.45。

(8)无运输等级事故。

(9)无重大火灾事故。

(10)无航空地面事故。

3.7.5　**输出** output

过程(3.4.1)的结果

注:组织的输出是**产品**(3.7.6)还是**服务**(3.7.7),取决于其主要**特性**(3.10.1),如:画廊销售的一幅画是产品,而接受委托绘画则是服务。在零售店购买的汉堡是产品,而在饭店里接受点餐并提供汉堡则是服务的一部分。

【理解】　见上文中 3.4.1 对术语“过程”的理解。

3.7.6　**产品** product

在组织和**顾客**(3.2.4)之间未发生任何交易的情况下,**组织**(3.2.1)能够产生的**输出**(3.7.5)

注 1:在**供方**(3.2.5)和顾客之间未发生任何交易的情况下,可以实现产品的生产。但是,当产品交付给顾客时,通常包括**服务**(3.7.7)因素。

注 2:通常,产品的主要要素是有形的。

注 3:硬件是有形的,其量具有计数的**特性**(3.10.1)(如:轮胎)。流程材料是有形的,其量具有连续的特征(如:燃料和软饮料)。硬件和流程性材料经常被称为货物。软件由**信息**(3.8.2)组成,无论采用何种介质传递(如:计算机程序、移动电话应用程序、操作手册、字典、音乐作品版权、驾驶执照)。

【理解】　以往 ISO 9000:2008 标准中产品的定义为“过程的结果”,对于制造业而言,原料、在制品(半成品)与(可交付给顾客的)终产品或成品都称为产品,就以上最新的产品定义来看,这个“产品”就是终产品或成品,为组织的最终输出。ISO 9000:2008 标准中产品包括服务,ISO 9000:2015 标准中“服务”已经从“产品”中分离出来。

3.7.7　**服务** service

至少有一项活动必需在**组织**(3.2.1)和**顾客**(3.2.4)之间进行的组织的**输出**(3.7.5)

注 1:通常,服务的主要要素是无形的。

注 2:通常,服务包含与顾客在接触面的活动,除了确定顾客的**要求**(3.6.4)以提供服务以外,可能还包括与顾客建立持续的关系,如:银行、会计师事务所,或公共组织(如:学校或医院)等。

注 3:服务的提供可能涉及,例如:

——在顾客提供的有形**产品**(3.7.6)(如需要维修的汽车)上所完成的活动。

——在顾客提供的无形产品(如为准备纳税申报单所需的损益表)上所完成的活动。

——无形产品的交付[如知识传授方面的**信息**(3.8.2)提供]。

——为顾客创造氛围(如在宾馆和饭店)。

注 4:通常,服务由顾客体验。

【理解】　多数“服务”是无形的,如银行服务、教育培训、影视欣赏、音乐会,有些服务包括有形与无形,如提供食物与服务的餐饮业、提供运输与服务的运输业、提供汽车维修及 4S 店服务等。“服务”与

“产品”的最大区别在于,“服务”必须由组织在直接面对顾客的过程中实现,包括服务于顾客本人或其拥有的物(如维修的汽车、打理的宠物、维修的手机、银行账号等)。

“产品”和“服务”是 ISO 9001:2015 标准管理的核心主体,整个标准要素皆是围绕其展开的。

3.7.8 **绩效** performance

可测量的结果

注1:绩效可能涉及定量的或定性的结果

注2:绩效可能涉及**活动**(3.3.11)、**过程**(3.4.1)、**产品**(3.7.6)、**服务**(3.7.7)、**体系**(3.5.1)或**组织**(3.2.1)的**管理**(3.3.3)。

注3:这是 ISO/IEC 导则 第1部分 ISO 补充规定的附件 SL 中给出的 ISO 管理体系标准中的通用术语及核心定义之一,最初的定义已经通过修改注2被改写。

【理解】 实施整个 ISO 9001:2015 质量管理体系的目的就是持续提升组织的质量管理绩效,其中最核心的绩效就是持续满足顾客的要求,顾客满意度是度量这个核心绩效的关键性指标。

就实施基于 ISO 9001:2015 质量管理体系的组织而言,要素条款所对应的30多个过程有30多个绩效,对每个绩效好或差的评价可以通过考察相应预定目标的实现程度来进行,通常所谓的“质量目标”就是对重要过程绩效设定的评价指标。

ISO 9001:2015 条款中共有14个条款提到20次“绩效”,条款有0.1、0.2、0.3.1、4.1(注3)、4.4.1、5.3、7.2、7.3、8.4.1、8.4.3、9.1.1、9.1.3、9.3.2 和 10.1。

对整个质量管理体系运行绩效的评价就是所谓的管理评审,即通过评价体系的适宜性、充分性与有效性来进行。

就绩效评价的主体而言,可涉及人员、资源、具体过程、产品、服务,其评价指标可为培训计划完成率、培训效果(考试通过率等)、检测计划执行率、产品合格率、供应商年度业绩得分(可百分制打分)、顾客满意度、顾客投诉发生率、顾客表扬次数等,这些指标都可作为组织质量目标的一部分。

在组织质量管理体系文件以及管理中,完全可用员工及相关方所熟知的“业绩”“成绩”“成果”等来代替体系标准术语“绩效”。

3.7.9 **风险 risk**

不确定性的影响

注1:影响是指偏离预期,可以是正面的或负面的。

注2:不确定性是一种对某个时间,或是事件的局部的结果或可能性缺乏理解或知识方面的**信息**(3.8.2)的情形。

注3:通常,风险是通过有关可能**事件**(GB/T 23694—2013 中的定义,4.5.1.3)和**后果**(GB/T 23694—2013 中的定义,4.6.1.3)或两者的组合来描述其特性的。

注4:通常,风险是以某个事件的后果(包括情况的变化)及其发生的**可能性**(GB/T 23694—2013 中的定义,4.6.1.1)的组合来表述的。

注5:“风险”一词有时仅在有负面后果的可能性时使用。

注6:这是 ISO/IEC 导则 第1部分 ISO 补充规定的附件 SL 中给出的 ISO 管理体系标准中的通用术语及核心定义之一,最初的定义已经通过增加注5被改写。

【理解】 ISO 9001:2015 标准第一次将“风险”及其风险管理思维的理念引入质量管理体系标准中,就质量管理体系而言,就像定义所述的“不确定影响”那样,所谓的“不确定”就是那些组织自身都无法预测或预计会在何时发生的但对其质量管理有较大影响的事件,包括对这些事件的进程与后果,组织都不能或不可能有效掌控,不过识别出这些潜在事件的风险后,组织可预先安排一些应对措施来减少时间对组织质量管理及其输出产品质量的不利影响,有时某些应对措施本身就可以给组织的质量管理带来正面的好处。

风险等级的划分一般以风险事件的发生概率与其后果严重性等级(得分)相乘的结果来确定,发生概率等级及其得分、后果严重性等级及其得分的规定可参照所在行业的资料或者组织自己确定,也可见第 6 章相关程序文件中的示例。

更详细的应用阐述见第 3 章对 ISO 9001:2008 标准 6.1“应对风险和机遇的措施”条款的解读。

3.7.11　**有效性** effectiveness

完成策划的活动并得到策划结果的程度

注:这是 ISO/IEC 导则　第 1 部分　ISO 补充规定的附件 SL 中给出的 ISO 管理体系标准中的通用术语及核心定义之一。

【理解】 有效性包括预定过程的活动得到实施以及其结果达到预定的要求,有时候结果是达到要求了,可是付出了相当大的超过预期的代价,此种情形就是所谓的“有效但不高效”;反之,如果用很少的或预期的代价其结果就达到了预定要求,此种情形就是所谓的“有效且高效”,也就是组织实施基于 ISO 9001 质量管理体系所要达成的最佳效果。

3.8　有关数据、信息和文件的术语理解

3.8.1　**数据** data

关于**客体**(3.6.1)的事实

3.8.2　**信息** information

有意义的**数据**(3.8.1)

3.8.5　**文件** document

信息(3.8.2)及其载体

示例:**记录**(3.8.10)、**规范**(3.8.7)、程序文件、图样、报告、标准。

注 1:载体可以是纸张,磁性的、电子的、光学的计算机盘片,照片或标准样品,或它们的组合。

注 2:一组文件,如若干个规范和记录,英文中通常被称为“documentation”。

注 3:某些**要求**(3.6.4)(如易读)与所有类型的文件有关,而另外一些对规范(如修订受控的要求)和记录(如可检索的要求)的要求可能有所不同。

3.8.10 **记录 record**

阐明所取得的结果或提供所完成活动的证据的**文件**(3.8.5)

注 1:记录可用于正式的可**追溯**(3.6.13)活动,并为**验证**(3.8.12)、**预防措施**(3.12.1)和**纠正措施**(3.12.2)提供证据。

注 2:通常,记录不需要控制版本。

【理解 1】 没有"文件"和"记录",ISO 9001 等管理体系就无从说起,它们是体系及其实施的载体、平台与证据。

文件包括(需要执行的)狭义上的文件和记录,或者说记录是文件的一种。在 ISO 9001:2015 标准正文(第 4 章至第 10 章)中,找不到术语"文件"与"记录",已经用"保持成文信息"替代(ISO 9001:2008)标准中的"文件",以及用"保留成文信息"替代先前版本标准中的"记录"。至少对于先前已经实施过 ISO 9001:2008 版标准的组织,在升级换版时,为避免不理解、糊涂、混淆与换版的烦琐性,对于 ISO 9001:2015 标准理解与实施而言,将"保持成文信息"全部视为先前的"文件",将"保留成文信息"视为先前的"记录",即所谓的"成文信息"字眼不出现在组织的所有体系文件之中,这种做法不会产生任何问题,也见 ISO 9001:2008 附录 A"A.1 结构和术语"中的说明。

【理解 2】 组织制定的文件的作用(意义)如下:

(1)满足认证标准、顾客与适用法规标准要求,并提供客观证据;

(2)作为组织实现食品安全管理以及持续改进食品安全管理业绩的平台;

(3)统一组织内部人员的质量管理活动,避免因人而异的偏差;

(4)为员工提供适宜的培训;

(5)实现食品安全管理活动的重复性和可追溯性。

文件是质量管理体系存在、运行及显示有效的证据,也是认证审核的最主要对象(审核对象还有人员、设备与环境管理状况、生产过程与产品、服务过程与输出状况等)。"文件"的内涵不同于传统意义上的文件(上级或组织下发或自定的某些规定),而是与质量管理体系有关的所有承载于不同媒介上的信息,其表现形式非常丰富,就其承载媒介而言,常见的就有:

(1)纸张:最普遍的载体,如各类书面文件(如《质量手册》、程序、标准、作业指导书等);

(2)塑料:如作为相关产品包装或服务指示的印有标签的包装袋,印有规定、流程图、标志等的塑料等;

(3)数码或电子盘片:各类质量管理活动的数码照片、视觉影像,存储于计算机硬盘内的文件(包括记录)等;

(4)金属:印在金属上的管路流向指示标志、提示或警示性标志等;

(5)墙面(甚至地面):写在墙面上的规定、作业指导书、提醒或警示标志、流程图等,甚至信息与承载媒介就是一体的,如餐饮业食物样品。

总之,文件的内涵相当广泛,可以说是包罗万象。按照各类不同的属性和特点,文件还可以细化成小类。

按照执行力来划分,文件可分为执行性文件和非执行性文件;绝大部分文件是执行性文件,即组织员工必须以各种方式来实行或达到执行性文件的规定、要求或状态。

按照执行的时间来划分,文件可分为实效性文件和非时效性文件,典型的时效性文件是会议通知;大部分文件是非时效性文件,即这些文件的有效期非常长(直至被废除),如《质量手册》、程序、标准、作业指导书等。

按照变更时是否有版本号变化,文件可分为版本控制文件和非版本控制文件。所有非时效性文件应该为版本控制文件，当这些文件发生变更时，其变化的版本号反映了文件已经发生修订。

按照文件来源来划分，组织的文件可分为内部文件和外部文件，典型的外部文件有上级公司下发的文件、产品的委托检验报告、政府监管机关的产品抽检报告或调查报告、顾客的订单和书面产品投诉、行业管理或技术类报刊、顾客对组织的第二方审核报告，以及适用的国内外法规、规章、规范与标准等。

文件还可划分为主观性文件和客观性文件，文件中的记录是典型的客观性文件，即记录内容的属性不以人的意志为转移，是组织人员质量管理活动过程、状态以及可量化与不可量化结果的客观表达，一旦形成记录，不得更改，除非记录有错；值得注意的是，空的、待填写内容的记录表属于主观性文件，因为一般情况下空的记录表上同样规定了要填写的内容，不少情况下还有版本控制，可以发生变更（应该记录的内容可以人为重新规定）。而主观性的文件（所有执行性文件）可以伴随组织人员思想、外部变化、顾客要求、自身需求变化等发生变更，除记录以外的文件都是主观性文件。

就执行性文件的形成过程而言，通常情况下有文件的起草者、审核者和批准者；对记录而言，一般情况下只需有填写者与批准者（或核准者）即可，自从 1987 版 ISO 9001 标准实施以来，大家都是这样做的，形成惯例了。

通行的文件的起草者、审核者与批准者在文件形成过程中的职责和作用可参见表 2-7。

表 2-7　通行的文件起草者、审核者与批准者职责和作用简要说明一览表

项目	起草者	审核者	批准者
涉及的人员	文件所规定活动的直接实施者或基层管理者	文件所规定活动的低层管理者或中层管理者	文件所规定活动的中层管理者或高层管理者
涉及的人员数量	一人或至多两三人	（1）一人； （2）文件涉及跨部门活动时每个部门一人	一人
对文件所负责任范围	（1）文件内容的真实性； （2）文件所涉及的活动及流程； （3）文件执行的可操作性	（1）文件法规标准等的符合性； （2）文件内容的科学性； （3）文件内容的繁简性； （4）文件执行的（预期）有效性； （5）文件执行所需的证据（记录）	（1）形成文件的必要性； （2）文件发布执行的行政认可

【理解 3】　记录（Record）：阐明所取得结果或提供所完成活动的证据的文件。

记录的作用（意义）如下：

（1）为组织符合认证标准、组织质量体系文件规定的活动以及适用法规所规定的活动提供证据，如已经进行了过程控制与检测、内部审核与管理评审活动等；

（2）为组织达到认证标准、组织质量管理体系文件规定的活动以及适用法规所规定的质量管理活动应该达成的状态（如环境、厂房、设备、产品与人员资质能力管理状况）提供证据；

（3）为组织达成其质量管理体系文件、顾客以及适用标准所规定的质量管理的结果提供证据，如质量目标的达成、产品与服务符合性要求的达成等。

需要注意的是，并不是所有记录的名称都是“某某某记录”，对于那些过了执行期的时效性文件会自动变成记录（具有记录的属性或作用），此时也不好人为在原文件名称之后加上“记录”二字了。比如年度审核方案、审核计划、不合格报告、纠正措施报告等。空的记录表在没有填写内容之前属于执行性文件，填写好内容后就变成记录了。诸如此类，有时（执行性）文件是可以转化为（证据性）记录的。

可以说,没有必要的(认证标准、法规、组织自身或相关方要求的)记录就等于组织什么事情都没有做,即使有再好、再完备的质量管理体系文件也是枉然。对于认证审核而言,对记录的审查是审核的重要组成部分,大概要占到总体审核对象的三分之一以上,大部分不符合项的确认直接来自记录,如记录表明未完成好某项活动、未达到某项活动结果目标而又未采取有效的纠正与纠正措施等。

通过表 2-8 中对质量管理体系文件(狭义上的文件和记录)的说明与举例,就可以彻底理解与应用所谓的"文件"和"记录"了。

表 2-8　常见的质量管理体系文件说明一览表

类别	属性	举例	文件层次
文件(狭义上的文件)	非时效性执行文件(几乎都是版本控制文件)	组织愿景与战略及《质量方针》《质量手册》	一级
		程序文件	二级
		(1)适用质量管理外部文件:法律、法规、规章、规定、标准、行业指南与规范,上级组织下发的文件; (2)ISO 9001:2015(GB/T 19001—2016); (3)顾客提供的工艺、过程与产品标准	三级
		(1)产品(原材料、辅料、半成品、成品、包装材料)标准; (2)服务标准; (3)菜单、服务类别表	三级
		过程控制标准(工艺标准)	三级
		检测计划(针对产品、过程)	三级
		作业指导书(SOP)、各类记录表格	三级
		质量管理用标识	三级
	时效性执行文件	年度质量目标、年度内审方案、临时质量标准	三级
		质量沟通通知	三级
		销售合同、订单、服务协议、生产计划	三级
	法定资质/资格类证书	组织级别资质证书:营业执照、生产许可证、经营许可证、进出口注册/备案证书、特种资源利用/开发/开采许可证	三级
		人员证书:职业等级证书、特种职业资格证书、特种设备操作证书、法规规定的各类食品安全类管理人员强制培训证书	三级
记录	阐明(质量管理活动)所取得的结果	产品/过程结果内部记录:检验/分析/试验/测试/检测/监测记录	四级
		外部记录:产品委托检测/检验报告、监管机构产品抽检/监测报告	四级
		第三方检验报告、仪器仪表校准与鉴定报告	四级
		建立体系的证据:环境内外部因素、风险机遇识别与控制措施一览表	四级
		内审与管理评审等程序文件实施记录	四级
		体系有效运行的证据:质量目标完成汇总报告	四级
	提供所完成活动的证据	生产或服务过程记录	四级
		内外部质量沟通纪要	四级
		会议与培训记录	四级

3.8.6　成文信息 documented information

组织(3.2.1)需要控制和保持的**信息**(3.8.2)及其载体

注 1:成文信息可以任何格式和载体存在,并可来自任何来源。

注 2:成文信息可涉及:

——**管理体系**(3.5.3),包括相关**过程**(3.4.1);

——为组织运行产生的信息(一组文件);

——结果实现的证据[**记录**(3.8.10)]。

注 3:这是 ISO/IEC 导则　第 1 部分　ISO 补充规定的附件 SL 中给出的 ISO 管理体系标准中的通用术语及核心定义之一。

【理解】　不少业内人士认为,ISO 9001:2015 中将“成文信息”代替先前的“文件”与“记录”是一大败笔,即好像是标准变得灵活了,但要是组织生搬硬套的话就麻烦了,就像 ISO 9001:2015 标准附录 A.6“成文信息”中说明的,组织完全可以用“文件”与“记录”来分别替代“保持成文信息”和“保留成文信息”,以符合国人多年形成的认识与实施惯例。

3.8.7　规范 specification

阐明**要求**(3.6.4)的**文件**(3.8.5)

示例:**质量手册**(3.8.8)、**质量计划**(3.8.9)、技术图纸、程序文件、作业指导书。

注 1:规范可能与活动有关[如:程序文件、**过程**(3.4.1)规范和**试验**(3.11.8)规范]或与**产品**(3.7.6)有关(如:产品规范、性能规范和图样)。

注 2:规范可以陈述要求,也可以附带**设计和开发**(3.4.8)实现的结果。因此,在某些情况下,规范也可作为**记录**(3.8.10)使用。

3.8.8　质量手册 quality manual

组织(3.2.1)的**质量管理体系**(3.5.4)的**规范**(3.8.7)

注:为了适应某个**组织**(3.2.1)的规模和复杂程度,质量手册在其详略程度和编排格式方面可以不同。

【理解】　国内而言,“规范”来自工程领域,为针对“作业过程或行为”的定性规定,以区别于定量性规定的“标准”,这与 ISO 9000 标准中的“specification”有所区别,不过术语“规范”并不出现在 ISO 9001 体系标准正文中。

《质量手册》就是依据 ISO 9001:2015 标准、组织自身与相关方要求来规定组织质量管理体系的文件,且标准要求必须得到满足。虽然 ISO 9001:2015 标准不再强制规定编制《质量手册》,但最好应予以编制,否则如何证明满足标准要求呢?特别是对于那些先前已经实施 ISO 9001:2008 版的组织而言,取消已有《质量手册》显然不明智,非要取消会带来比较麻烦的后果,除非组织有达到认证高级审核员水平的体系管理人员。

《质量手册》编制的说明详见第 6 章。

3.8.12 **验证 verification**

通过提供**客观证据**(3.8.3)对规定**要求**(3.6.4)已得到满足的认定

注1:验证所需的客观证据可以是**检验**(3.11.7)结果或其他形式的**确定**(3.11.1)结果,如:变换方法进行计算或**文件**(3.8.5)评审。

注2:为验证所进行的活动有时被称为**鉴定过程**(3.4.1)。

注3:“已验证”一词用于表明相应的状态。

3.8.13 **确认 validation**

通过提供**客观证据**(3.8.3)对特定的预期用途或应用**要求**(3.6.4)已得到满足的认定

注1:确定所需的客观证据可以是**试验**(3.11.8)结果或其他形式的**确定**(3.11.1)结果,如:变换方法进行计算或文件(3.8.5)评审。

注2:“已确认”一词用于表明相应的状态。

注3:确认所使用的条件可以是实际的或是模拟的。

【理解】 术语“验证”与“确认”只同时出现在ISO 9001:2015标准的8.3“产品和服务的设计和开发”条款中,“确认”还出现在8.2.3.1、8.4.3、8.4.3、8.5.1f)(所谓“特殊过程”)条款,“验证”还出现在7.1.5、8.4.3、8.5.1、8.6条款中。

在其他管理体系诸如ISO 22000食品安全管理体系中,“验证”与“确认”是非常重要的两个核心术语,这两个术语没有理解与应用好,整个体系实施的准确性与有效性就无从谈起了。确认与验证之间的区分见表2-9。

表2-9 以某个过程为例的确认与验证区分一览表

项目	确认	验证
相同点	确定的一种形式	
实施时机	过程发生之前	过程发生之后
目的	预先确定过程是否能够达成所期望结果	事后确定所期望结果是否已经达成
通俗说法	有把握做到吗	真的做到了吗
手段	(模拟)试验、历史查阅资料、计算分析、专家确定、设计文件的评审	检测与检验,检测结果的换算、过程输出文件的评审
不能使用的手段	—	试验

3.9 有关顾客的术语理解

3.9.1 **反馈 feedback**

<顾客满意>对**产品**(3.7.6)、**服务**(3.7.7)或投诉处理**过程**(3.4.1)的意见、评价和诉求

[源自:ISO 10002:2014,3.6,改写,术语“服务”已包括在定义中]

【理解】　“反馈”介于高雅与通俗之间,如果组织的人员大多不熟悉或很少用到“反馈”的话,就像定义中的那样,可以分别用“意见”“要求(诉求)”“评价”,甚至大白话“回话”“回信”“带话”等替代。

3.9.2　**顾客满意** customer satisfaction

顾客(3.4.2)对其期望已被满足程度的感受

注 1:在**产品**(3.7.6)或**服务**(3.7.7)交付之前,**组织**(3.2.1)有可能不了解顾客的期望,甚至顾客也在考虑之中。为了实现较高的顾客满意,可能有必要满足那些顾客既没有明示,也不是通常隐含或必须履行的期望。

注 2:**投诉**(3.9.3)是一种满意程度低的最常见的表达方式,但没有投诉并不一定表明顾客很满意。

注 3:即使规定的顾客**要求**(3.6.4)符合顾客的愿望并得到满足,也不一定确保顾客很满意。

[源自:ISO 10004:2012,3.3,改写。注已被修改]

【理解】　“顾客满意”定义中的期望包括“与组织提供产品或服务相关的明示的、通常隐含的或必须履行的要求”,明示的或必须履行的要求好理解,组织也相对容易满足,但是“隐含”要求的满足就能体现一个组织的管理境界与对顾客的真正真实的态度。

从“顾客满意”定义看,其本身只是一个中性词,即“顾客满意”不是所谓的“顾客已经满意或顾客已经很满意”,可以用“顾客满意度高”表示,即可以用“顾客满意(程)度”来衡量“顾客满意”。

从本质上讲,决定组织生死存亡的是其顾客满意。表 2-10 是顾客满意(程度)从低到高的几种形式以及对组织发展的影响。

表 2-10　顾客满意的级别以及对组织发展的影响

顾客满意等级	可造就的顾客类型	对组织品牌和发展的影响	对应组织的质量管理水准
非常满意	忠诚的顾客	造就品牌,可持续稳定发展	达成卓越绩效管理的应有水平
满意	稳定的顾客	保持品牌,可稳定发展	达成 ISO 9001 管理的应有水平
没有感觉(一般)	可流失的不稳定顾客	难以形成品牌,难以发展	管理水平太一般
不满意	已经流失的顾客	现有品牌贬值,绩效持续下滑	管理水平差
极不满意	传播不满可导致更多其他顾客流失的敌视顾客	现有品牌贬值,死路一条	管理水平太差或根本没有管理

所以说,顾客满意所包含的范围(顾客有意或无意关注的方面,或这些方面直接或间接对顾客产生的影响)非常广泛,只有《卓越绩效评价准则》(GB/T 19580)能够基本涵盖,质量管理体系所管理的产品和服务质量是其中的主要组成部分,以提供产品组织的示例见表 2-11。

表 2-11 可作为组织编制最高要求与水平顾客满意(度)调查表的有力参考。

站在 ISO 9001 质量管理体系的角度,组织所关注的顾客满意主要限于表 2-11 中的前两项内容,即产品质量、储运交付和售后服务质量,而后两项可视为主要的顾客“隐含”要求。

西方管理学中有一句谚语,如果你不能测量它,你就不能管理它!为了定量地评价顾客满意(度),可将顾客满意(度)划分为五个等级,即非常满意、满意、一般、不满意、极不满意,并给出这五个级别对应的分值;同时依据经验或相关资料对每个顾客满意(度)调查项目赋予不同的加权值,即加权值的大小可视该项目对顾客重复接受和购买产品(或服务)影响力的大小而定,这样就可以对顾客满意进行综合的评价,并得出有指导意义的结论。

表 2-11　宏观的顾客满意要素构成一览表

主构成项目	次构成项目	具体内容或要求/期望
1. 顾客对产品本身质量的关注内容	产品的实用价值要求	质量及其稳定性、可靠性
		使用安全性
	产品的非实用价值要求	价格合适
		外观设计、包装、后续可处置性
2. 顾客对与产品相关服务质量的关注内容	销售服务质量要求	渠道畅通、手续简便、服务及时
		送货上门、保证经销商利益
	售后服务要求	及时接收、反馈，体现顾客尊严
		依法合情合理解决，顾客无异议
	服务人员要求	穿戴整洁、服务器具专业
		语言、沟通得体，专业能力强
3. 顾客对产品品位的心理或潜在要求	品牌形象	品牌知名度高、口碑好
	广告印象	各类媒体广告高雅、别致
	消费感觉	购买或消费时体现个性和层次
4. 顾客对组织社会形象的要求	守法模范、道德楷模	坚守明确的法规和道德底线
	重信誉、有信念与理念	以品牌铸就推动消费需求
		视信誉、信念为组织发展之本
		良好的企业文化和员工忠诚度高
	有社会责任感和荣誉感	环保先锋、热衷慈善和文化事业
		照顾所在社区地区民众相关利益
	无负面影响的事件发生	无欺骗、丑闻、假冒伪劣等
	企业领导人素质高	媒体露面时严谨、专业、素质高

另外，也可以依据统计技术中的一些方法如多因素相关性分析法来设定顾客满意（度）的调查项目，从而可更精确地得出有指导意义的结论，还可以与竞争对手产品作比较，找出其质量优势和劣势所在。

在 ISO 9001:2015 标准中，“顾客满意”共出现在以下条款中，包括条款 0.1、0.3.1、1、4.3、5.1.2、6.2.1、9.1“监视、测量、分析和评价”、9.1.2“顾客满意”、9.1.3“分析与评价”、9.3“管理评审”、9.3.2“管理评审输入”、10“改进”以及 10.1“总则”中。

3.9.3　**投诉 complaint**

<**顾客满意**>就**产品**（3.7.6）、**服务**（3.7.7）或投诉处理**过程**（3.4.1），表达对**组织**（3.2.1）的不满，无论是否明确地期望得到答复或解决问题

［源自：ISO 10002:2014，3.2，改写，术语“**服务**”已包括在定义中］

【理解】　从“投诉”定义可以看出，投诉的对象不仅限于组织提供的产品与服务，还包括投诉处理

过程本身,诸如接收投诉的人员及其态度、解决过程与方式、解决结果等。

组织对顾客投诉的理念、态度与处理过程直接反映出其管理水平乃至可持续发展,殊不知顾客投诉是持续改进产品与服务质量的最佳信息来源,组织自己觉得其产品或服务再好也没有太大的用处,顾客说了算。将顾客投诉看成弥补与改进组织过程管理的理念方是正道,和颜悦色地与顾客就其投诉进行沟通才是王道,"顾客永远是对的"理念更符合天道。那种对顾客及其投诉不认真对待,甚至粗暴无理处置的组织,无异于自掘坟墓,到时候连"死"(被顾客抛弃)都不知道是怎么"死"的。

"投诉"出现于 ISO 9001:2015 标准中两处,即 8.2.1"顾客沟通"、10.2.1"不合格和纠正措施",顾客投诉是组织纠正措施的重要启动原因之一。

3.9.4　**顾客服务** customer service

在**产品**(3.7.6)或**服务**(3.7.7)的整个寿命周期内,**组织**(3.2.1)与**顾客**(3.2.4)之间的互动

[源自:ISO 10002:2014,3.5,改写,术语"服务"已包括在定义中]

【理解】 术语"顾客服务"并没有出现在 ISO 9001:2015 标准条款中,但其定义中所涉及的活动却贯穿于整个标准,包括 5.1.2"以顾客为关注焦点"、7.4"沟通"、8.2.1"顾客沟通"、8.2.2"产品和服务要求的确定"、8.2.3"产品和服务要求的评审"、8.2.4"产品和服务要求的更改"、8.3.2"设计和开发策划"、8.5.3"顾客或外部供方的财产"、8.5.5"交付后活动"、8.7"不合格输出的控制"、9.1.2"顾客满意"等。

在实际质量管理中,包括产品或服务策划与设计、合同与订单、交付、服务提供、售后服务、产品报废处置乃至整个质量管理体系的宏观改进,都离不开与顾客的互动,互动的形式有会议、面谈、走访、资料与信息分享、电话、邮件、微信等多种。

3.10　有关特性的术语理解

3.10.1　**特性** characteristic

可区分的特征

注 1:特性可以是固有的或赋予的。

注 2:特性可以是定性的或定量的。

注 3:有各种类别的特性,如:

a)物理的(如:机械的、电的、化学的或生物学的特性);

b)感官的(如:嗅觉、触觉、味觉、视觉、听觉);

c)行为的(如:礼貌、诚实、正直);

d)时间的(如:准时性、可靠性、可用性、连续性);

e)人因工效的(如:生理的特性或有关人身安全的特性);

f)功能的(如:飞机的最高速度)。

3.10.2 **质量特性** quality characteristic

与**要求**(3.6.4)有关的、**客体**(3.6.1)的固有**特性**(3.10.1)

注1:固有意味着本身就存在,尤其是那种永久的**特性**(3.10.1)。

注2:赋予**客体**(3.6.1)的**特性**(3.10.1)(如客体的价格)不是它们的质量特性。

【理解】 所谓"质量特性"就是产品或服务本身特有的、而非主观赋予的特性,例如各类产品的质量参数、服务具体内容特性,这些参数、特性与要求(法规标准要求、合同要求、明示要求或隐含要求等)直接相关,而赋予性的特性(如价格、品牌形象及其宣传等)就不是产品或服务的质量特性,整个组织产品生产或服务提供的整个质量管理过程皆是围绕实现产品或服务的质量特性展开的。

3.11 有关确定的术语理解

3.11.1 **确定** determination

查明一个或多个**特性**(3.10.1)及特性值的活动

【理解】 术语"确定"的内涵最广,诸如"(3.8.12)验证""(3.8.13)确认""(3.11.2)评审""(3.11.3)监视""(3.11.4)测量""(3.11.7)检验""(3.11.8)试验"以及实验、监测等皆是不同类型的确定。

3.11.2 **评审** review

对**客体**(3.6.1)实现所规定**目标**(3.7.1)的适宜性、充分性或**有效性**(3.7.11)的**确定**(3.11.1)

示例:管理评审、**设计和开发**(3.4.8)评审、**顾客**(3.2.4)**要求**(3.6.4)评审、**纠正措施**(3.12.2)评审和同行评审。

注:评审也可包括确定**效率**(3.7.10)。

【理解】 所谓"评审"就是针对特定目标的三性(适宜性、充分性或有效性)评价,就某一组织质量管理体系(文件、资源、管理职责等对实现其质量方针与目标)而言,与"适宜性"相关的确定是指:

(1)质量管理体系是否与组织的特点(行业特点)、内外部影响质量管理的内外部环境因素、环境因素所对应的风险与机遇以及原有的管理制度适合与融合;

(2)质量目标、产品实现的监控方法是否合理、恰当;

(3)体系文件的繁简程度是否与组织的管理现状以及员工的素质相适应;

(4)质量管理体系是否能快速适应组织内外部变化,如法规变化与顾客要求变化。

与"充分性"相关的确定是指:

(1)管理体系(文件)是否满足ISO 9001标准体系、组织自身要求、顾客要求、法规要求以及所识别的其他相关方的要求;

(2)各管理过程是否充分展开、活动接口职责是否明确;

(3)顾客与其他有关相关方的需求和期望包括潜在期望,以及质量管理风险是否充分识别出来;

(4)资源与各体系管理文件是否能满足持续改进质量的需求;

(5)管理体系是否能够确保质量方针与质量目标的实现与达成。

与“有效性”相关的确定是指:

(1)质量方针是否实现、质量目标是否达成、持续改进机制是否有效;

(2)产品、服务品质与顾客满意是否保持与持续提升,质量风险应对措施是否有效;

(3)通过过程与产品、服务相关的监控、内部审核、管理评审等导出的纠正措施是否推进了体系、过程与产品、服务的持续改进;

(4)员工质量管理技能与意识是否通过实施管理体系而持续得到提升。

在 ISO 9001:2015 标准中,涉及评审的对象见表 2-12。

表 2-12　ISO 9001:2015 标准评审信息一览表

标准章节号及其名称	评审对象	备注
4.1　理解组织及其环境	组织质量管理体系相关的外部和内部因素的相关信息	
4.2　理解相关方的需求和期望	与质量管理体系有关的相关方(信息)及其要求(需求和期望)	
7.5.2　创建和更新	成文信息(文件和记录)的变更	评审适宜性、充分性
8.1　运行的策划和控制	产品和服务实现过程策划非预期变更的后果	
8.2.3　产品和服务要求的评审 8.2.3.1　略	顾客规定的要求及没有明示的要求、组织规定的要求、实用法规要求、与以前表述不一致的合同或订单要求	
8.3.6　设计和开发更改	设计和开发周期内的更改	
8.5.6　更改控制	生产和服务提供的更改	
9.3　管理评审 9.3.1　总则	质量管理体系	
10.2　不合格和纠正措施(10.2.1d)略	纠正措施	评审有效性

3.11.3　**监视** monitoring

确定(3.11.1)**体系**(3.5.1)、**过程**(3.4.1)、**产品**(3.7.6)、**服务**(3.7.7)或活动的状态

注 1:确定状态可能需要检查、监督或密切观察。

注 2:通常,监视是在不同的阶段或不同的时间,对**客体**(3.6.1)状态的确定。

注 3:这是 ISO/IEC 导则　第 1 部分　ISO 补充规定的附件 SL 中给出的 ISO 管理体系标准中的通用术语及核心定义之一,最初的定义和注 1 已经被改写,并增加了注 2。

【理解】　“监视”字面理解就是通过人肉眼或视频摄像头等对特定对象的监督性观察、关注与考察。

监视一般是定性确定其对象是否符合要求的状态,而非定量值符合性的确定,很少涉及具体数值的测量,通常通过肉眼观看、检查、查阅等方式进行,有时也会通过视频识别系统进行,监视通常融入日常质量控制、内部审核、管理评审等质量活动之中;监视的对象一般包括产品、过程、服务与活动的状态,诸如生产过程中产品是否得到现场人员的定期或连续监控、售后服务过程是否按照规定程序得到有效实施、各部门年度质量目标达成所对应的活动是否有序有效开展、整个质量管理体系运行是否符合计划的安排等。

3.11.4　**测量** measurement

确定数值的**过程**(3.4.1)

注1:根据GB/T 3358.2,确定的数值通常是量值。

注2:这是ISO/IEC导则　第1部分　ISO补充规定的附件SL中给出的ISO管理体系标准中的通用术语及核心定义之一,最初的定义已经通过增加注1被改写。

【理解】　就制造性组织而言,针对产品的测量就是检测。测量过程只是确定测量对象的特性数值,并不包括将此数值与规定要求相比较进行诸如合格与否的判定。

3.11.7　**检验** inspection

对**符合**(3.6.11)规定**要求**(3.6.4)的**确定**(3.11.1)

注1:显示合格的检验结果可用于**验证**(3.8.12)的目的。

注2:检验的结果可表明合格、**不合格**(3.6.9)或合格的程度。

【理解】　测量、检测、检查是检验的三个主要手段,测量(与检测)及其结果可构成检验的一部分,即检验=测量(检测)过程+结果符合性判定,需要判定"合格(符合)"或"不合格(不符合)"是检验与测量的最大区别。"检测"并非ISO 9000:2015中的术语,通常检测是指针对适用法律法规标准等政府强制性要求符合性判定所要进行的测量。

所以,当提及"产品检测(测量)"时,着重于强调检测过程与测量结果,而当提到"产品检验"时,则就是强调检测、检测结果以及对检测结果符合要求性的判定。因此"(出厂)产品检测报告"提法不妥,应为"产品检验报告"。

还有一种的检验方式就是观察、查阅与比较后的判定,如对于那些进口原料、供应商提供的但组织内部无法进行进厂检测的原料等,组织可通过查看包装物完好程度、对比所随附的出厂检验报告、第三方检验报告或生产商质量声明等,来确定是否符合要求,此时又称为"验证"或"验证性检验"。

3.11.8　**试验** test

按照**要求**(3.6.4)对特定的预期用途或应用的**确定**(3.11.1)

注:显示**合格**(3.6.11)的试验结果可用于**确认**(3.8.13)的目的。

【理解】　试验的最明显特征就是明知道正常生产或服务时这样做很可能达到预定目的或要求,但为了以防万一及心中有数,还是事先试一下,以确保正常这样做时没有问题。所以,试验属于事先预防性措施,为的是给日后正常的生产或服务提供靠得住的工艺、配方、流程设计、(过程)活动准则或标准等。

3.12　有关措施的术语理解

3.12.1　**预防措施** preventive action

为消除潜在**不合格**(3.6.9)或其他潜在不期望情况的原因所采取的措施

注 1:一个潜在不合格可以有若干原因。

注 2:采取预防措施是为了防止发生,而采取**纠正措施**(3.12.2)是为了防止再发生。

【理解】　ISO 9001:2015 标准已经取消"预防措施"这个术语及其相关要求,只是在 10"改进"10.1"总则"中提到"预防",即:

10.1　**总则**

组织应确定和选择改进机会,并采取必要措施,以满足顾客要求和增强顾客满意。

这应包括:

a)改进产品和服务,以满足要求并应对未来的需求和期望;

b)纠正、预防或减少不利影响;

……

因为将整个 ISO 9001:2015 体系视为一个总体性的预防措施,与以前标准(ISO 9001:2008)相比,还新增了"风险与机遇控制",故不需要再将预防措施视为一个具体的质量管理过程。

不过在以前的实践中,对预防措施定义中"潜在不合格"的理解存在异议,即怎样的状态才可以视为"潜在不合格"呢? 或者说"潜在不合格"与"合格""不合格"之间是个什么关系呢? 是其中的一种过渡状态吗? 全世界都没有一个权威统一的说法。较为令人信服的理解是,"潜在不合格"还是一种"合格状态",只是处于合格状态朝向不合格状态的边缘,且有迈出或不可逆迈出这个边缘变为不合格的趋势,因而需要得到控制预防这个不合格的出现。一个不争的事实是,实施以前版本标准的组织很少实施过什么"预防措施",外部审核时也很少或几乎不审核组织实施预防措施的状况。当然,应用新版标准(ISO 9001:2015)时再也没有这个烦恼了。

3.12.3　**纠正** corrective

为消除已发现的**不合格**(3.6.9)所采取的措施

注 1:纠正可与**纠正措施**(3.12.2)一起实施,或在其之前或之后实施。

注 2:**返工**(3.12.8)或**降级**(3.12.4)可作为纠正的示例。

3.12.2　**纠正措施** corrective action

为消除**不合格**(3.6.9)的原因并防止再发生所采取的措施

注 1:一个不合格可以有若干个原因。

注 2:采取纠正措施是为了防止再发生,而采取**预防措施**(3.12.1)是为了防止发生。

注 3:这是 ISO/IEC 导则　第 1 部分　ISO 补充规定的附件 SL 中给出的 ISO 管理体系标准中的通用术语及核心定义之一,最初的定义已经通过增加注 1 和注 2 被改写。

【理解】 “纠正”“纠正措施”和“预防措施”这三个概念非常重要，在其他管理体系中的理解也完全一致。例如，我到一个企业去讲课，进大门时不小心跌倒了，然后我爬起来，爬起来就是纠正；若企业有50%的人进这个大门时均跌倒，而后爬起来，行政部发现这个跌倒的地面上原来有一个小小的台阶，安排人员在这个台阶上张贴斑马线标识，防止再次发生跌倒的现象，张贴斑马线标识就是纠正措施；若我进这个企业讲课之前大门处就有个“注意台阶，小心跌倒”的告示牌，这个告示牌就是预防措施。又如，我们看见马路上有一个“前方学校，请减速慢行”的告示牌也是预防措施，目的是防止交通事故的发生。针对刚才的案例可以得出结论：纠正是必须的，但是是否采取纠正措施不一定。在实际工作中，通常针对个体和偶发的不合格现象直接纠正即可，无须采取纠正措施。但是对于系统性和频发的不合格现象不仅要纠正，而且还要采取纠正措施，防止不合格的再次发生。

所谓“纠正”，就是将“不合格”扭转至“合格”状态（相当于日本全员生产保全活动针对所谓“不具合”的“复原”），扭转是暂时扭转了，对于多数不合格而言，反扭转并未解决根本问题，不合格还会重复发生或出现。为彻底杜绝（类似或相同）不合格的再次发生或出现，必须在分析其发生原因并彻底消除这个原因基础之上才能达到最终目的，也就是所谓的“纠正措施”。少数情况下的不合格仅采取纠正就可以，多数不合格需要先纠正、再采取纠正措施才行。由于很多人对纠正与纠正措施的对象——“不合格”理解不够透彻，认为不合格仅仅是“不合格（产）品”，这样就漏掉了对很多其他类型“不合格”的识别与纠正措施。质量管理体系中需要对应实施纠正和（或）纠正措施的“不合格”类型及其识别途径相关的信息见表2-13。

表2-13　组织可采取纠正与纠正措施的质量管理不合格（不符合）示例

对象类别	不合格（不符合）情形	不合格（不符合）主要发现途径
产品或服务	购买材料（原辅料、包材、清洗等化学品）不合格	进厂检验或过程使用
	在制品（半成品）不合格	过程检测
	产品（成品）不合格	（1）过程检测或出厂检验； （2）顾客接收检验或使用； （3）政府监管机构抽样检验； （4）委托第三方检验
	服务不合格	服务过程的监视
实施结果	质量目标未达成	定期检查、评价
	客户投诉	投诉之后
	程序文件等质量管理文件未得到有效执行	日常内部监管、内审、外审
	体系文件未完全满足ISO 9001:2015标准要求	外审、内审
过程状态	设备没有得到有效维护	日常内部监管、内审、外审
	设备设施（包括公用工程设施）能力不足	内部沟通、内审、外审、管理评审
	产品防护不符合要求，或储存过程中遭到损毁	日常内部监管、内审、外审
	仪器仪表未得到有效管理（校准或检定过期、损坏的还在使用）	日常内部监管、内审、外审
人员	人为失误造成的质量损失或事故	损失或事故发生之后
	人员质量管理意识技能不够	日常内部监管、内审、外审、管理评审
	公司领导层与管理层质量管理法定培训未实施	政府监管机关日常检查
	人员不熟悉相应的质量管理体系及其要求	日常内部监管、内审、外审、管理评审
风险与机遇管理	影响组织质量管理体系输出能力的内外部因素、相关方要求未识别或未充分识别	外审
	未确定或未完全确定需要应对的风险与机遇	外审
	未策划或未有效策划应对风险和机遇的措施	外审
	未评价应对风险和机遇措施的有效性	外审

3.12.4　**降级** regrade

为使**不合格**(3.6.9)、**产品**(3.7.6)或**服务**(3.7.7)符合不同于原有的**要求**(3.6.4)而对其**等级**(3.6.3)的变更

3.12.5　**让步** concession

对使用或**放行**(3.12.7)不符合规定**要求**(3.6.4)的**产品**(3.7.6)或**服务**(3.7.7)的许可

注:通常,让步放行仅限于在规定的时间或数量内及特定的用途,对含有限定的**不合格**(3.6.9)**特性**(3.10.1)的产品和服务的交付。

【理解】　对于产品而言,降级就是因某些特性指标不符合明示、标签或合同规定的要求,而判定为低于现有级别的产品,此时那些原本不合格的指标就因还符合下等级标准而合格了,不过降级是有无形条件的;其一,已经存在或经与顾客商议出低等级的产品标准,且原有不合格在此变成合格;其二,得到降级的产品必须予以明示,事先使顾客知晓;其三,顾客知晓后同意接收降级产品(当然可能有附加的,例如降价等与质量无关的一些补偿条件)。产品的降级也同样适用于组织内部的原辅料与在制品。

对于服务业而言,也存在"降级"的做法,某项服务虽然实现了,但双方或者顾客认为没有达成预期要求,且马上再次接受服务不太现实或无意义,则可将已经有的服务视为更低等级的服务(不管是否明示有这种更低等级的服务),其通行做法是降低原有的服务费用,或者在预定的将来时间段再提供一次类似的、必须满足原有要求的服务。

在 ISO 9001:2015 标准 8.7"不合格输出的控制"中没有"降低",当然组织在实现质量管理中完全可以应用"降级"这种处置不合格品与不合格服务的方法。

"让步"相当于在实际工作中经常使用到的"特采",仅限于在规定的时间或数量内及特定的用途时使用,往往行使让步接受的管理者要考虑组织可以承担的风险。重点强调下实际工作中"让步放行"和"紧急放行"是两种含义,"让步放行"的前提是已经发生了不合格品,"紧急放行"的前提通常是来不及检验,因生产急需而采取的措施,还不清楚是否是不合格品。

3.12.8　**返工** rework

为使**不合格**(3.6.9)**产品**(3.7.6)或**服务**(3.7.7)符合**要求**(3.6.4)而对其采取的措施

注:返工可影响或改变不合格的产品或服务的某些部分。

3.12.9　**返修** repair

为使**不合格**(3.6.9)**产品**(3.7.6)或**服务**(3.7.7)满足预期用途而对其采取的措施

注 1:不合格的产品或服务的成功返修未必能使产品符合**要求**(3.6.4)。返修可能需要连同**让步**(3.12.5)。

注 2:返修包括对以前是合格的产品或服务,为重新使用所采取的修复措施,如作为维修的一部分。

注 3:返修可影响或改变不合格的产品或服务的某些部分。

3.12.10　报废 scrap

为避免**不合格**(3.6.9)**产品**(3.7.6)或**服务**(3.7.7)原有的预期使用而对其采取的措施

示例:回收、销毁。

注:对不合格服务的情况,通过终止服务来避免其使用。

【理解】 返工多发生在组织内部,多数情形下返工后的产品由原来的不合格转变为合格,但也有部分情形为返工后的产品某些不太关键特性还是不合格,不过组织内部部门或外部顾客在得到明示前提下还是接受了,包括让步接受。当然也有在产品交付给顾客后发现不合格,然后由组织返工的情形,例如菜太淡了,要求再加点指定调料,并回锅热一下。

返工和返修是有本质区别的,满足要求的是返工,满足使用要求是返修;例如,一个木匠制作一个四方形的桌子,图纸上要求桌子高度是 100 cm,结果不小心把其中一条边加工成 90 cm,现在采取两种补救措施,一种措施是重做一条边,另一种措施是加 10 cm 垫块。很显然,前面是返工,后面是返修。由此可以得出返工后产品一定是合格品,返修后的产品一定是不合格品。

在 ISO 9001:2015 标准 8.7“不合格输出的控制”条款中,没有出现术语“返工”与“返修”,其中的“纠正”可视为“返工”或“返修”。

3.13 有关审核的术语理解

3.13.1 **审核 audit**

为获得**客观证据**(3.8.3)并对其进行客观的评价,以确定满足**审核准则**(3.17.7)的程度所进行的系统的、独立的并形成文件的**过程**(3.4.1)

注 1:审核的基本要素包括由对被审核客体不承担责任的人员,按照**程序**(3.5.4)对**客体**(3.6.1)是否**合格**(3.6.11)所做的**确定**(3.11.1)。

注 2:审核可以是内部(第一方)审核,或外部(第二方或第三方)审核,也可以是**多体系审核**(3.13.2)或**联合审核**(3.13.3)。

注 3:内部审核,有时称为第一方审核,由**组织**(3.2.1)自己或以组织的名义进行,用于**管理**(3.3.3)**评审**(3.11.2)和其他目的,可作为组织自我合格声明的基础。内部审核可以由与被审核的活动无责任关系的人员进行,以证实独立性。

注 4:通常,外部审核包括第二方和第三方审核。第二方审核由组织的相关方,如**顾客**(3.2.4)或由其他人员以相关方的名义进行。第三方审核由外部独立的审核机构进行,如提供合格认证/注册的组织或政府机构。

注 5:这是 ISO/IEC 导则 第 1 部分 ISO 补充规定的附件 SL 中给出的 ISO 管理体系标准中的通用术语及核心定义之一。最初的定义和注释已经被改写,以消除术语“审核准则”与“审核证据”之间循环定义的影响,并增加了注 3 和注 4。

【理解】 本节所有术语针对认证机构认证审核(常简称为外部/认证审核、外审)全部适用,对组织质量管理内部审核(常简称为内审)也基本适用,虽然没有术语“内部审核”及其定义,但内部审核基本上也参照外审进行。指导质量管理体系外审的标准是《管理体系审核指南》(ISO 19011:2011/GB/T 19011—2013),该标准中关于审核的术语及其定义与 ISO 9000 体系中的相一致。

就“审核”定义而言,所谓“系统的”,就是有策划(审核方案)、有计划(审核计划)与有安排(被审核组织或部门得迎接审核安排);所谓“独立的”,就是审核员(无论外审核员还是内审核员)与被审核组织或部门没有直接的利害关系或隶属关系,包括内审员不能审核自己所负责的区域或过程,条件允许时甚至包括自己参与的区域或过程;所谓“形成文件的”是指审核全过程全部由涉及审核的文件来证实,诸如审核方案、审核计划、审核检查表(审核清单)、审核发现报告、审核报告、纠正措施报告等。

有关审核的详细阐述参见第 5 章和第 7 章。三种不同类型审核之间的区别见表 2-14。

表 2-14　以质量管理体系为例的第一、二、三方审核比较一览表

阶段	项目	第一方审核(内部审核)	第三方审核(认证审核)	第二方审核(相关方审核)
审核策划和启动	启动原因	《质量管理手册》及内审程序	提升组织质量管理水平与信任	对组织体系或产品信任的确认
	审核目的	评价体系运行符合性和有效性	质量管理体系认证	评价组织质量管理水平
	审核准则	ISO 9001 标准、管理体系三级文件;适用质量相关法规标准,相关方要求	ISO 9001 标准、管理体系三级文件;适用质量相关法规标准	与体系或产品质量相关的法规标准;双方合同约定的条款
	审核范围	质量管理体系三级文件规定的产品或服务、过程和场所	申请认证的产品、服务及其相关过程和场所	组织体系或特定产品及其相关过程和场所
	审核委托方	最高管理者	组织(本身)或组织上级	组织的主要客户或其他相关方
	审核方	内部审核小组	认证机构	相关方或委托的专门机构
	审核组成员	内审计划指定的内审员	认证机构指派的审核员	相关方或机构指派的人员
	被审核方	质量管理体系涉及的所有部门	质量管理体系涉及的所有部门	组织体系或特定的产品、服务过程
	审核方案	对特定时间(如一年)内内审频次、目的与时间等的策划	对在整个认证周期(3 年)内认证(或复审)与监督审核的安排	对系列或多次审核的意向,通常不形成文件
	审核计划	一次内部审核的具体安排,包括审核目的、准则、范围、时间与审核小组成员等	一次审核的具体安排,包括审核目的、准则、对象、地点、范围、时间与审核小组成员等	一次审核的具体安排,包括审核准则、目的、时间、范围与审核小组成员等
	审核计划编制	管理者代表或最高管理者指定者	审核组长	审核组长
	审核清单	要编制针对每个部门的清单	是否编制由认证机构规定	是否编制由审核人员决定
	初访与文件审核	不适用	首次认证审核之前	可能有相关文件的预审核

续表 2-14

阶段	项目	第一方审核(内部审核)	第三方审核(认证审核)	第二方审核(相关方审核)
现场审核	审核事务协调	管理者代表或最高管理者指定者	管理者代表或最高管理者指定者	销售、技术人员或管理者代表
	首次会议	参照标准要求,内容可简化	内容和形式按标准要求	按合同约定
	审核对象	各相关部门领导及其人员	各相关部门领导及其人员	相关部门领导及其人员
	审核向导	一般不需要	每个审核部门或场所需配备向导	每个审核部门或场所需配备向导
	审核方式	一般为顺向追踪、按部门审核	顺向追踪、逆向追溯、按要素横向验证、按部门审核等	依审核员审核素质而定或合同约定
	审核抽样量	相对较多	相对较少,不能随意扩大抽样量	相对较多,或遵从双方约定
	审核证据获取	询问人员、观察现场、实物测量、查看记录、评审文件	询问人员、观察现场、实物测量、查看记录、评审文件、追踪验证	询问人员、观察现场、实物测量、查看记录、评审文件
	审核发现确认	审核现场确认	审核现场确认、末次会议再确认	审核现场确认、末次会议再确认
	不符合项分类	体系性、实施性与效果性	严重、轻微、观察项/建议项	按合同约定
	争执裁决	管理者代表直至最高管理者	中国合格评定国家认可委员会	按合同约定
	末次会议	参照标准要求,内容可简化	内容和形式按标准要求	按合同约定
后续活动	审核报告	不符合项、纠正措施建议	正面发现、负面发现(一般与严重不符合项,可有观察项、建议项)	按合同约定
	审核结论	管理体系运行是否有效	是否通过现场审核	按合同约定
	审核结论对组织的影响	作为管理评审的重要输入,有助于评价体系的适宜性、充分性和有效性	是否取得推荐认证注册或维持证书	组织为顾客提供产品的机会或信任发生变化
	不符合整改	纠正和纠正措施、质量改进	纠正措施、质量改进	纠正措施、质量改进
	整改验证人员	各审核小组长	由下次认证审核员验证	一般由组织提供证据验证
	组织需保留的记录	审核方案、审核计划、审核清单、审核报告、不符合项纠正措施记录	不符合报告及相应的纠正措施实施记录	按合同约定

3.13.2　**多体系审核** combined audit

在一个**受审核方**(3.13.12),对两个或两个以上**管理体系**(3.5.3)一起实施的**审核**(3.13.1)

注:被包含在多体系审核中的管理体系的一部分,可通过**组织**(3.2.1)应用的相关管理体系标准、产品标准、服务标准、或过程标准来加以识别。

3.13.3　**联合审核** joint audit

在一个**受审核方**(3.13.12),对两个或两个以上审核**组织**(3.2.1)同时实施的**审核**(3.13.1)。

【理解】　对于较大型组织,除了 ISO 9001(GB/T 19001)质量管理体系,还可能会建立 ISO 14001(GB/T 24001)环境管理体系、ISO 45001 职业健康与安全管理体系、ISO/IEC 27001(GB/T 22080)信息安全管理体系,甚至 ISO 31000(GB/T 24353)风险管理体系以及 ISO 50001(GB/T 23331)能源管理体系。如由挪威船级社(NDV GL)同时进行环境和职业健康与安全管理体系审核,这就是所谓的"多体系审核";如果同一个审核时间还由通标标准技术服务有限公司 SGS(Societe Generale de Surueillance S. A. 的简称)进行信息安全和风险管理体系审核,就是所谓的联合审核,或者称为多体系联合审核。

3.13.4　**审核方案** audit programme

针对特定时间段所策划并具有特定目标的一组(一次或多次)**审核**(3.13.1)安排

3.13.6　**审核计划** audit plan

对**审核**(3.13.1)活动和安排的描述

[源自:GB/T 19001—2013,3.15]

【理解】　本节所有与审核相关的术语,适合于三种所有类型的审核,即内审(组织内部审核)、外审(第三方机构认证审核)与第二方审核(相关方(对组织)的审核)。

就内审而言,所谓"审核方案"就是组织对于全年的内部审核计划安排,包括内审频次、时机、范围、准则、审核小组(审核组长与成员)等的计划;就外审而言,一般是三年证书有效期内的审核安排,包括一次换证(或初次审核)审核、两次监督审核。内审方案由质量体系管理者代表(虽然 ISO 9001:2015 标准中不再是强制要求,但组织完全可以保留原有的管理者代表及其职责)在年初制定、最高管理者批准后实施。

审核计划就是一次具体审核的安排,就内部审核计划而言,包括内审时间(首次、末次会议时间,内审实施多年的组织也可不召开首末次会议)、目的、准则、审核方法、范围(被审核对象)、审核组组成、纠正措施要求等。

3.13.7 **审核准则** audit criteria

用于与**客观证据**(3.8.3)进行比较的一组**方针**(3.5.8)、**程序**(3.4.5)或**要求**(3.6.4)

[源自:GB/T 19001—2013,3.2,改写,术语"**审核证据**"已被"**客观证据**"替代]

3.13.8 **审核证据** audit evidence

与**审核准则**(3.13.7)有关并能够证实的记录、事实陈述或其他信息

[源自:GB/T 19001—2013,3.3,改写,注已经被删除]

3.13.9 **审核发现** audit finding

将收集的**审核证据**(3.13.8)与**审核准则**(3.13.7)进行比较的结果

注1:审核发现表明**符合**(3.6.11)或**不符合**(3.6.9)。

注2:审核发现可导致识别**改进**(3.3.1)的机会或记录的良好实践。

注3:如果**审核准则**选自**法律要求**(3.6.6)或**法规要求**(3.6.7),审核发现可被称为合规或不合规。

[源自:GB/T 19001—2013,3.4,改写,注3已被修改]

3.13.10 **审核结论** audit conclusion

考虑了审核目的和所有**审核发现**(3.13.9)后得出的**审核**(3.13.1)结果

[源自:GB/T 19001—2013,3.5]

【理解】 就ISO 9001:2015标准而言,组织内审的准则(常说的"审核依据"或"审核标准")只有ISO 9001体系标准和组织质量管理体系要求(一、二、三级文件的要求),前者只是写进审核计划而言,组织内审员恐怕还没有能力识别出组织的质量管理体系是否符合ISO 9001标准要求,何况很多情况下组织质量管理体系就是这群内审员建立的,或在外部咨询师指导下建立的。质量管理好一些,组织会将适用法规标准要求、组织上级要求与相关方要求(主要为关键性客户的要求)也作为内审准则。

审核证据(客观证据)就是审核范围或对象与质量管理体系相关的检测分析结果、操作记录、质量目标实施结果、生产操作或服务提供过程、产品或服务质量或状态、不合格品控制状况、生产计划执行情况、人员素质(质量意识与技能)、检测仪器仪表校准鉴定、现场其他与质量管理相关的信息等,通过与被审核人员交谈、查阅记录、查看现场、查看与检测产品、观察操作或服务过程、对疑问点进行追踪等方式获取审核证据。当然,获取证据的范围是与被审核对象的职责范围直接相关的。

就内审或外审而言,绝大部分审核发现应该是正面的,而这些正面审核发现在过去的审核报告中很少提及,故过去的观念为"审核就是找问题的、找茬的",其实不然,试想,如果负面发现大于正面发现,审核还能通过吗?现如今,至少在外部审核报告中,首先会描述值得提及的,特别是与本次审核重点关注领域相关的正面发现,即所谓的质量管理亮点,诸如文件、过程管理方法、产品质量、现场状态、人员素质等方面。

不管内审外审,负面审核发现可划分为轻微不符合项、严重不符合项目、观察项与改进建议项。两个不符合项好理解,所谓"观察项"就是虽然审核发现基本符合审核准则,或看似符合,但总感觉还存在问题,如果不加改进,很可能会变为明显的不符合项,或者现在虽符合,但判断发展趋势已经向不符合转变,甚至这种趋势不可逆转,需要引起关注并采取适当措施加以防范,这在实施(ISO 9001:2008等)时可要求采取预防措施进行预防,而今同样可要求对观察项进行整改(纠正和/或纠正措施)。"改进建议项"好理解,即虽然满足审核准则,但就目前资源与相关人员能力而言,完全还有改进的空间,采纳建议很有必要。就内审而言,内审小组可以要求被审核部门针对不符合项、观察项实施纠正和/或纠正措施,针对改进建议项实施质量改进,并保留所实施的结果以及由审核小组长或成员验证所实施的结果,必要时要求被审核对象实施二次纠正措施,包括重新进行原因分析、消除原因措施计划制订以及有效实施纠正措施计划的内容。

就审核结论而言,全部内审与绝大部分外审都是“基本符合审核准则的要求,质量管理体系及其运行有效,现场审核通过并建议颁发(或保持)认证证书(对于外审)”。

几个审核相关术语之间的逻辑关系如图 2-4 所示。

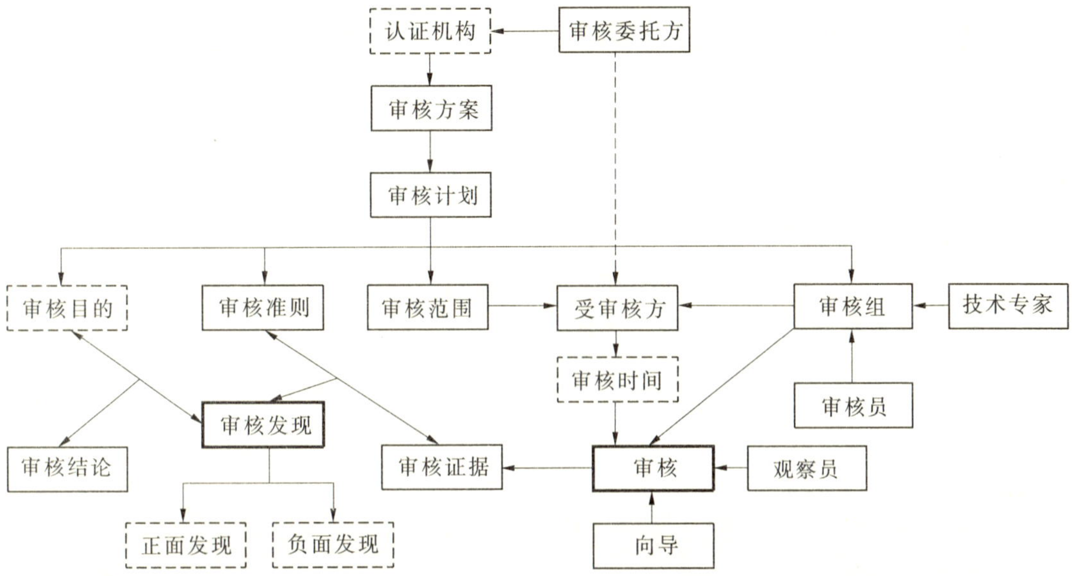

图 2-4　审核相关术语之间的逻辑关系

3.13.11　**审核委托方** audit client

要求**审核**(3.13.1)的**组织**(3.2.1)或个人

[源自:GB/T 19011—2013,3.6,改写。注已被修改]

3.13.12　**受审核方** auditee

被审核的**组织**(3.2.1)

[源自:GB/T 19011—2013,3.7]

3.13.13　**向导** guide

<审核>由**受审核方**(3.13.12)指定的协助**审核组**(3.13.14)的人员

[源自:GB/T 19011—2013,3.12]

【理解】　通常组织本身就是审核自己的审核委托方,特殊情形下,组织的上级组织、核心客户等也可能是审核的委托方,理论上谁委托、谁与认证机构签订合同并付审核费用。

在认证审核中,审核组长会提前将审核计划发至组织的管代或体系运行负责人(有些组织在实施 ISO 9001:2015 时会取消管代,或不设管代,对于初次建立的体系组织尤为如此,因为不知道(ISO 9001:2008 等)标准中设有职责明确的管代,接到审核计划后,组织有必要对审核计划进行改编,并增加每个被审核部门的向导配置,最好由每个部门的内审员担当向导,以便与审核员进行 ISO 式的语言沟通。

向导的作用包括:

(1)建立审核组与审核部门人员的联系,并安排面谈时间、地点;

(2)安排审核组对场所或组织特定部门的访问;

(3)确保审核组成员了解和遵守有关场所的安全程序与措施;

(4)代表组织对审核过程进行见证(不可代替审核对象回答问题);

(5)在审核组收集信息的过程中,做出澄清或提供帮助。

不过在实际外审实践中,因向导来自被审核部门,很多情况下还是会代表、代替被审核人员回答问题,或转达审核员的意思,毕竟他们对审核双方都熟悉与了解。很多年以后,有时向导也会与审核员建立基于专业、审核认知方面的感情,这对于组织而言,无疑是一笔宝贵的无形财富,组织要善待内审员与向导,这是搞好认证审核的王道。

3.13.14　**审核组** audit team

实施**审核**(3.13.1)的一名或多名人员,需要时,由**技术专家**(3.13.16)提供支持

注1:审核组中的一名**审核员**(3.13.15)被指定作为审核组长。

注2:审核组可包括实习审核员。

[源自:GB/T 19011—2013,3.9,改写]

3.13.15　**审核员** auditor

实施**审核**(3.13.1)的人员

[源自:GB/T 19011—2013,3.8]

3.13.16　**技术专家** technical expert

<审核>向**审核组**(3.13.14)提供特定知识或专业技术的人员

注1:特定知识或专业技术是指与受审核的**组织**(3.2.1)、**过程**(3.4.1)或活动以及语言或文化有关的知识或技术。

注2:在**审核组**(3.13.14)中,技术专家不作为**审核员**(3.13.15)。

[源自:GB/T 19011—2013,3.10,改写,注1已被修改]

3.13.17　**观察员** observer

随同**审核组**(3.13.14)但不作为**审核员**(3.13.15)的人员

注:观察员可来自**受审核方**(3.13.12)、监管机构或其他见证**审核**(3.13.1)的**相关方**(3.2.3)。

[源自:GB/T 19011—2013,3.11,改写。动词"审核"已从定义中删除,注已被修改]

【理解】 对于组织外审而言,当组织行业特性比较特殊而审核组审核员缺乏行业相关知识或知识不足时,认证审核机构会聘请技术专家协助审核,这不会增加组织的审核费用,技术专家只是帮助审核员判断相关的专业技术方面的符合性,本身没有资格开具不符合项。

对于组织而言,特别是第一次通过咨询师建立体系并接受认证机构审核时,咨询师可作为组织观察员观摩全程审核,审核小组没有任何理由拒绝,组织的其他人员、组织上级相关人员甚至核心客户的技术管理人员,也可作为观察员陪同审核。不过这些组织方面的观察员在审核过程中最好不要讲话,在审核休息期间可以与审核员进行沟通。认证机构审核时,组织应指定各部门审核时的向导(见上文中针对术语"向导"的理解)。

随同审核机构审核小组审核的,还有三类人员,其一是各级政府质量技术监督局(简称质监局)的人员,每个质监局都设立有认证管理部门,且每个认证机构必须将具体的审核计划上报给当地质监局,质监局监管人员有可能在审核期间来组织查看审核组的审核表现,如发现审核违规(如迟到早退、不到现场进行审核、审核员资质不全、未按计划实施审核等),认证审核机构将受到处罚,对组织而言,有可能影响到审核的有效性与审核结果。其二是认证机构来考察其审核员的审核能力的见证审核员,对组织而言,可不与其交流,其到来也不会增加审核费用。其三是中国合格评定国家认可委员会(China

National Accreditation Service for Conformity Assessment，简称 CNAS、国家认可委，中国国内唯一认可机构）或外国认可机构派来审查认证机构审核员审核能力的审查员，就认证机构而言，只有那些他们认为其质量管理体系（其他体系情况也一样）较好的组织（客户），在其审核时才会“邀请”CNAS 审查员对其认为最好的审核员的审核能力进行审查，不过在此之前，认证机构会向组织说明将有 CNAS 人员参与，组织完全有权拒绝，因为这会使得审核员的审核更认真、更卖力，诸如对不符合项判定尺度更严、追踪性审核方法更多应用以及抽样量过多等，对组织“不利”，当然实际拒绝的情形也不多见，接受 CNAS 参与审核算是组织帮了认证机构的忙，反过来也证明本组织的质量管理体系水平在认证机构的客户中属于非常顶尖的一类。

第 4 节　ISO 9000:2015 术语一览

ISO 9000 体系标准中的术语共有 138 个，但出现在 ISO 9001 体系标准中的术语还不到 60 个，本章已经对这 138 个术语中的 87 个术语进行了详细的理解说明。这 138 个术语以及本章中进行理解的术语信息见表 2-15。

表 2-15　ISO 9000 中的术语和本章详细理解说明术语信息一览表

3.1　有关人员的术语		
最高管理者	参与	技术状态管理机构
质量管理体系咨询师	积极参与	调解人
3.2　有关组织的术语		
组织	顾客	调解过程提供方
组织环境	供方	协会
相关方	外部供方	计量职能
3.3　有关活动的术语		
改进	**质量保证**	活动
持续改进	质量控制	项目管理
管理	质量改进	技术状态项
质量管理	技术状态管理	
质量策划	更改控制	
3.4　有关过程的术语		
过程	能力获得	合同
项目	程序	设计和开发
质量管理体系实现	外包	
3.5　有关体系的术语		
体系	工作环境	质量方针
基础设施	计量确认	愿景
管理体系	测量管理体系	使命
质量管理体系	方针	战略
3.6　有关要求的术语		
客体	法律要求	合格

续表 2-15

质量	法规要求	能力
等级	产品技术状态信息	可追溯性
要求	不合格	可信性
质量要求	缺陷	创新
3.7 有关结果的术语		
目标	**输出**	风险
质量目标	**产品**	效率
成功	服务	有效性
持续成功	绩效	
3.8 有关数据、信息和文件的术语		
数据	成文信息	项目管理计划
信息	规范	验证
客观证据	质量手册	确认
信息系统	质量计划	技术状态纪实
文件	记录	特定情况
3.9 有关顾客的术语		
反馈	投诉	顾客满意行为规范
顾客满意	顾客服务	争议
3.10 有关特性的术语		
特性	能力	技术状态基线
质量特性	计量特性	
人为因素	技术状态	
3.11 有关确定的术语		
确定	测量	检验
评审	测量过程	试验
监视	测量设备	进展评价
3.12 有关措施的术语		
预防措施	让步	返修
纠正措施	偏离许可	报废
纠正	放行	
降级	返工	
3.13 有关审核的术语		
审核	审核准则	向导
多体系审核	审核证据	审核组
联合审核	审核发现	审核员
审核方案	审核结论	技术专家
审核范围	审核委托方	观察员
审核计划	受审核方	

注:针对术语“质量手册”的理解见第6章。

第 3 章　ISO 9001:2015 质量管理体系标准全解读

任何一个想建立与有效实施基于《质量管理体系　要求》(ISO 9001:2015　Quality management system – Requirements)(可简称为"本标准"或"新版标准")质量管理体系的组织,首先必须充分理解 ISO 9001:2015(对应国标为 GB/T 19001—2016)标准的要求,才有可能与组织自身具体情况相结合,建立适宜于组织自身愿景、使命与要求的质量管理体系,这是组织最高管理者、管理者代表、中高层质量管理人员以及质量管理体系内审员必须做的事情。就像第 2 章所描述的,理解 ISO 9000:2015(对应国标为 GB/T 19000—2016)中的基本质量管理概念、(七项)质量管理原则以及术语,是正确有效解读 ISO 9001:2015 标准的前提条件与必要保证。

注:组织应任命管理者代表并非 ISO 9001:2015 新版标准的强制要求,而是先前各版标准的强制要求,从多年实践来看,组织持续保留管理者代表或新任命一名管理者代表(对于初次建立体系组织而言)很有必要,非常有利于质量管理体系的顺利建立与有效运行,且对于认证审核而言没有任何问题。

本章中 ISO 9001:2015(GB/T 19001—2016)标准原文以楷体字体呈现。

第 1 节　引言解读

引言

0.1　总则

采用质量管理体系是组织的一项战略决策,能够帮助其提高整体绩效,为推动可持续发展奠定良好基础。

组织根据本标准实施质量管理体系的潜在益处是:

a)稳定提供满足顾客要求以及适用的法律法规要求的产品和服务的能力;

b)促成增强顾客满意的机会;

c)应对与组织环境和目标相关的风险和机遇;

d)证实符合规定的质量管理体系要求的能力。

本标准可用于内部和外部各方。

实施本标准并非需要:

——统一不同质量管理体系的架构;

——形成与本标准条款结构相一致的文件;

——在组织内使用本标准的特定术语。

【解读】　组织在建立与实施本标准质量管理体系时,只要现有或经完善的各质量管理过程符合并全部满足本标准要求,那么并不需要一个与本标准结构相一致的《质量手册》来将体系文件串联起来,只要列出一个质量管理过程及其成文信息(文件与记录)与本标准的对照表,供外部审核员便于判定体系文件及其过程符合本标准要求即可。

同时,也不一定强制要求使用本标准(包括 ISO 9001:2015)中的所有术语,或者说可以将某些术语名称转换成内部人员熟悉且容易理解的即可,例如将"再发防止措施"替代"纠正措施",将"整改措施"替代"纠正"+"纠正措施"等,不过最好在《质量手册》或相关程序中将这些术语全部按照 ISO 9000 标准中的定义进行明确,以免使外部人员(审核机构审核员、第二方审核员、供应商技术人员等)产生歧义。同时,也可以将与组织行业相关的、与产品和/或服务相关的术语及其定义在适当的文件中予以明确,以便外部人员容易理解。

本标准规定的质量管理体系要求是对产品和服务要求的补充。

本标准采用过程方法,该方法结合了“策划—实施—检查—处置”(PDCA)循环和基于风险的思维。

过程方法使组织能够策划过程及其相互作用。

PDCA 循环使组织能够确保其过程得到充分的资源和管理,确定改进机会并采取行动。

【解读】 “过程”“过程方法”的应用,是包括质量管理体系在内的所有管理领域实施有效的过程管理的关键所在,有关对术语“过程”以及“过程方法”管理原则的充分理解见第 2 章。

基于风险的思维使组织能够确定可能导致其过程和质量管理体系偏离策划结果的各种因素,采取预防控制,最大限度地降低不利影响,并最大限度地利用出现的机遇(见 A.4)。

在日益复杂的动态环境中持续满足要求,并针对未来需求和期望采取适当行动,这无疑是组织面临的一项挑战。为了实现这一目标,组织可能会发现,除了纠正和持续改进,还有必要采取各种形式的改进,如突破性变革、创新和重组。

在本标准中使用如下助动词:

——“应”表示要求;

——“宜”表示建议;

——“可”表示许可;

——“能”表示可能或能够。

“注”的内容是理解和说明有关要求的指南。

0.2 质量管理原则

本标准是在 ISO 9000 所阐述的质量管理原则基础上制定的。每项原则的介绍均包含概述,该原则对组织的重要性的依据、应用该原则的主要益处示例以及应用该原则提高组织绩效的典型措施示例。

质量管理原则是:

——以顾客为关注焦点;

——领导作用;

——全员积极参与;

——过程方法;

——改进;

——循证决策;

——关系管理。

0.3 过程方法

0.3.1 总则

本标准倡导在建立、实施质量管理体系以及提高其有效性时采用过程方法,通过满足顾客要求增强顾客满意。采用过程方法所需考虑的具体要求见 4.4。

将相互关联的过程作为一个体系加以理解和管理,有助于组织有效和高效地实现其预期结果。这种方法使组织能够对其体系的过程之间相互关联和相互依赖的关系进行有效控制,以提高组织整体绩效。

过程方法包括按照组织的质量方针和战略方向,对各过程及其相互作用进行系统的规定和管理,从而实现预期结果。可通过采用 PDCA 循环(见 0.3.2)以及始终基于风险的思维(见 0.3.3)对过程和整个体系进行管理,旨在有效利用机遇并防止发生不良结果。

在质量管理体系中应用过程方法能够:

a)理解并持续满足要求;

b)从增值的角度考虑过程;

c)获得有效的过程绩效;

d)在评价数据和信息的基础上改进过程。

单一过程的各要素及其相互作用如图 1 所示。每一过程均有特定的监视和测量检查点以用于控制,这些检查点根据相关的风险有所不同。

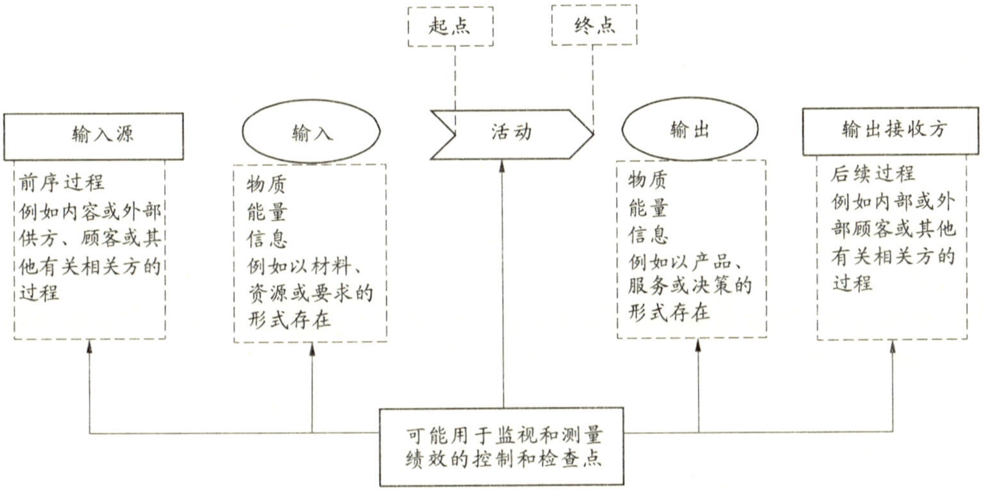

图 1　单一过程要素示意图

0.3.2　PDCA 循环

PDCA 循环能够应用于所有过程以及整个质量管理体系。图 2 表明了标准第 4 章至第 10 章是如何构成 PDCA 循环的。

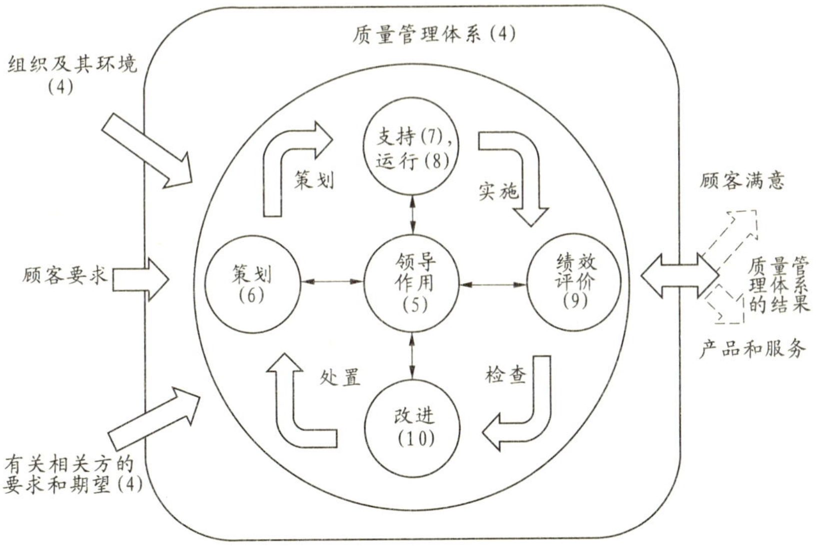

注:括号内的数字表示本标准的相应章。

图 2　本标准的结构在 PDCA 循环中的展示

PDCA 循环可以简要描述如下：

——策划(Plan)：根据顾客的要求和组织的方针，建立体系的目标及其过程，确定实现结果所需的资源，并识别和应对风险和机遇；

——实施(Do)：执行所做的策划；

——检查(Check)：根据方针、目标、要求和所策划的活动，对过程以及形成的产品和服务进行监视和测量(适用时)，并报告结果；

——处置(Act)：必要时，采取措施提高绩效。

【解读】 任何一个质量管理过程的管理，也是一个 PDCA 的循环，且“A”也就是下一个循环的“P”的输入。PDCA 循环的思维对于编制质量管理体系程序文件(管理跨部门质量管理活动的流程规定)也十分有帮助。

0.3.3 基于风险的思维

基于风险的思维(见 A.4)是实现质量管理体系有效性的基础。本标准以前的版本已经隐含基于风险的概念，例如：采取预防措施消除潜在的不合格，对发生的不合格进行分析，并采取与不合格的影响相适应的措施，防止其再发生。

为满足本标准的要求，组织需要策划和实现应对风险和机遇的措施。应对风险和机遇，为提高质量管理体系有效性、获得改进结果以及防止不利影响奠定基础。

某些有利于实现预期结果的情况可能导致机遇的出现，例如：有利于组织吸引顾客、开发新产品和服务、减少浪费或提高生产率的一系列情形。利用机遇所采取的措施也可能包括考虑相关风险。风险是不确定性的影响，不确定性可能有正面的影响，也可能有负面的影响。风险的正面影响可能提供机遇，但并非所有的正面影响均可提供机遇。

【解读】 ISO 9001:2015 与 ISO 9001:2008 相比，其最大的变化是提出风险及其机遇的控制管理要求，但从标准本身以及附录 A.4 的说明来看，新版标准只是要求组织识别并简要描述一下相关的风险、机遇及其控制措施而已，这可以在《质量手册》相关章节(6.1)列出一张表格简要说明一下就可以了，并不需要强制引入风险管理的相关方法与技术，也不强制要求编制诸如《风险与机遇控制程序》之类的二级文件。新 ISO 9001:2015 只是要求组织引入风险与机遇管理的基本意识而已，以后更新的版本有可能提出更高的要求，例如，应用风险管理技术方法来识别质量管理体系所面临的风险、评价风险，制定与确认、验证控制措施，以及保留所有的相关证据等。总之，对于稍有管理基础的且已经实施过 ISO 9001:2008 标准的组织而言，现有的所有管理措施基本都含有风险及其机遇管理的内容，只要运用经验与技巧编制一个表格说明一下就可以了，见本章下文针对标准 6.1“应对风险和机遇的措施”条款对应的解读。

ISO 9001:2015 首次提出风险与机遇控制管理要求，并不意味着组织在之前就没有实施过风险与机遇的管理，只不过通过 ISO 9001:2015 要求，将之前分散的风险管理措施及其结果与机遇管理措施及其结果汇总一下，作为持续改进的有效平台。

0.4 与其他管理体系标准的关系

本标准采用 ISO 制定的管理体系标准框架，以提高与其他管理体系标准的协调一致性(见 A.1)。

本标准使组织能够使用过程方法，并结合 PDCA 循环和基于风险的思维，将其质量管理体系与其他管理体系标准要求进行协调或一体化。

本标准与 ISO 9000 和 ISO 9004 存在如下关系：

——ISO 9000《质量管理体系 基础和术语》为正确理解和实施本标准提供必要基础；

——ISO 9004《追求组织的持续成功 质量管理方法》为选择超出本标准要求的组织提供指南。

附录 B 给出了 SAC/TC 151 制定的其他质量管理和质量管理标准（等同采用 ISO/TC 176 质量管理和质量保证技术委员会制定的国际标准）的详细信息。

本标准不包括针对环境管理、职业健康和安全管理或财务管理等其他管理体系的特定要求。

在本标准的基础上，已经制定了若干行业特定要求的质量管理体系。其中的某些标准规定了质量管理体系的附加要求，而另一些标准则仅限于提供在特定行业应用本标准的指南。

本标准的章条内容与之前版本（ISO 9001:2008）章条内容之间的对应关系见 ISO/TC 176/SC2（国际标准化组织/质量管理和质量保证技术委员会/质量体系分委员会）的公开网站：www. iso. org/tc176/sc02/public。

第 2 节 范围解读

质量管理体系 要素

1 范围

本标准为下列组织规定了质量管理体系要求：

a）需要证实其具有稳定提供满足顾客要求及适用法律法规要求的产品和服务的能力；

b）通过体系的有效应用，包括体系改进的过程，以及保证符合顾客要求和适用的法律法规要求，旨在增强顾客满意。

本标准规定的所有要求是通用的，旨在适用于各种类型、不同规模和提供不同产品和服务的组织。

注 1：本标准中的术语“产品”或“服务”仅适用于预期提供给顾客或顾客所要求的产品和服务；

注 2：法律法规要求可称作法定要求。

【解读】 基于 ISO 9001:2015 标准质量管理体系的目的就是“需要证实其具有稳定提供满足顾客要求及适用法律法规要求的产品和服务的能力”，本标准中的产品是指组织输出的最终产品，虽然如此，各组织在编制自己的体系文件时也可将“产品”的范围涵盖原辅料、在制品与（最终）成品，这样定义的好处之一就是在编制《不合格产品控制》程序时涵盖所有的过程产品。适用法规标准要求是对顾客要求的强制性有力补充，很多情况下，顾客提不出什么具体的明示要求，或者没有机会提出要求，这样“适用法律法规要求”就确保最终交付给顾客产品的质量底线，这与国内的《产品质量法》《食品安全法》要求相一致。

第 3 节 规范性引用文件、术语和定义解读

2 规范性引用文件

下列文件对于本文件的应用是必不可少的。凡是注日期的引用文件，仅注日期的版本适用于本文件。凡是不注日期的引用文件，其最新版本（包括所有的修改单）适用于本文件。

ISO 9000:2015 质量管理体系 基础和术语

3 术语和定义

ISO 9000:2015 界定的术语和定义适用于本文件。

【解读】 理解 ISO 9000:2015 标准中的管理原则和术语是解读 ISO 9000:2015 标准的前提条件与关键控制步骤,这也是为什么本书针对前者的理解描述篇幅(第 2 章)几乎相当于对后者解读篇幅的原因。

第 4 节 “4 组织环境”条款解读

4 组织环境

4.1 理解组织及其环境

组织应确定与其宗旨和战略方向相关并影响其实现质量管理体系预期结果的能力的各种外部和内部因素。

组织应对这些外部和内部因素的相关信息进行监视和评审。

注 1:这些因素可能包括需要考虑的正面和负面要素或条件。

注 2:考虑来自国际、国内、地区或当地的各种法律法规、技术、竞争、市场、文化、社会和经济环境的因素,有助于理解外部环境。

注 3:考虑与组织的价值观、文化、知识和绩效等有关的因素,有助于理解内部环境。

【解读】 ISO 9000:2015 版(新版)最大变化之一是不仅将质量管理体系本身视为一个独立的大过程,而且要求组织必须识别出影响这个过程有效性与效率的内外部的因素,而这些因素识别要求在前版标准中是没有提及的。这些影响质量管理体系输出能力的内外部因素怎样识别呢? 像“注 2”提示的那样考虑显然不行,至少对国内组织不行,不能有的放矢,找不到真正的方向。

寻找组织(质量管理体系)环境内外部因素的突破口就是以下 4.2“理解相关方的需求和期望”中的主角“相关方”,再加上组织内部人员与部门以及顾客,就构成了内外部因素的主体,且为解读与实施本标准 6.1“应对风险和机遇的措施”打下坚实的基础。为什么要对确定的内外部因素相关的信息进行监视和评审呢? 主要目的还是针对监视与评审后的结果来调整与改进组织质量管理体系及其管理过程,包括与其相关的资源、人员、工艺技术、产品控制乃至质量管理战略调整等,从而能持续满足顾客要求和适用质量管理相关法规标准的要求,并消除质量管理风险(见对 6.1“应对风险和机遇的措施”的解读),某些情形下消除风险活动的副产物就是为组织质量管理带来机遇。

某组织所识别的“与其宗旨和战略方向相关并影响其实现质量管理体系预期结果的能力的各种外部和内部因素”见表 3-1。

4.2 理解相关方的需求和期望

由于相关方对组织稳定提供符合顾客要求及适用法律法规要求的产品和服务的能力具有影响或潜在影响,因此,组织应确定:

表 3-1 ABC 啤酒 EF 有限公司影响质量管理体系预期结果能力内外部因素相关信息及其监视与评审一览表

因素类别	相关方		因素信息和影响			监视与评审输出可应用改进领域
	类别	具体名称	因素信息(含要求)	影响(后果)	监视与评审部门	
外部因素	政府立法与执法机关、服务机构	国家卫生健康委员会	食品安全法规标准	合规性	质控部	质量战略、技改
		国家标准化委员会/国务院其他部委	产品生产相关法规标准	合规性	质控部	质量战略、技改
		全国/省市人大,国务院/省市政府	食品生产法律、条例、规章	合规性	质控部	质量战略、技改
		市区食品药品监督管理局	食品生产许可证	生产合法性	质控部	食品安全管理
		镇食品药品监督管理所	食品安全生产监管	合法合规性	质控部	食品安全管理
		镇政府食品安全委员会	食品安全生产指导	合法合规性	质控部	食品安全管理
		市区各级消费者协会	消费者产品质量投诉	索赔	客服部	客服
	集团总部	生技总部	生产技术标准及其 BRC 评价表	总部要求符合性	质控部/各部门	生产过程控制
		质控总部	QA/QC 标准及其 BRC 评价表	总部要求符合性	质控部	质量控制
		客服中心	顾客/消费者投诉及其处理	投诉处理有效性	客服部	客服
	产品与生产材料供应商	原辅料供应商	原辅料质量(包括食品安全)	产品质量	质控部	采购产品质量管理
		包装材料供应商	包装材料质量(包括食品安全)	产品质量	质控部	
		清洁消毒材料供应商	清洁消毒剂质量(包括食品安全)	产品质量(包括食品安全性)	质控部	
		产品接触材料供应商	FCM 质量(包括食品安全)		质控部	
		自来水厂	自来水水质与供给状况	清洗用水质量	工程部/质控部	水处理能力
	地下水源	深水井	水质波动与微生物状况恶化	酿造水	工程部/质控部	反渗透水处理能力
	服务类供应商	生产相关承包商	人员素质、管理、输出质量	产品质量/生产效率	对应部门	过程管理
		设备设施提供、安装与维护承包商	人员素质、管理、维护质量		工程部	质量与效率
		质量管理相关其他承包商	人员素质、管理、输出质量	管理效率	对应部门	人员、环境卫生
	顾客	集团销售总部、本区域销售公司	产品订单、产品配送防护等	生产计划与效率	生产部	生产过程控制
		各类经销商	产品防护与批发零售	产品交付质量	—	
		消费者	产品储存、饮用	品牌形象	客服部	产品质量
	公众媒体	网络、电视、广播、报纸	产品、管理、投诉等报道	品牌及管理形象	集团公关部	风险与危机管理
	竞争对手	M 啤酒、N 啤酒等	价格、质量、品牌形象、宣传等	市场占有率	总经理、集团公司	质量/新产品开发
			新工艺、新产品	市场占有率		新产品开发
	认证机构	SGS	认证标准符合性	证书与改进	管理者代表/副总	质量管理体系

续表 3-1

因素类别	相关方		因素信息和影响			监视与评审输出可应用改进领域
	类别	具体名称	因素信息(含要求)	影响(后果)	监视与评审部门	
内部因素	最高管理层(总经理)		管理水平与艺术、激励手段	员工积极性	区域人事总监	质量管理体系
	中基层管理者(部门经理、工段长、主管)		管理与指导水平、评价手段	员工积极性	总经理	过程管理
	一线员工		自身素质、参与积极性	过程与产品质量	部门经理	薪金福利与培训
	管理体制与机制	薪酬福利	员工积极性与素质	过程与产品质量	总经理、人力资源部	薪金福利系统
		激励机制	员工积极性(文件执行力)	过程与产品质量		员工激励机制
		工作氛围	员工积极性(文件执行力)	过程与产品质量		员工培训与职业生涯机制
		绩效考核	员工积极性(文件执行力)	过程与产品质量		
	设备设施	酿造、包装、工程等设施设备等	型号、自动化程度、维护性等	产品质量、效率与成本	各部门	设备设施更新
	工艺技术	原料配方、酿造与包装技术等	合理性、可操作性与科学性		各部门	工艺技术产品创新

a)与质量管理体系有关的相关方;

b)与质量管理体系有关的相关方的要求。

组织应监视和评审这些相关方的信息及其相关要求。

【解读】 质量管理发展到当今,组织仅满足顾客要求是远远不够的,满足有关相关方的要求日显重要,甚至在某种程度上与满足顾客要求同等重要,最重要的原因是,当今"组织对相关方要求的满足程度日益影响到顾客对组织形象、产品及品牌形象的认知以及对产品、服务的选择及其满意程度的感知"。

例如,即使组织产品或服务本身没有问题,但过程或其状态违反相关法规而被政府监管机关(如质监局、食药监局、市场管理局等)处罚并曝光,会严重降低顾客(包括消费者)对组织及其品牌的信任,极有可能放弃原有的对组织产品或服务的选择,而转向其他组织的产品或服务。再者,行业竞争对手也是组织的重要相关方之一,他们的要求可能就有"不要恶性压价""不要虚假并有意贬低对手的广告宣传""不要说对手的坏话""不要抢对手的优质供应商""不要损害消费者健康"等明示或隐含要求,否则极有可能遭到对手的反击,最终有可能两败俱伤——组织形象、品牌、销量与市场占有率的损失乃至整个行业的质量与信誉危机,2008 年爆发的中国乳品业"三聚氰胺事件"就对广大幼儿与儿童等消费者造成严重伤害,继而使有经济条件与意识的消费者(成年人)转向购买国外产品,呈现出中国人抢光扫光国外超市乳品货架的不正常现象,国产乳制品的总销量至今都难以恢复到往日"盛景"。

以表 3-1 中提及的组织相关方为基础,也可以编制组织相关方及其要求信息一览表,见表 3-2。

4.3 确定质量管理体系的范围

组织应确定质量管理体系的边界和适用性,以确定其范围。

在确定范围时,组织应考虑:

a)4.1 中提及的各种外部和内部因素;

b)4.2 中提及的相关方的要求;

c)组织的产品和服务。

如果本标准的全部要求适用于组织确定的质量管理体系范围,组织应实施本标准的全部要求。

组织的质量管理体系范围应作为成文信息,可获得并得到保持。该范围应描述所覆盖的产品和服务类型,如果组织确定本标准的某些要求不适用于其质量管理体系范围,应说明理由。

只有当所确定的不适用的要求不影响组织确保其产品和服务合格的能力或责任,对增强顾客满意也不会产生影响时,方可声称符合本标准的要求。

【解读】 有些组织在建立 ISO 9000:2015 管理体系之前,其质量管理文件记录、过程及其绩效皆可以,产品的顾客与适用法规标准符合性也行,不过在编制基于 ISO 9000:2015 标准《质量手册》时发现,有些要素过程原本就没有、也没有必要再相应增加,更重要的是对增强顾客满意与产品或服务质量没有什么帮助,硬加上去也只会增加无谓的工作,此时,可以在《质量手册》对应条款中描述经过适用性评审,该条款要素所规定的活动不适用于本组织。

所谓"成文信息"就是以前所说的"文件"和"记录",所谓"……范围应作为成文信息,可获得并得到保持"就是要形成文件(如可以在《质量手册》中予以描述)。

表 3-2 ABC 啤酒 EF 有限公司影响质量管理体系预期结果能力内外部有关相关方、相关方要求及其监视与评审一览表

相关方	相关方		相关方要求		
	类别	具体名称	要求	要求监视与评审职责	满足要求方式
外部相关方	立法与执法机关	各级立法机关、市政府	食品生产法律、条例、规章	质控部	识别与遵守
		市区食品药品监督管理局	严格落实食品生产许可证审查细则规定	质控部	识别与遵守
		镇食品药品监督管理所	严格落实食品安全生产法规标准要求	质控部	识别与遵守
		镇政府食品安全委员会	严格落实食品安全生产法规标准要求	质控部	识别与遵守
		市区各级消费者协会	依法合情合理处理顾客投诉	客服部	妥善处理投诉
	集团总部	生技总部	生产技术标准及其 BRC 评价表 生产成本与效率 BSC 指标	质控部/各部门	遵守要求、达成目标
		质控总部	QA/QC 标准及其 BRC 评价表 产品质量/食品安全/风味 BSC 指标	酿造、包装与工程部 质控部	遵守要求、达成目标
		管理总部	完成总部下达的销量与利润目标	总经理	高效的质量管理活动
		客服中心	按照总部客服程序处理顾客投诉	客服部	妥善处理投诉
	产品与生产材料供应商	原辅料/包装材料/清洁消毒材料/产品接触供应商、自来水厂	合理采购价格、付款及时、质量反馈及时	采购部	严格履行合同
	融资银行	××银行××分行	还贷及时	财务部	严格执行贷款合同
	服务类供应商	生产相关承包商	价格合理、付款及时、提供指导	对应部门	严格履行合同
		设备设施提供、安装与维护承包商	价格合理、付款及时、提供协助	工程部	严格履行合同
		质量管理相关其他承包商	价格合理、付款及时、提供协助	对应部门	严格履行合同
	顾客	集团销售总部、本区域销售公司	及时提供销售计划规定的新鲜合格产品，价格合理、广告宣传、激励机制	生产部	及时完成生产计划
		各类经销商		销售公司	—
		消费者	价格合理、新鲜安全、品牌宣传	销售公司	—
	公众媒体	网络、电视、广播、报纸	提供相关新闻素材、打广告、赞助	集团公关部	—

续表 3-2

相关方	相关方		相关方要求		
	类别	具体名称	要求	要求监视与评审职责	满足要求方式
外部相关方	竞争对手	M 啤酒、N 啤酒等	不要:恶性压价、虚假并有意贬低对手的广告宣传、说对手的坏话、抢对手的优质供应商、制造有害消费者的行业潜规则、破坏行业产品形象、抢对手的人才;提供必要的行业交流	集团总部/公关部 总经理 管理者代表	— 不提供、扩散有损竞争对手的信息、言论,维护本行业产品形象、促进多赢的行业交流
	认证机构	SGS	质量管理体系符合认证标准要求、为认证提供必要协助、价格合理、及时付款	管理者代表/副总	有效建立、实施、维持与改进质量管理体系
内部相关方	最高管理层(总经理)		各级员工努力实现质量方针与目标	总经理	提供必要资源与授权
	中基层管理者(部门经理、工段长、主管)		公司提供充分适宜的质量管理资源权限	总经理	提供必要资源与授权
	一线员工(正式工)		公司提供具有竞争力的薪金福利、激励机制与职业生涯规划	本部门、人力资源部	策划与实施以人为本的员工薪酬、激励与生涯发展规划
	劳务工		与同岗位正式员工同等待遇	人力资源部	
	人力资源部		各级管理者充分理解与履行各自职责	人力资源部	BSCZ 管理指标考核

4.4 质量管理体系及其过程

4.4.1 组织应按照本标准的要求,建立、实施、保持和持续改进质量管理体系,包括所需过程及其相互作用。

组织应确定质量管理体系所需的过程及其在整个组织中的应用,且应:

a)确定这些过程所需的输入和期望的输出;

b)确定这些过程的顺序和相互作用;

c)确定和应用所需的准则和方法(包括监视、测量和相关绩效指标),以确保这些过程的有效运行和控制;

d)确定这些过程所需的资源并确保其可获得;

e)分配这些过程的职责和权限;

f)按照6.1的要求应对风险和机遇;

g)评价这些过程,实施所需的变更,以确保实现这些过程的预期结果;

h)改进过程和质量管理体系。

【解读】 ISO 9001体系标准要素所对应的过程虽然按照所谓PDCA的循环顺序排列,但其要素名称与组织实际质量管理还是有很大区别的,这就造成了虽然字面意思好像理解了,但还是不知道讲的是组织现有的哪项管理过程及其活动,所以在理解标准基础之上将标准要素与现有质量管理活动对应起来是第一步,然后通过编制如图3-1所示的过程关系图,就可以进一步明确现有管理过程之间的关系,也满足了标准本条款的要求。以下的表3-3和图3-1可以编制在《质量手册》之中。所谓理解了ISO 9001体系标准的表现形式之一就是知道每个标准要素的规定条款对应于组织的哪项质量管理过程及其活动。

4.4.2 在必要的范围和程度上,组织应:

a)保持成文信息以支持过程运行;

b)保留成文信息以确信其过程按策划进行。

【解读】 所谓"保持成文信息"就是以前版本标准中的"文件",需要"文件"来支持组织质量管理体系要求的落地与指导实施;"保留成文信息"就是以前版本标准中的"记录",需要"记录"来证明质量管理过程得到实施并达成预定结果。组织在实施ISO 9000:2015标准时(无论是升级使用还是首次使用),皆可以用组织人员容易理解的术语"文件"代替所谓的"保持成文信息",用术语"记录"代替所谓的"保留成文信息"。

对"文件"与"记录"的详细透彻理解见第2章3.8中的内容。

表 3-3　某制造型组织公司所策划的对应 ISO 9001:2015 标准的质量管理过程

ISO 9001:2015 条款要素		质量管理过程		
		过程名称	过程名称简称	过程编号
4 组织环境	4.1 理解组织及其环境	影响公司质量管理体系内外部因素确定	体系影响因素	1
	4.2 理解相关方的需求和期望	公司质量管理相关方的需求和期望理解	相关方要求	2
	4.3 确定质量管理体系的范围	公司质量管理体系范围确定	体系范围	3
	4.4 质量管理体系及其过程	公司质量管理体系及其所需过程相互关系确定	过程关系	4
5 领导作用	5.1 领导作用和承诺	总经理在公司质量管理体系中职责确定	质量承诺	5
	5.2 方针	质量方针制定和沟通	质量方针	6
	5.3 组织的岗位、职责和权限	公司质量管理组织结构及其职责和权限确定	职责权限	7
6 策划	6.1 应对风险和机遇的措施	公司质量管理风险和机遇应对措施确定	风险机遇应对	8
	6.2 质量目标及其实现的策划	公司年度质量目标确定与变更管理	质量目标	9
	6.3 变更的策划	年度质量管理体系一、二、三级文件修订管理	变更策划	10
7 支持	7.1 资源	公司质量管理资源识别及其充分性确定	资源提供	11
	7.2 能力	公司质量管理各岗位能力确定	能力确定	12
		年度员工教育培训实施	员工培训	13
	7.3 意识	员工质量意识教育	员工教育	14
	7.4 沟通	内外部质量管理确定	内外沟通	15
	7.5 成文信息	质量管理体系文件与记录策划	文件与记录管理	16
		质量管理体系文件与记录评审		
		文件和记录控制(包括修订准则与流程)策划		
8 运行	8.1 运行的策划和控制	成品、交付与售后服务策划	生产与服务策划	17
		采购产品与再制品标准		
		工艺技术、过程检测策划		
		产品实现过程策划及其实施		
		公司质量相关外包过程管理		
	8.2 产品和服务的要求			
	8.2.1 顾客沟通	客户交流与售后服务		
	8.2.2 产品和服务要求的确定	产品与服务要求确定	客户要求确定	18
	8.2.3 产品和服务要求的评审	销售合同与订单评审	合同订单管理	19
	8.2.4 产品和服务要求的更改	销售合同与订单变更控制		

续表 3-3

ISO 9001:2015 条款要素		质量管理过程		
		过程名称	过程名称简称	过程编号
8 运行	8.3 产品和服务的设计和开发	新产品开发策划 新产品开发立项与研发计划评审 新产品性能确认与新试验产品符合性检验 新产品原料、工艺技术、过程检验与产品标准评审与发布 新产品研发相关信息修订控制	新产品开发	20
	8.4 外部提供的过程、产品和服务的控制 8.4.1 总则 8.4.2 控制类型和程度 8.4.3 提供给外部供方的信息	供应商与服务商管理	供应商与服务商管理	21
	8.5 生产和服务提供 8.5.1 生产和服务提供的控制 8.5.2 标识和可追溯性 8.5.3 顾客或外部供方的财产 8.5.4 防护 8.5.5 交付后的活动 8.5.6 更改控制	生产与交付过程管理 产品标识与可追溯性管理 顾客产品配方与核心原料防护 在制品、成品及其储运期间防护 产品交运管理、售后服务管理 产品、工艺技术与销售服务标准变更管理	生产计划 生产 成品储存 产品交运 售后服务	22 23 24 25 26
	8.6 产品和服务的放行	成品出厂检验与出货管理	成品检验交付	27
	8.7 不合格输出的控制	采购产品不合格控制 在制品(半成品)不合格控制 成品不合格控制	不合格控制	28

续表 3-3

ISO 9001:2015 条款要素		质量管理过程		
		过程名称	过程名称简称	过程编号
9 绩效评价	9.1 监视、测量、分析和评价 9.1.1 总则 9.1.2 顾客满意 9.1.3 分析与评价	质量管理体系业绩监测 客户与消费者满意度管理 产品符合性、顾客与消费者满意度、风险与机遇措施有效性、供应商与服务商业绩、质量管理体系业绩与有效性等的评价	监测与分析	29
	9.2 内部审核	公司质量体系内审管理	内审	30
	9.3 管理评审	公司质量体系管理评审	管理评审	31
10 改进	10.1 总则	公司质量持续改进管理	持续改进	32
	10.2 不合格和纠正措施	产品不合格及其纠正措施管理 体系实施性与有效性不符合管理	纠正措施	33
	10.3 持续改进	公司质量持续改进管理	持续改进	32

注:针对本表过程的输出方式与形式见第 2 章表 2-3。

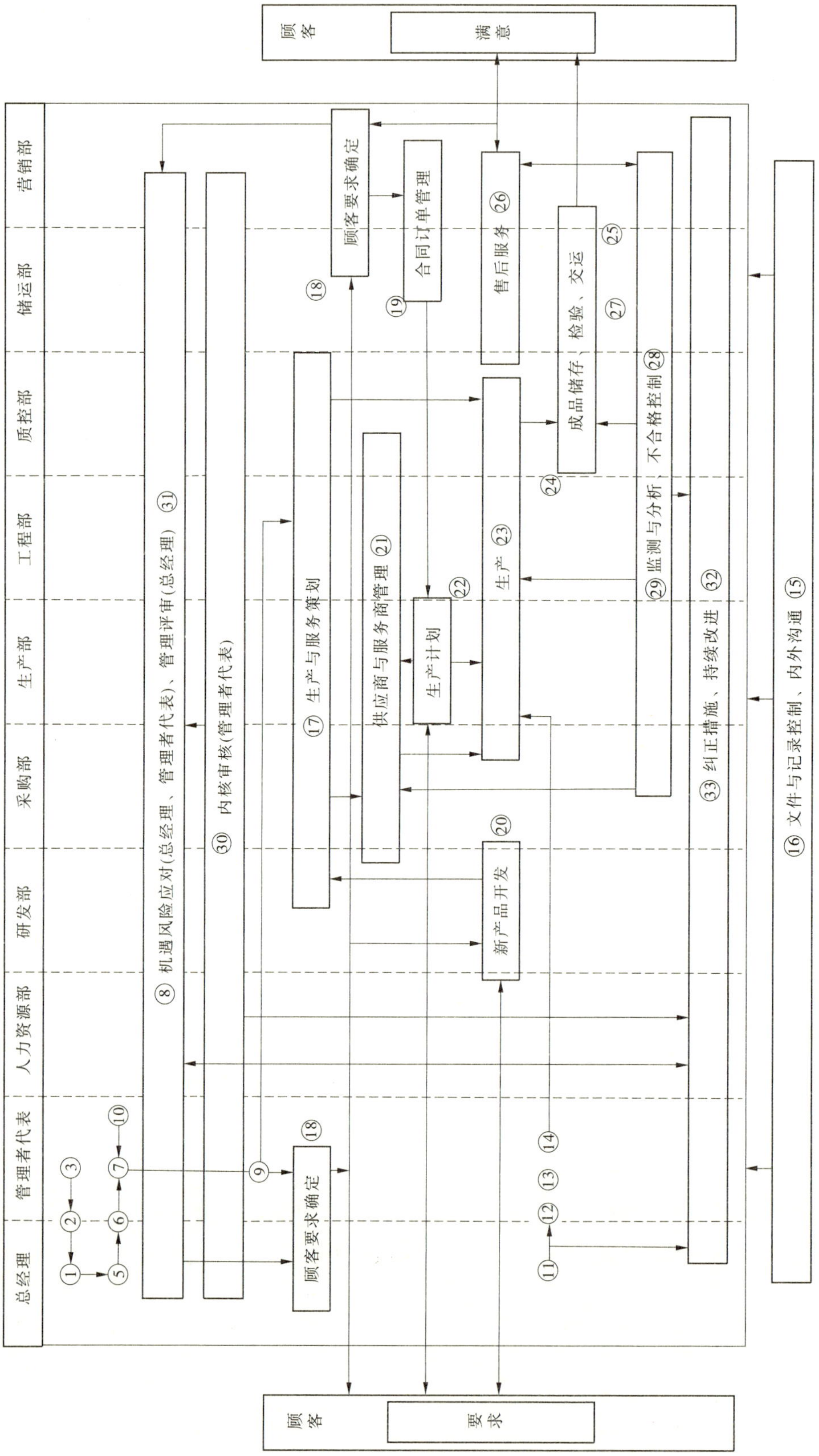

注：本图中管理过程的编号同表 3-3 中最右列中的过程标号。

图 3-1 某制造型组织确定的质量管理过程关系图

第 5 节　“5 领导作用”条款解读

5　领导作用

5.1　领导作用和承诺

5.1.1　总则

最高管理者应通过以下方面,证实其对质量管理体系的领导作用和承诺:

a)对质量管理体系的有效性负责;

b)确保制定质量管理体系的质量方针和质量目标,并与组织环境相适应,与战略方向相一致;

c)确保质量管理体系要求融入组织的业务过程;

d)促进使用过程方法和基于风险的思维;

e)确保质量管理体系所需的资源是可获得的;

f)沟通有效的质量管理和符合质量管理体系要求的重要性;

g)确保质量管理体系实现其预期结果;

h)促使人员积极参与,指导和支持他们为质量管理体系的有效性作出贡献;

i)推动改进;

j)支持其他相关管理者在其职责范围内发挥领导作用。

注:本标准使用的“业务”一词可广义地理解为涉及组织存在目的的核心活动,无论是公有、私有、营利或非营利组织。

【解读】 具体“证实其(例如“总经理”)对质量管理体系的领导作用和承诺”方式如下(这些方式在《质量手册》对应条款中引用以下描述即可):

(1)对 a)要求:为组织基于 ISO 9001 质量管理体系建立提供资源与支持,通过主持管理评审来确定体系的有效性、必要时改进并提升有效性,督促认证审核负面发现的整改,负责实现总部下发的公司年度经营目标(销量与利润)。

(2)对 b)要求:发布质量方针,组织各部门经理制定并发布年度质量目标(总部下发的各类质量 BSC 标准自动成为公司质量目标),督促各部门层层分解落实公司质量目标。

(3)对 c)要求:在建立组织自身质量管理体系时,将标准所有要素要求按照组织的实际对应质量管理活动来具体表达(示例见表 3-3“某制造型组织公司所策划的对应 ISO 9000:2015 标准的质量管理过程”),有时组织的某项具体质量管理范围与高度还会超过标准对应要素的要求,编制适宜于组织行业及其自身特点的《质量手册》是满足本条款要求的最佳途径。

(4)对 d)要求:必要与可行时,为每个跨部门活动编制相应的程序文件,在编制过程中使用乌龟图方法来确保五个方面的输入是充分与适宜的,且输入与输出能够与上下前后的其他管理过程(程序)衔接起来,且接口的职责权限也得到清楚界定,风险与机遇评价结果也融于对应管理过程策划(主要为程序文件编制、质量目标编制与实现)与实施之中。

(5)对 e)要求:针对每个过程策划使用乌龟图就可以看出过程五个方面的输入是否充分,其中三个方面的输入就直接与资源(人力资源:技能素质、职责与授权,设备设施与工具资源,原材料与能源资源)有关,发现资源配置不充分时,应予以补充,这是最高管理者最主要的职责之一。

(6)对 f)要求:通过经过策划的内部会议、邮件、专题讨论会、组织内部网络、鼓励员工质量改进提案等形式,沟通质量管理体系及遵守其要求的价值与收益(好处)。

(7)对 g)要求:通过制定发布年度最重要的质量管理体系输出目标——质量目标(顾客满意度为必需指标),并辅以监视与测量、不符合与纠正措施,以及持续加以改进等途径,来确保组织质量管理体系,实现自身确定的预期结果(持续提供了满足顾客要求与适用法规要求、组织与相关方要求的产品与服务)。

(8)对h)要求:通过全员质量管理沟通、指导与培训活动,提升全员质量管理意识技能,再通过绩效考核、薪酬福利持续提升、激励机制切实执行、鼓励与奖励员工质量改进提案等活动,激发员工参与质量管理活动并主动改进其绩效的主动性、积极性与持久性,从而为组织的质量管理及其业绩的持续提升打下最坚实的基础。

(9)对i)要求:通过策划、建立与有效实施有利于员工持续改进的氛围与机制,激发员工质量管理改进的创造力、热情、主动性与持久性。

(10)对j)要求:通过针对每项质量管理活动中各级管理者的充分授权与职责分配,包括编制有效的融入过程与过程方法的程序文件、专项质量改进计划、质量目标的层层分解落实、质量管理BSC指标考核,以及管理层质量管理奖、进步奖设置等,来提升与激发各级质量管理者在所负责范围区域内质量管理的带头、示范、指导作用。

5.1.2 以顾客为关注焦点

最高管理者应通过确保以下方面,证实其以顾客为关注焦点的领导作用和承诺:

a)确定、理解并持续地满足顾客要求以及适用的法律法规要求;

b)确定和应对风险和机遇,这些风险和机遇可能影响产品和服务合格以及增强顾客满意的能力;

c)始终致力于增强顾客满意。

【解读】 在组织的《质量手册》对应条款中像如下描述,即可满足本条款要求并与组织实际情况相适宜。示例如下:

《质量手册》

5.1.2 以顾客为关注焦点

总经理通过以下活动,履行其以顾客为公司关注焦点的示范作用与郑重承诺:

a)通过精心策划与有效执行《顾客要求确定、理解与持续满足管理程序》《适用质量管理法规标准识别、遵守与合规评价管理程序》,确保顾客要求与适用质量管理相关的使用要求得到持续获取、理解、识别、遵守、评价、改进与持续性满足。

b)通过精心策划与有效执行《质量管理风险和机遇评估、应对措施及其评价管理程序》《质量危机管理程序》,识别出可能影响公司产品与服务质量,以及持续提升顾客满意能力的各种风险和机遇,并通过制定出适宜的应对措施、监视与评审应对措施效果来确保这些风险与机遇得到控制,包括可能获得的正面影响。

c)正如公司愿景、使命、质量方针所体现的信念那样,持续致力于提升顾客满意能力,不仅是公司质量管理的核心所在,也是决定公司可持续发展的决定性因素,所有的质量管理过程及其活动皆是围绕这一核心目的展开的。

5.2 方针

5.2.1 制定质量方针

最高管理者应制定、实施和保持质量方针,质量方针应:

a）适应组织的宗旨和环境并支持其战略方向；

b）为建立质量目标提供框架；

c）包括满足适用要求的承诺；

d）包括持续改进质量管理体系的承诺。

【解读】 组织的质量方针可单独形成文件，也可以写进《质量手册》，组织或上级组织的愿景、使命（宗旨）、战略方向等也可以融入其质量方针之中，满足本条款 a）至 d）要求的质量方针示例如下：

某啤酒公司愿景、使命、战略方向与质量方针

愿景

成为集团公司的示范性旗舰工厂，为集团公司雄踞中国与世界啤酒业前四强做出贡献。

使命

为国人提供品质最佳、品牌最佳的啤酒。

战略方向

通过全球领先的质量管理体制与机制、高素质行业人才、领先的装备与技术、顶级质量的原料来确保愿景与使命的实现。

质量方针

（1）用最好的原料、最好的酿造技术、领先的质量管理体系酿造出消费者喜爱的产品，通过品牌来提升消费者生活品质与品位。

（2）通过生产策划、成熟度与新鲜度控制、仓储物流过程有效管理，确保每瓶啤酒给消费者带来享受和快乐。

（3）持续识别、遵守、监视并合规性评价与质量及食品安全管理相关的适用法规标准要求。

（4）通过不断优化质量管理过程及其绩效指标来持续改进公司的质量管理体系。

5.2.2　沟通质量方针

质量方针应：

a）可获取并保持成文信息；

b）在组织内得到沟通、理解和应用；

c）适宜时，可为有关相关方所获取。

【解读】 将经组织最高管理者签字发布的质量方针制成镜框并挂在组织各场所的醒目位置，在不同的会议场所（包括相关方来组织时所待的场所，诸如接待室、休息室、食堂、原料接收处等），诸如各类 PPT 报告的前几页必须打上质量方针（及组织愿景、使命与战略，如有的话），以及公司网站、宣传视频等，这些状态或形式就可以完全满足本条款的要求。

5.3　组织的岗位、职责和权限

最高管理者应确保组织相关岗位的职责、权限得到分配、沟通和理解。

最高管理者应分配职责和权限,以:

a)确保质量管理体系符合本标准的要求;

b)确保各过程获得其预期输出;

c)报告质量管理体系的绩效以及改进机会(见10.1),特别是向最高管理者报告;

d)确保在整个组织中推动以顾客为关注焦点;

e)确保在策划和实施质量管理体系变更时保持其完整性。

【解读】 在先前版标准中,本条款要求就是管理者代表的职责,无论是新建立质量管理体系还是换班升级质量管理体系的组织,最好是引入或保留原先版本"管理者代表"这一职位或类似职责的职位。在组织的《质量手册》对应条款中像如下描述,既可满足本条款要求,又与组织实际情况相适宜。示例如下:

《质量手册》

5.3　组织的岗位、职责和权限

总经理通过与管理者代表及各部门经理的策划,将公司现有各质量管理过程融入基于ISO 9000:2015标准之质量管理体系的对应要素之中,并针对每项质量管理活动分配职责权限,包括"负管理责任(用符号■表示)""负配合责任(用符号□表示)"以及"负监督评价责任(用符号★表示)",详见本手册附录1"ABC啤酒上海有限公司质量管理体系要素质量管理过程职责权限分配一览表"。

总经理分配公司质量管理相关过程职责和权限的目的是:

a)确保公司经策划的质量管理体系(质量方针与目标、组织机构、职责权限、资源与管理过程等)符合ISO 9000:2015标准的要求。

b)通过分配各质量体系程序文件的职责,即"负管理责任者"——对应人员或部门经理负责编制所主管或协调质量管理过程对应的程序文件,确保各质量管理过程的输出明确,并可以在切实执行后获得预期的目的(就像在程序文件第一条"目的"中所描述的那样)。

c)各程序文件规定的"负管理责任者"应按照其中具体的规定向对应的"负监督评价责任者"(及总经理与管代)定期报告各过程的业绩与改进机会(意见、建议)。

d)通过《顾客要求确定、理解与持续满足管理程序》《适用质量管理法规标准识别、遵守与合规评价管理程序》两程序的策划、实施与改进,持续推动在公司内部"以顾客为关注焦点"意识、理念形成、巩固与具体落地的机制、氛围与质量管理文化。

e)确保与质量管理的任何过程有机融入公司基于ISO 9000:2015的质量管理体系之中,且新增或得到变更的过程及其过程管理不会有损于质量管理体系的完整性,即持续提供符合顾客要求与适用法规要求产品和服务的这一核心能力。

某制造型公司质量管理体系要素对应质量管理过程职责分配表见表3-4。

表 3-4　某制造型公司质量管理体系要素对应质量管理过程职责分配表

ISO 9001:2015 标准要素	部门										对应标准要素过程可编制的程序文件名称（“负管理责任者”负责对应程序文件的编制、运行、效果与改进）
	总经理	管理者代表	人力资源部	研发部	采购部	生产部	工程部	品管部	营销部	储运部	
4 组织环境											
4.1 理解组织及其环境	■	■	□	□	□	□	□	□	□	□	《公司质量管理体系内外部环境因素识别、监视与评审管理程序》
4.2 理解相关方的需求和期望	★	■		□	□	□		□	□	□	《公司质量管理相关方及其要求识别、监视与评审管理程序》
4.3 确定质量管理体系的范围	■	□				□		□			
4.4 质量管理体系及其过程	★	■	□	□	□	□	□	□	□	□	
5 领导作用											
5.1 领导作用和承诺											
5.1.1 总则	■	□									
5.1.2 以顾客为关注焦点	■	□		□				□	□		《顾客要求确定、理解与持续满足管理程序》《适用质量管理法规标准识别、遵守与合规评价管理程序》
5.2 方针											
5.2.1 制定质量方针	■	□									
5.2.2 沟通质量方针	★	■	□	□	□	□	□	□	□	□	
5.3 组织的岗位、职责和权限	■	□	□								《公司岗位、职责和权限管理程序》
6 策划											
6.1 应对风险和机遇的措施	★	■	□	□	□	□	□	□	□	□	《质量管理风险和机遇评估、应对措施及其评价管理程序》《质量危机管理程序》
6.2 质量目标及其实现的策划	★	■	□	□	□	□	□	□	□	□	《质量目标策划、实施、评价与改进管理程序》
6.3 变更的策划	★	■	□	□	□	□	□	□	□	□	
7 支持											
7.1 资源											

续表 3-4

ISO 9001:2015 标准要素	部门										对应标准要素过程可编制的程序文件名称 （“负管理责任者”负责对应程序文件的编制、运行、效果与改进）
	总经理	管理者代表	人力资源部	研发部	采购部	生产部	工程部	品管部	营销部	储运部	
7.1.1 总则	■	□									
7.1.2 人员	■	□	□	□	□	□	□	□	□	□	《员工招聘管理程序》
7.1.3 基础设施	■	□				□	□	□			《设备设施管理程序》
7.1.4 过程运行环境	■	□	□	□	□	□	□	□	□	□	《员工满意度调查与改进管理程序》
7.1.5 监视和测量资源		★			□	□	■	■			《计量与检测仪器仪表管理程序》
7.1.6 组织的知识	★	■	□	□		□	□	□			《公司核心人才与技术知识库管理程序》
7.2 能力	★	□	■	□	□	□	□	□	□	□	《员工技能认定管理程序》《员工培训管理程序》
7.3 意识	★	■	□	□	□	□	□	□	□	□	
7.4 沟通	★	■	□	□	□	□	□	□	□	□	《内外部质量沟通管理程序》
7.5 成文信息											
7.5.1 总则	★	■				□		□			
7.5.2 创建和更新	★	■				□		□			《文件控制管理程序》
7.5.3 成文信息的控制		★	□	□	□	□	□	■	□	□	《记录管理程序》
8 运行											
8.1 运行的策划和控制		★	□	□	□	■	■	■	■	■	《产品、生产工艺技术标准管理程序》《工艺调整与变更管理程序》《SOP 管理程序》《过程产品检验管理程序》《工艺与产品异常管理程序》《外包过程管理程序》《试验管理程序》《产品储运管理程序》
8.2 产品和服务的要求											
8.2.1 顾客沟通	★	□				■		■	■	□	《销售合同与订单管理程序》
8.2.2 产品和服务要求的确定	★	□				■		□	■	□	
8.2.3 产品和服务要求的评审	★	□				■		□	■	□	《库存、订单与生产计划编制管理程序》

续表 3-4

ISO 9001:2015 标准要素	部门										对应标准要素过程可编制的程序文件名称（“负管理责任者”负责对应程序文件的编制、运行、效果与改进）
	总经理	管理者代表	人力资源部	研发部	采购部	生产部	工程部	品管部	营销部	储运部	
8.2.4 产品和服务要求的更改	★	□				■		□	■	□	
8.3 产品和服务的设计和开发											
8.3.1 总则		☆		■		□	□	□	□		《新产品开发管理程序》
8.3.2 设计和开发策划	★	□		■		□	□	□	□		
8.3.3 设计和开发输入	★	□		■		□	□	□	□		
8.3.4 设计和开发控制	★	□		■		■	□	□	□		
8.3.5 设计和开发输出	★	□		■		□	□	□	□		
8.3.6 设计和开发更改	★	□		■		□	□	□	□		
8.4 外部提供的过程、产品和服务的控制											《供应商评估、选定与业绩评价管理程序》《承包商评估、选定与业绩评价管理程序》《服务商评估、选定与业绩评价管理程序》
8.4.1 总则	★	■	□		□	□	□	□	□	□	
8.4.2 控制类型和程度		★	□		■	■	■	□	□	■	《原材料采购控制程序》《辅助材料与工程助剂采购控制程序》《包装材料采购控制程序》《设备采购控制程序》
8.4.3 提供给外部供方的信息		★	□		■	■	■	□	□	■	
8.5 生产和服务提供											
8.5.1 生产和服务提供的控制		★	□		□	■	■	■	□		同 8.1 对应的程序
8.5.2 标识和可追溯性		★	□		□	■	■	■	□		《产品标识与可追溯性管理程序》
8.5.3 顾客或外部供方的财产		★	□		□	■	■	■	□		《客户与外部供方财产管理程序》
8.5.4 防护		★	□		■	■	□	□	□	■	《产品防护管理程序》
8.5.5 交付后活动		★	□			□		■	■	□	《售后服务管理程序》
8.5.6 更改控制		★	□	□	□	■	■	■	■	■	

续表 3-4

ISO 9001:2015 标准要素	部门：总经理	管理者代表	人力资源部	研发部	采购部	生产部	工程部	品管部	营销部	储运部	对应标准要素过程可编制的程序文件名称（“负管理责任者”负责对应程序文件的编制、运行、效果与改进）
8.6 产品和服务的放行		★				□		■	□	■	《产品出厂检验与交付管理程序》
8.7 不合格输出的控制		★			□	■	□	■	□	□	《不合格品控制程序》
9 绩效评价											
9.1 监视、测量、分析和评价											
9.1.1 总则	★	■	□	□	□	□	□	□	□	□	《质量管理体系监视与测量管理程序》
9.1.2 顾客满意		★				□		□	■	□	《顾客满意度调查与改进管理程序》
9.1.3 分析与评价		★	■	■	■	■	■	■	■	■	
9.2 内部审核	★	■	□	□	□	□	□	□	□	□	《内部审核管理程序》
9.3 管理评审											
9.3.1 总则	■	□	□	□	□	□	□	□	□	□	《质量管理体系管理评审程序》
9.3.2 管理评审输入		■	■	■	■	■	■	■	■	■	
9.3.3 管理评审输出	■	■	□	□	□	□	□	□	□	□	
10 改进											
10.1 总则	■	□	□	□	□	□	□	□	□	□	
10.2 不合格和纠正措施		★	■	■	■	■	■	■	■	■	《不合格、不符合及其纠正措施管理程序》(或《纠正措施管理程序》)
10.3 持续改进	★	■	□	□	□	□	□	□	□	□	《质量管理体系持续改进管理程序》《员工质量改进建议与提案管理程序》

注：■—负管理责任；□—负配合责任；★—负监督评价责任。

第6节　“6 策划”条款解读

6　策划

6.1　应对风险和机遇的措施

6.1.1　在策划质量管理体系时，组织应考虑到4.1所提及的因素和4.2所提及的要求，并确定需要应对的风险和机遇，以：

a）确保质量管理体系能够实现其预期结果；

b）增强有利影响；

c）预防或减少不利影响；

d）实现改进。

6.1.2　组织应策划：

a）应对这些风险和机遇的措施；

b）如何：

1）在质量管理体系过程中整合并实施这些措施（见4.4）；

2）评价这些措施的有效性。

应对措施应与风险和机遇对产品和服务符合性的潜在影响相适应。

注1：应对风险可选择规避风险，为寻求机遇承担风险，消除风险源，改变风险的可能性或后果，分担风险，或通过信息充分的决策而保留风险。

注2：机遇可能导致采用新实践、推出新产品、开辟新市场、赢得新顾客、建立合作伙伴关系，利用新技术和其他可行之处，以应对组织或其顾客的要求。

【解读】　“应对风险和机遇”是ISO 9000:2015标准（新版标准）的核心新要求，但这并不意味着实施先前版本标准的各组织以前就没有所谓的“风险管理”或“风险和机遇管理”，新版标准的目的是组织应当建立所谓“应对风险和机遇”平台，来消除可能的影响组织质量管理体系能力（持续提供符合顾客要求与适用法规要求产品与服务的能力）的风险，并把握正面性的机遇来提高这个能力。

换句话来讲，组织确定其风险和机遇并策划应对它们的措施的目的在于防止不合格（不符合），包括不合格输出，以及确定可能增强顾客（客户）满意度或达成组织质量目标的机会。

质量管理体系不能达成目标的风险包括过程、产品、服务不能满足要求，或不能实现顾客满意。机遇的例子包括，识别潜在的新客户、确定新产品或服务的需求并将它们引入市场，确定通过采用新工艺、新技术装备、新材料来提升产品质量、服务或过程效率。

所谓“应考虑到4.1所提及的因素和4.2所提及的要求”，就是说风险和机遇直接与组织顾客、有关相关方及其要求直接相关。

组织在满足本条款要求时，只要编制一个“公司质量管理体系风险与机遇识别、评估、应对措施与有效性评价信息一览表”即可（该表放在《质量手册》对应本标准条款的条款中即可），每年在管理评审之前由管理者代表召集相关人员对这些应对措施有效性进行评价，并将结果作为输入提交管理评审，该评价及其评价结果可作为《质量手册》实施的记录，示例见表3-5。

组织质量管理相关的风险识别、评价与控制措施确定应由懂体系、过程管理以及风险管理方法的技术管理人员来实施，标准中没有强制要求应用风险管理手段。

以下的情形应当在组织的ISO 9001管理体系控制之内，不应视为“风险”及其管理的对象，因为已有管理手段（措施）的有效实施完全可以控制其后果，不应纳入所谓的风险识别及其应对措施一览表中，不应纳入风险管理的情形包括：

(1)过程或产品分析不准确可能导致不合格在制品或成品的交付;

(2)检验人员粗心误录入检验数据与结果判定;

(3)检测仪器仪表突然失灵而导致大量不合格品的出现;

(4)成品仓库漏雨使得待交付成品要经过返工(重新包装后)才能出货;

(5)关键设备没有维护好导致该过程输出产品不合格率高。

以下情形可纳入组织质量管理体系的风险管理之中:

(1)员工突然大批离职导致停产而完不成客户订单;

(2)关键设备突然故障导致在一定时间内完不成客户订单;

(3)供应商提供的原料突然断供或大幅度不符合接收标准要求;

(4)供应商突然终止合同,宁愿接受合同规定的处罚;

(5)突发恶劣天气导致原材料进不了厂、产品出不了厂;

(6)国际政治、战争、贸易壁垒等原因导致关键原材料进口中断;

(7)组织短期内无法满足客户新提出的产品特性标准;

(8)由于竞争对手的退出,导致订单猛增,一时难以满足;

(9)客户或消费者对质量投诉处理不满意,要反映到媒体或法院;

(10)一时无法满足新发布或修订的行业生产规范或产品标准;

(11)生产许可证延期申请与评审过程出现问题导致到期后一段时间无法生产;

(12)竞争对手发布贬低组织及其产品形象的媒体宣传;

(13)竞争对手采用行业最新最先进的技术装备,其产品功能特性明显超出组织产品;

(14)进口的核心原料突然涨价,导致多交付产品意味着多亏损;

(15)国家产业结构调整对生产及市场的负面冲击;

(16)贷款银行突然银根紧缩,导致无法购买足够的原料和实现订单;

(17)核心客户未能按照合同要求准时付款,导致一时资金周转困难;

(18)核心技术人员突然离职去竞争对手公司,导致产品竞争的劣势;

(19)核心销售人员突然离职并带走关键性客户,导致市场份额流失等。

以上“不应纳入风险管理的情形”与“应纳入风险管理的情形”皆是基于组织内部懂得风险管理基本理论与方法的技术管理人员所定性识别的例子,将类似后者的各类情形纳入组织风险和机遇控制一览表(类似表3-5)即可。

非常正规、大型或国际化的组织,也可采用正式的风险管理体系(如ISO 31000风险管理体系,包括实施与认证该体系)来确定和应对包括质量管理相关的风险和机遇。组织可以选用适合自身需要的方法,ISO/IEC 31010《风险管理　风险评估技术》提供了一系列风险评估工具和技术。

这些大型国际化组织在确定风险和机遇过程中,组织可考虑SWOT(优势、劣势、机会与威胁的势态分析)、PESTLE(政治因素、经济因素、社会因素、技术因素、环境因素与法律因素大环境因素分析法),其他技术性评价方法有FMEA(失效模式与影响分析)、FMECA(失效模式影响与危害度分析)。规模较小与国际化程度不高的组织可采用简洁实用的技术方法,诸如头脑风暴、SWIFT(结构化假设分析)、(风险出现)概率与后果(严重程度)矩阵等评价方法。

例如,某组织某一决定产品质量关键性的原材料仅有一个供应商,其管理应引入风险和机遇管理范围,因一旦出现质量问题或断供,就会对产品质量及其按期交付产生致命影响,经评价为重大风险,其应对措施包括寻找第二个该原材料的供应商,当没有第二个时,适当提高预期采购量与存库量、建立有效沟通机制,甚至派人长驻该供应商基地等都是有效应对的措施。

下列情形下,组织质量管理相关风险和机遇管理的信息应当涉及:

战略会议、管理评审、内部审核、各类质量会议、质量目标制定会议,新产品和服务的设计和开发的策划阶段、生产与服务过程的策划阶段等。

表 3-5　ABC 啤酒 EF 有限公司质量管理体系风险和机遇识别、评估、应对措施与有效性评价信息一览表

风险来源	相关方		风险	风险评估			控制措施	实施责任部门	机遇	措施有效性评价职责
	类别	具体名称		概率	后果	等级				
外部	立法与执法机关	各级立法机关、市政府	遵守法规标准要求不到位，导致处罚通报	较低	严重	中	法规识别、遵守、沟通、合规性评价	生产部、质控部	创造提高产品质量与效率的投资决策机会	管理者代表
		市区食品药品监督管理局	日常监管发出整改、停产整改处罚乃至媒体曝光	中	严重	高	严格遵守《食品安全法》、相关条例、GB 14881、SC 审查细则，严格出厂检验程序，合规性评价与及时改进，提前半年申请延期 SC 与迎接审查	质控部	暂无	总经理
			现场、市场抽检产品不合格	很低	严重	低			暂无	总经理
			SC 审查不合格，致使 SC 证书过期，导致生产暂停	较低	严重	中			带来改进卫生性设备设施投资决策机会	总经理
		镇食品药品监督管理所	暂无							
		镇政府食品安全委员会	暂无							
		市区各级消费者协会	投诉曝光、投诉引发诉讼	较低	严重	中	沟通、妥善处理投诉	客服部	积累投诉处理经验	质控部
	集团总部	生技总部	现场核查得分低，影响工厂总体 BSC 考核得分	中	中	中	持续改进质量管理体系相关要素与 BRC 要素	生产部、质控部	质量管理体系与 BRC 食品安全体系得到提升	管理者代表
		质控总部		中	中	中				
		管理总部	年度工厂经营目标难达成	中	中	中	管理体制机制持续优化	总经理	管理氛围与文化提升	
		客服中心	暂无							
	产品与生产材料供应商	原辅料/包装材料/清洁消毒材料/产品接触供应商	产品质量不稳定	中	严重	高	优化供应商评估、业绩评价机制，合同约束，多供应商，供应商开发	采购部、质控部	为产品质量稳定与提升生产效率提供机会	管理者代表总经理
			突然断供（核心原辅料/核心包装材料）	低	严重	中				
		自来水厂	水质突然变差、断供	低	严重	中	沟通畅通、应急预案	工程部		质控部
	融资贷款银行	××银行××分行	放贷不及时，影响原材料采购	低	严重	中	银行沟通，采购付款时限预先（推迟）安排	财务部、采购部		总经理
	服务类供应商	生产相关承包商	过程及其输出质量不稳定，影响最终产品质量	低	中	低	提升合同质量与规范性，过程监控	生产部、人力资源部		质控部
		设备设施提供、安装与维护承包商	设备性能与效率未达成	低	严重	中	招标、合同、监管优化	工程部		生产部
		质量管理相关其他承包商	暂无							

续表 3-5

风险来源	相关方		风险	风险评估			控制措施	实施责任部门	机遇	措施有效性评价职责
	类别	具体名称		概率	后果	等级				
外部	顾客	集团销售总部、本区域销售公司	产品供求计划频繁变化导致生产有时无法满足与适应	中	中	中	建立正常的供求计划及其波动范围机制与规定	生产部	为扩大生产能力的投资决策提供机会	生产部
外部	顾客	各类经销商	减少甚至停止购进工厂产品，转向其他品牌产品	中	严重	高	服务、促销力度提升，反馈改进质量信息	总经理、销售部、生产部、质控部	为新产品开发、采用优质原料、提升广告宣传品味与力度决策提供机会	销售总部
外部	顾客	消费者	对公司品牌忠诚度下降，转向其他品牌产品	中	严重	高	通过有效调查发现有意义信息，用于质量改进			销售总部
外部	公众媒体	网络、电视、广播、报纸	出现针对公司、品牌产品不利乃至恶意负面报道	中	严重	高	加强与各主流媒体联系沟通，公关应急预案	总经理相关部门	提升危机管理意识能力	集团公关部
外部	竞争对手	M 啤酒、N 啤酒等	突然恶意降价、短期通过变态促销抢经销商	中	严重	高	通过精心策划建立并实施应急预案	销售总部		集团总部/公关部 总经理 管理者代表 总部人力资源部
外部	竞争对手	M 啤酒、N 啤酒等	损害公司与品牌的不适合宣传	低	严重	中	包括声明的应急预案	总部、公关部		
外部	竞争对手	M 啤酒、N 啤酒等	争抢优质供应商	中	低	低	沟通，双赢采购合同	采购部		
外部	竞争对手	M 啤酒、N 啤酒等	挖核心技术管理与销售管理人才	中	中	中	高薪管理人才合同，防止同行竞争、保证条款	人力资源部	改进工作与企业文化氛围	
外部	认证机构	SGS	现场审核未通过	低	严重	中	提升体系运行水平	管理者代表	培养审核员级别人才	总经理
内部	核心技术管理人才跳槽，导致管理提升失去强劲动力			中	中	中	高薪管理人才合同，防止同行竞争、保证条款	总经理	改进工作与企业文化氛围	总部人资部
内部	一线员工或基层管理员工大量离职导致生产不能正常进行			中	严重	高	改进薪酬福利待遇	人力资源部	优化岗位配置与效率	总经理
内部	关键核心设备突发故障、短时难以修复，影响生产计划与产品交付			低	严重	中	设备分级预防性维护	工程部	提升设备管理水平	人力资源部
内部	恶劣气候、人为灾害等影响生产的重大突发事件			低	严重	中	应急准备和响应	管理者代表	提升风险管理意识	人力资源部

在管理评审之前,管理者代表应将所有风险和机遇的管理及其结果(应对措施有效性评价结果及其改进性分析)作为输入提交管理评审,以持续改进风险和机遇及其应对措施管理整个过程。某制造型组织的质量管理风险和机遇识别、评估(非标准条款要求)、应对措施确定、有效性评价职责等信息的示例如表 3-5 所示。某组织针对本节要求制定的程序文件的示例见第 6 章。

6.2　质量目标及其实现的策划

6.2.1　组织应针对相关职能、层次和质量管理体系所需的过程建立质量目标。

质量目标应:

a)与质量方针保持一致;

b)可测量;

c)考虑适用的要求;

d)与产品和服务合格以及增强顾客满意相关;

e)予以监视;

f)予以沟通;

g)适时更新。

组织应保持有关质量目标的成文信息。

6.2.2　策划如何实现质量目标时,组织应确定:

a)要做什么;

b)需要什么资源;

c)由谁责任;

d)何时完成;

e)如何评价结果。

6.3　变更的策划

当组织确定需要对质量管理体系进行变更时,变更应按所策划的方式实施(见 4.4)。

组织应考虑:

a)变更目的及其潜在后果;

b)质量管理体系的完整性;

c)资源的可获得性;

d)职责和权限的分配或再分配。

【解读】　并不是所有的质量管理指标都作为质量目标来管理,但产品(终产品或成品)合格率与顾客满意(度)目标必须作为质量目标来管理,正如本条款 6.2.1d)所要求的,质量目标编制框架信息示例见表 3-6。

组织质量目标的实施期限一般为一年,质量目标制定的输入信息包括:

(1)上年度或近几年指标目标以及实现的实绩,一般应比先前所有提升,但并非绝对,低于先前目标是可以的,但低于先前实绩要有充足的理由。所谓的"持续改进"并非指质量目标要逐年提升,允许有波动,只要以几年计总体趋势是向上的就行。

(2)组织自身愿望,如工艺、设备实施、原材料等经资金投入明显改进,则可制定相应指标来体现这些改进的效果。

(3)上级组织要求,一般情形下直接作为组织的质量目标。

(4)相关方要求,特别是核心顾客的要求,实现这些要求将直接提升客户满意度与持续购买欲望,这直接关乎组织的生死存亡。

表 3-6 组织建立质量目标框架信息一览表

来源	目标主体	指标	示例
标准要求	产品	出厂检验与形式检验合格率、成品次品率、成品降级合格发生率	100% <0.3% <0.2%
	服务质量	等级、时间	行业一级;集团公司A级 存取款办理时间<12分钟, 下单后2小时内送达
	顾客满意	顾客满意度、顾客投诉及时处决率	>95.0% >90.0%
质量方针明示	承诺	远高于消费者期望的产品质量或服务质量	冰箱耗电量国际领先:低于国标一级29%
上级组织要求	产品、业绩	质量、效率、单耗、人均利润	产品抽样质量高于集团平均
适用法规标准	法规标准提前遵守	合规评价	基本符合项目数<5项,不符合项0
关键客户要求	原材料、过程控制、产品	质量合格率	主要原材料优级率>95%,关键步骤在制品返工率<3.0%
行业标杆	产品或服务、过程、结果	生产效率、单耗、投诉率等	产品质量投诉率<0.12 ppm
技改效果检验	产品、效率	生产效率、损耗、单耗、在制品一次合格率或返工率	生产效率提升3.0%
组织自我挑战	产品、服务	产品国际一流水平符合率、服务等级	餐厅表现:符合米其林2个叉匙标准

(5)行业标杆目标,组织通过外部交流或不同信息渠道获取,作为挑战内部质量管理水平、提升市场占有率或生产效率的机会。

(6)资源保证与测量评价,适宜资源乃至不断升级补充的资源(资金投入、授权、激励等)是不断挑战创新质量目标的基础,极少质量目标不需要或需要很少资源。所有质量目标都要有实施责任人、监测与评价责任人,没受监管的质量目标是没有意义的。

组织在制定质量目标时,一定要避免轻轻松松就可以达成的目标,这些目标最好纳入维持性的常规管理指标,定期检测与通报。

多数质量都是组织层面的,需要层层分解至各部门乃至工段(科室)、班组,这样才有可能实现质量目标管理的落地。

质量目标也不必要进行单独性管理,融入绩效考核指标也可以,且与它们一样要有完成期限、责任人、测量与监视方式、评价人,以及必要的资源权限配备等。

组织的质量目标不是多多益善,它们是组织管理的重点关注项目,这些目标实现了,整个质量管理体系的目标就实现了。

第 7 节　“7 支持”条款解读

7　支持

7.1　资源

7.1.1　总则

组织应确定并提供所需的资源,以建立、实施、保持和持续改进质量管理体系。

组织应考虑:

a)现有内部资源的能力和局限;

b)需要从外部供方获得的资源。

【解读】 组织建立与实施基于 ISO 9001 质量管理体系的好处之一,就是可以站在组织乃至行业层面审视各类资源的充分性与适宜性,包括人力资源、设备设施资源、检验资源以及质量改进资金投入的意识、观念与驱动力。没有充分的资源保证,基本上就是无米之炊,除非是在组织创业初期,所有员工都有热情与拼劲,例如在股份、股权机制激励之下。

7.1.2　人员

组织应确定并配备所需的人员,以有效实施质量管理体系,并运行和控制其过程。

【解读】 员工永远是组织第一宝贵的财富与资源,员工意识与技能是组织可持续发展的永恒能力。中国人的潜力无疑居世界第一,组织要建立能够有效促进质量与服务提升的质量管理体系,必须首先要有符合要求的人员保证。可见下文对 7.2“能力”条款的解读。

7.1.3　基础设施

组织应确定、提供并维护所需的基础设施,以运行过程,并获得合格产品和服务。

注:基础设施可包括:

a)建筑物和相关设施;

b)设备,包括硬件和软件;

c)运输资源;

d)信息和通讯技术。

【解读】 各类型组织生产或服务许可证审查细则、行业规范或指南提出了组织基础设施的最低要求,可行时组织应编制包括以上注中内容的基础设施清单,并标注其水平信息,例如对组织最终输出产品或服务质量的保证程度,作为日常管理与更新改进的平台。

7.1.4　过程运行环境

组织应确定、提供并维护所需的环境,以运行过程,并获得合格产品和服务。

注:适宜的过程运行环境可能是人为因素与物理因素的组合,例如:

a)社会因素(如非歧视、安定、非对抗);

b)心理因素(如减压、预防过度疲劳、稳定情绪);

c)物理因素(如温度、热量、湿度、照明、空气流通、卫生、噪声)。

由于所提供的产品和服务不同,这些因素可能存在显著差异。

【解读】 本条款可以说是新版标准的最大亮点,以前各版本标准从来都没有考虑到为实施质量管理体系广大员工提供合适的人文与工作环境,殊不知人员因素(心态、情绪、主动性、热忱等)也是决定组织是否能够真正搞好质量管理的重要因素之一,而这又直接取决于组织决策者的意识、胸怀与能力,本标准"强迫"组织必须考虑与改进从事质量活动员工的人文与生产环境。

7.1.5 监视和测量资源

7.1.5.1 总则

当利用监视或测量来验证产品和服务符合要求时,组织应确定并提供所需的资源,以确保结果有效和可靠。

组织应确保所提供的资源:

a)适合所开展的监视和测量活动的特定类型;

b)得到维护,以确保持续适合其用途。

组织应保留适当的成文信息,作为监视和测量资源适合其用途的证据。

【解读】 编制《现场过程监视与检测仪器仪表一览表》《品控部(质控部)检验室(化验室)原辅料、半成品与成品检测仪器仪表一览表》等即可,(表)列中内容包括(仪器仪表)名称、型号、数量、精度、监视与测量对象、状态(新购、停用、可用、待校准或检定、待维护等)、安放位置、使用环境条件、使用者、维护者、校准者和(或)检定者(对于需强制外部机构检定)及其周期与方法(国际标准、国家标准、行业标准、生产商标准)、生产商、供应商、购买日期等。有了以上表,也能满足以下 7.1.5.2 "测量溯源"中 a)和 b)的要求。

7.1.5.2 测量溯源

当要求测量溯源时,或组织认为测量溯源是信任测量结果有效的基础时,测量设备应:

a)对照能溯源到国际或国家标准的测量标准,按照规定的时间间隔或在使用前进行校准和(或)检定,当不存在上述标准时,应保留作为校准或验证依据的成文信息;

b)予以识别,以确定其状态;

c)予以保护, 防止由于调整、损坏或衰减所导致的校准状态和随后的测量结果的失效。

【解读】 对于组织包括质量管理相关在内的计量(测量)仪器(仪表)管理而言,定期内部校准以及定期外部第三方强制检定或委托校准,是确保产品或过程测量结果有效的根本保证条件,依据《通用计量术语及定义》(JJF 1001—2011):"测量仪器的检定",也称为"计量器具的检定",简称"计量检定",是指"查明和确认测量仪器符合法定要求的活动,它包括检查、加标记和/或出具鉴定证书"。

"校准"是指"在规定条件下的一组操作,其第一步是确定由测量标准提供的量值与相应示值之间的关系,第二步则是由此信息确定由示值获得测量结果的关系,这里测量标准提供的量值与相应示值都具有测量不确定度"。

"对比"是指"在规定条件下,对相同准确度等级或指定不确定度范围的同种测量仪器重复的量值之间比较的过程"。

注:(1)对于某些未纳入强制检定目录且内外部校准也不可行的进口计量仪器仪表而言,有时两个之间的"对比"也是确定相互之间准确度的一种方法。

(2)JJF 中的定义来自国际法制计量组织(OIML)制定的《法制计量学通用基本名词术语》(VIM),即"检定"为:"查明和确认测量仪器符合法定要求的程序,它包括检查、加标记和(或)出具检定证书。""校准"为"在规定的条件下,为确定测量仪器或测量装置所指示的量值,与对应的由标准所复现的量值之间关系的一组操作。"

计量校准与计量检定之间的异同点见表 3-7。

表 3-7　计量校准与计量检定比较一览表

比较项目	校准	检定
相同点	(1)测量设备的评定形式,是确保设备(仪器仪表)示值正确的重要方式; (2)单位统一、量值准确可靠的活动,属于计量范畴; (3)多数情况下,都是按照相同的测量程序进行的	
对象	非强制检定的与质量管理相关的其他计量检测设备	列入《中华人民共和国强制检定的工作计量器具目录》的计量器具(监视与测量仪器仪表),非强制(计量)检测设备也可以选择检定
法律约束力	自愿行为	法制性强制检定
授权	自校无明确要求或者外校(CNAS 认可)	法定计量检定机构授权或者计量标准书面授权
依据	校准规范(JJF 系列标准)、参照检定规程或者自编校准方法	检定规定(JJP 系列标准)
人员	未明确要求	两人具有该项目的检定资格
标准器	配备校准规范/校准方法要求的标准器	配备规程要求的标准器
确保量值准确一致方式	自下而上的将量值溯源到国家基准或国际基准	自上而下地将国家或国际计量基准所复现的量值逐渐传递给各级计量标准,直至普通计量器具
项目	一般仅涉及定量试验,只评定示值误差	定性试验和定量试验,对测量设备特性及技术要求符合性的全面评定
结论	校准机构(校准者)不需要做出符合性声明:只提供记录数据,是否合格由送检人自己判断	应做出符合性声明:检定规程给出合格与否结论
结果报告形式	校准证书(第三方校准证书有效期通常为一年)、校准标识与记录(内部校准)	依据规程给出判定结论,出具检定证书或检定结果通知书(有效期通常为一年)

依据《关于调整〈中华人民共和国强制检定的工作计量器具目录〉的通知》(国质检量〔2001〕162号),组织需要进行强制外部检定的计量器具包括以下 60 大类。这些计量器具因用于贸易结算、安全防护、医疗卫生、环境监测方面而列入强制检定目录,实行强制检定。未按照规定申请检定或者检定不合格的,不得使用。

(1)尺:竹木直尺、套管尺、钢卷尺、带锤钢卷尺、铁路轨距尺;

(2)面积计:皮革面积计;

(3)玻璃液体温度计:玻璃液体温度计;

(4)体温计:体温计;

(5)石油闪点温度计:石油闪点温度计;

(6)谷物水分测定仪:谷物水分测定仪;

(7)热量计:热量计;

(8)砝码:砝码、链码、增铊、定量铊;

(9)天平:天平;

(10)秤:杆秤、戥秤、案秤、台秤、地秤、皮带秤、吊秤、电子秤、行李秤、邮政秤、计价收费专用秤、售粮机;

(11)定量包装机:定量包装机、定量灌装机;

(12)轨道衡:轨道衡;

(13)容重器:谷物容重器;

(14)计量罐、计量罐车:立式计量罐、卧式计量罐、球形计量罐、汽车计量罐车、铁路计量罐车、船舶计量仓;

(15)燃油加油机:燃油加油机;

(16)游体量提:游体量提;

(17)食用油售油器:食用油售油器;

(18)酒精计:酒精计;

(19)密度计:密度计;

(20)糖量计:糖量计;

(21)乳汁计:乳汁计;

(22)煤气表:煤气表;

(23)水表:水表;

(24)流量计:液体流量计、气体流量计、蒸气流量计;

(25)压力表:压力表、风压表、氧气表;

(26)血压计:血压计、血压表;

(27)眼压计:眼压计;

(28)出租汽车里程计价表:出租汽车里程计价表;

(29)测速仪:公路管理速度监测仪;

(30)测振仪:振动监测仪;

(31)电度表:单相电度表、三相电度表、分时记录电度表;

(32)测量互感器:电流互感器、电压互感器;

(33)绝缘电阻、接地电阻测量仪:绝缘电阻测量仪、接地电阻测量仪;

(34)场强计:场强计;

(35)心、脑电图仪:心电图仪、脑电图仪;

(36)照射量计(含医用辐射源):照射量计、医用辐射源;

(37)电离辐射防护仪:射线监测仪、照射量率仪、放射性表面污染仪、个人剂量计;

(38)活度计:活度计;

(39)激光能量、功率计(含医用激光源):激光能量计、激光功率计、医用激光源;

(40)超声功率计(含医用超声源):超声功率计、医用超声源;

(41)声级计:声级计;

(42)听力计:听力计;

(43)有害气体分析仪:CO 分析仪、CO_2 分析仪、SO_2 分析仪、测氢仪、硫化氢测定仪;

(44)酸度计:酸度计、血气酸碱平衡分析仪;

(45)瓦斯计:瓦斯报警器、瓦斯测定仪;

(46)测汞仪:汞蒸气测定仪;

(47)火焰光度计:火焰光度计;

(48)分光光度计:可见光分光光度计、紫外分光光度计、红外分光光度计、荧光分光光度计、原子吸收分光光度计;

(49)比色计:滤光光电比色计、荧光光电比色计;

(50)烟尘、粉尘测量仪:烟尘测量仪、粉尘测量仪;

(51)水质污染监测仪:水质监测仪、水质综合分析仪、测氰仪、溶氧测定仪;

(52)呼出气体酒精含量探测器:呼出气体酒精含量探测器;

(53)血球计数器:电子血球计数器;

(54)屈光度计:屈光度计;

(55)电子计时计费装置:电话计时计费装置;

(56)棉花水分测量仪:棉花水分测量仪;

(57)验光仪:验光仪、验光镜片组;

(58)微波辐射与泄漏测量仪:微波辐射与泄漏测量仪;

(59)燃气加气机:燃气加气机;

(60)热能表:热能表。

根据最新的《计量法实施细则(2018 年修正本)》第十二条:企业、事业单位应当配备与生产、科研、经营管理相适应的计量检测设施,制定具体的检定管理办法和规章制度,规定本单位管理的计量器具明细目录及相应的检定周期,保证使用的非强制检定的计量器具定期检定。

当发现测量设备不符合预期用途时,组织应确定以往测量结果的有效性是否受到不利影响,必要时采取适当的措施。

【解读】 所谓“不符合预期用途”是指测量设备功能生效或检测结果太离谱而经验证后证实已失效,例如,某在线 pH 计突然显示 pH 为 12.07,而理论与实际上被检测对象绝对不会超过 8.00,很可能是 pH 计损坏或需要再校准,这时临时用其他 pH 计测量结果正常,且识别出生产过程或先前清洗等均正常。即使如此,对该 pH 计自前 2 小时显示正常以来的被检测对象(半成品)还需抽样(用正常有效的其他 pH 计)检测以确定是否受到不利影响,如发现 pH 已经超标,则有可能需要“采取适当的措施”,诸如再调节 pH(可能需要在后道工序进行)乃至报废等。该 pH 计需要立即予以更换,并经校准或维修校正后再投入使用。

7.1.6　组织的知识

组织应确定必要的知识,以运行过程,并获得合格产品和服务。

这些知识应予以保持,并能在所需的范围内得到。

为应对不断变化的需求和发展趋势,组织应审视现有的知识,确定如何获取或接触更多必要的知识和知识更新。

注 1:组织的知识是组织特有的知识,通常从其经验中获得,是为实现组织目标所使用和共享的信息。

注 2:组织的知识可基于:

a)内部来源(如知识产权、从经验获得的知识、从失败和成功项目汲取的经验和教训、获取和分享未成文的知识和经验,以及过程、产品和服务的改进结果);

b)外部来源(如标准、学术交流、专业会议、从顾客或外部供方收集的知识)。

【解读】 组织知识的载体无非两类,即有专业技能的技术管理人员,以及有形的知识,这些知识对于组织实施质量管理体系并满足顾客与适用法规标准要求必不可少,甚至至关重要,可编制表3-8来梳理出知识来源、存放位置,为持续积累与扩充奠定基础。

组织更规范与复杂性的知识管理可参照《知识管理》(GB/T 23703)来实施,可参考表3-9。

表3-8 上海ABC食品有限公司质量管理体系无形知识核心人才库信息一览表

姓名	所在部门	职务、职称	专业	专业特长	专业水准	专业年限(年)	学校、学历
张某	生产部	经理、高工	食品	食品工艺、新产品开发	行业级专家	20	江南大学、硕士
李某	品管部	高级主管、高工	发酵	法规标准合规性	行业级专家	18	湖工大、学士
王某	品管部	经理、工程师	食品检验	食品检验与过程改进	地区级转化	12	华中农大、硕士
陈某	品管部	高级主管、高工	食品安全	质量+食品安全体系	行业级专家	25	上海交通大学、学士
吴某	工程部	高级主管、高工	机械	设备管理	行业级专家	30	华东理工,学士
刘某	包装部	经理、高工	自动化	电器与自控系统	行业级专家	22	哈工大、学士
周某	工程部	高工	公用工程	制冷、通风、锅炉	行业级专家	28	上海理工、学士

表3-9 上海ABC食品有限公司质量管理体系有形知识库信息一览表

类别	知识内容(范围)	来源	形式	存放地点、管理者
内部保密知识	工艺、配方、原辅料标准、清洗与消毒维护方案	总部	纸质/电子	品管部、体系主管
政府监管知识	适用质量+食品安全法规标准、指南、报告	总部、网搜、交流	电子	品管部、体系主管
设备管理	设备设施说明书、维护方案、校准标准	供应商	纸质	工程部、设备主管
学术交流资料	质量、食品安全、食品新技术与工艺、加工设备	行业协会会议	纸质/电子	品管部、体系主管
质量管理	质量+食品安全体系标准,一、二级文件	内部、总部	纸质/电子	品管部、体系主管

7.2 能力

组织应:

a)确定在其控制下工作的人员所需具备的能力,这些人员从事的工作影响质量管理体系绩效和有效性;

b)基于适当的教育、培训或经验,确保人员是胜任的;

c)适用时,采取措施以获得所需的能力,并评价措施的有效性;

d)保留适当的成文信息,作为人员能力的证据。

注:适当措施可包括对在职人员提供培训、辅导或重新分配工作,或者聘用、外包胜任的人员。

【解读】 组织最好能由人力资源部主导编制所有类别岗位的《岗位能力要求说明书》并作为对应《岗位职责》描述的附件，包括"最低能力要求""最佳胜任能力要求"与"顶级能力目标"，《岗位能力要求说明书》水准的高低代表组织对员工能力及其对质量管理过程业绩决定程度理解的水平。例如，对于质量管理体系管理者代表（或称为体系负责人）与担任组长的内审员（虽然是兼职岗位，大型组织或集团总部可能是专职），其"最佳胜任能力要求"为审核员水平，"顶级能力目标"为主任审核员。

人的能力基于所受到的教育、工作经历经验、培训等，但还有一点经常性忽略的就是个人要求进步、自我提升意愿的结果，诸不知组织内专家、集团内权威、行业或国家级专家等很少是培养的结果，往往是自我修炼出来的，而组织的工作氛围、文化氛围与职业生涯机制等必须体现个人能力提升对员工自身看得见的好处，诸如薪酬、奖励与升迁等，组织内部自我成长的专家才是对组织最有用的专家。或者说，组织最大的质量管理浪费就是人员能力（包括潜能）的浪费，员工的能力才是最应该得到充分挖掘与利用的"富矿""金矿"，组织的拥有者必须明白这一点。

7.3　意识

组织应确保在其控制下工作的人员知晓：

a）质量方针；

b）相关的质量目标；

c）他们对质量管理体系有效性的贡献，包括改进绩效的益处；

d）不符合质量管理体系要求的后果。

【解读】 所谓（质量）意识就是个人对于某一过程、状况、状态瞬间的基于背景知识经验的正确性本能反应，员工都具备质量意识才是搞得好质量管理的关键，因为少数人的缺乏意识乃至"故意"缺乏意识，可以抵消掉多数人的意识与努力，这是我们的"聪明"，所以组织最好通过质量管理之外的机制来鼓励、激发与奖励员工主动性，提升质量管理意识的潜能与表能，就像能够写好诗，其功底却在诗外那样。

7.4　沟通

组织应确定与质量管理体系相关的内部和外部沟通，包括：

a）沟通什么；

b）何时沟通；

c）与谁沟通；

d）如何沟通；

e）谁来沟通。

【解读】 组织最好（在《质量手册》或《内外部质量沟通管理程序》中）列出所有主要的与质量相关的内外部沟通信息（当然这些沟通本来就有，只是罗列出来满足本标准要求而已；内审、管理评审等也可视为内部沟通；标准并未要求所有沟通都要留下记录，是否要留记录，组织自己决定），并涵盖以上 5 个方面的内容，例子见表 3-10。

表 3-10　上海 ABC 塑料制品有限公司质量管理体系内外部沟通一览表

	沟通主题/内容	沟通对象	参与/主持部门	沟通时机与方式	沟通记录
外部沟通	生产许可证、产品监管抽查	市(区)技术监督管理局	品管部、生产部	不定期;拜访、来访接待	品管部月报
	市区食药监管理局	食品接触材料标准	品管部	不定期;拜访	品管部月报
	市产品质量检验院	产品委托检验	品管部	不定期;拜访	产品形式检验报告
	年度营销大会	客户、批发商	总经理、销售/品管部	每年 2 月、9 月	销售部月报
	顾客反馈/投诉	客户、批发商	销售/品管部	随时;接待、拜访	售后服务月报
	产品质量、新产品开发	总部质量管理部	总经理、生产/品管部	不定期;拜访、来访接待	工厂周报
	产品订单、发货	客户、批发商	销售部	随时;接待、电话邮件	订单、出货记录
	顾客满意度调查	客户、批发商	销售部、品管部	每年 12 月;拜访	顾客满意度调查报告
	年度技术交流	行业技术人员、客户	总经理、生产/品管部	每年 11 月;会议	技术交流大会会刊
内部沟通	年度质量目标交流发布	各部门管理人员	总经理	每年 1 月;会议	年度质量目标
	季度质量目标回顾	各部门经理	总经理	每季度末;会议	回顾会议纪要
	每月质量分析会	各部门管理人员	总经理、品管部	每月下旬;会议	分析会议纪要
	每周生产例会(生产、质量、订单、顾客反馈等)	各部门管理人员	总经理、生产部	每周五;会议	生产例会会议纪要
	年度质量管理改善发表	各部门管理人员	总经理、品管部	12 月;发表会	改善 PPT、会议计划
	年度设备设施更新与改进	各部门管理人员	总经理、工程部	每年 1 月、7 月;会议	会议纪要
	适用法规标准合规性评价	各部门管理人员	总经理、品管部	每年 5 月、11 月;会议	合规性评价报告

7.5　成文信息

7.5.1　总则

组织的质量管理体系应包括:

a)本标准要求的成文信息;

b)组织所确定的、为确保质量管理体系有效性所需的成文信息。

注:对于不同组织,质量管理体系成文信息的多少与详略程度可以不同,取决于:

——组织的规模,以及活动、过程、产品和服务的类型;

——过程及其相互作用的复杂程度;

——人员的能力。

【解读】 正如在第 2 章对成文信息的理解那样,以“文件”与“记录”代替“成文信息”是最可行的方法,否则“成文信息(即文件与记录)”“保持成文信息(即文件)”与“保留成文信息(记录)”三种讲法就搞糊涂了。

本标准要求的成文信息(文件与记录)见表 3-11。

7.5.2 创建和更新

在创建和更新成文信息时,组织应确保适当的:

a)标识和说明(如标题、日期、作者、索引编号);

b)形式(如语言、软件版本、图示)和载体(如纸质的、电子的);

c)评审和批准,以保持适宜性和充分性。

【解读】 文件格式各个组织有所差异,一般来讲,有版本控制的长效文件都有起草人、审核(标准条款中的“评审”)人和批准人,非版本控制的时效性文件只要两个即可,即将起草(或编制)人视为评审,再加一个批准人即可,比如各类标准格式的记录表格。

7.5.3 成文信息的控制

7.5.3.1 应控制质量管理体系和本标准所要求的成文信息,以确保:

a)在需要的场合和时机,均可获得并适用;

b)予以妥善保护(如防止泄密、不当使用或缺失)。

7.5.3.2 为控制成文信息,适用时,组织应进行下列活动:

a)分发、访问、检索和使用;

b)存储和防护,包括保持可读性;

c)更改控制(如版本控制);

d)保留和处置。

对于组织所确定的策划和运行质量管理体系所必需的来自外部的成文信息,组织应进行适当识别,并予以控制。

对所保留的、作为符合性证据的成文信息应予以保护,防止非预期的更改。

注:对于成文信息的“访问”可能意味着仅允许查阅,或者意味着允许查阅并授权修改。

表 3-11　ISO 9001:2015 标准所要求的文件与记录信息一览表

ISO 9001:2015 条款要素		需要成文信息的条款内容	组织满足方式	所处位置
4. 组织环境	4.1 理解组织及其环境			
	4.2 理解相关方的需求和期望			
	4.3 确定质量管理体系的范围	组织的质量管理体系范围应作为成文信息	质量管理体系范围描述	《质量手册》
	4.4 质量管理体系及其过程			
5 领导作用	5.1 领导作用和承诺			
	5.2 方针 5.2.2 沟通质量方针	质量方针应： a)可获取并保持成文信息	制定质量方针	单独作为文件，或位于《质量手册》中
	5.3 组织的岗位、职责和权限			
6 策划	6.1 应对风险和机遇的措施			
	6.2 质量目标及其实现的策划			
	6.3 变更的策划			
7 支持	7.1 资源 7.1.5.1 总则 7.1.5.2 测量资源	7.1.5.1 组织应保留适当的成文信息，作为监视和测量资源适合其用途的证据。 7.1.5.2 当不存在上述标准时，应保留作为校准或验证依据的成文信息	《监视与检测仪器仪表一览表》 仪器仪表维护、校准与检定记录仪器仪表非国际/国标校准/检定方法（一览表）	单独作为文件与记录，可作为对应程序文件引出的文件与记录
	7.2 能力	保留适当的成文信息，作为人员能力的证据	学历资质证书复印件、应聘时工作履历、培训证书、培训记录	可行时，针对每位员工分别建档保存
	7.3 意识			
	7.4 沟通			
	7.5 成文信息 7.5.1 总则 7.5.2 创建和更新 7.5.3 成文信息的控制	组织的质量管理体系应包括： a)本标准要求的成文信息； b)组织所确定的、为确保质量管理体系有效性所需的成文信息	推荐的组织质量管理体系文件： (1)《质量手册》、针对三十多个要素对应过程的程序文件（总量十几个至几十个不等）及其实施记录表； (2)其他类型三级文件（各类标准、外来文件，诸如适用法规标准、上级组织文件等）	

续表 3-11

ISO 9001:2015 条款要素		需要成文信息的条款内容	组织满足方式	所处位置
8 运行	8.1 运行的策划和控制	e)在必要的范围和程度上，确定并保持、保留成文信息，以： 1)确信过程已经按策划进行； 2)证实产品和服务符合要求	(3)生产或服务过程所需程序文件、三类资源要求； (4)所有过程产品与服务标准(含出厂产品标准)、过程控制标准、工艺参数、SOP、检验计划、实施记录	
	8.2 产品和服务的要求 8.2.1 顾客沟通			
	8.2.2 产品和服务要求的确定			
	8.2.3 产品和服务要求的评审	8.2.3.2 适用时，组织应保留与下列方面的有关的成文信息： a)评审结果； b)产品和服务的新要求	生产计划(制造型组织)、酒席预定单、医疗预约、培训报名确认表等(服务型组织)	生产计划等为时效性文件，执行期过后可视为记录
	8.2.4 产品和服务要求的更改	若产品和服务要求发生更改，组织应确保相关的成文信息得到修改	修改后的生产计划、酒席预定单等	
	8.3 产品和服务的设计和开发 8.3.1 总则 8.3.2 设计和开发策划		新产品(服务)设计开发项目计划书(包括最终产品/服务特性标准、行业规范和/或参考资料书籍目录)	8.3.3“设计和开发输入”活动的输出是 8.3.2h)中所讲的一部分
	8.3.3 设计和开发输入	组织应保留有关设计和开发输入的成文信息		
	8.3.4 设计和开发控制	b)实施评审活动，以评价设计和开发的结果满足要求的能力； c)实施验证活动，以确保设计和开发输出满足输入的要求； d)实施确认活动，以确保形成的产品和服务能够满足规定的使用要求或预期用途； f)保留这些活动的成文信息	新产品(策划阶段)设计方案评审报告(纪要)、新产品开发项目任务书验证报告(纪要)、新产品测试与试用(确认)报告	
	8.3.5 设计和开发输出	组织应保留有关设计和开发输出的成文信息	新产品正式生产的全套文件(同以上 8.1 对应的文件)	

续表 3-11

ISO 9001:2015 条款要素		需要成文信息的条款内容	组织满足方式	所处位置
8 运行	8.3.6 设计和开发更改	组织应保留下列方面的成文信息： a)设计和开发更改； b)评审的结果； c)更改的授权； d)为防止不利影响而采取的措施	新产品设计方案评审后变更管理记录、新产品开发项目任务书验证后变更管理记录、新产品测试与试用(确认)后变更管理记录	
	8.4 外部提供的过程、产品和服务的控制 8.4.1 总则 8.4.2 控制类型和程度 8.4.3 提供给外部供方的信息	8.4.1 总则 组织应基于外部供方按照要求提供过程、产品和服务的能力，确定并实施对外部供方的评价、选择、绩效监视以及再评价的准则。对于这些活动和由评价引发的任何必要的措施，组织应保留成文信息	《供应商(现场考察)评估与选定报告》《供应商业绩评价报告》《合格供应商名录调整(报告)记录》	对应程序文件的执行记录
	8.5 生产和服务的提供 8.5.1 生产和服务提供的控制			
	8.5.2 标识和可追溯性	当有可追溯要求时，组织应控制输出的唯一性标识，并应保留所需的成文信息以实现可追溯	产品或服务过程检验状态标识及其记录、产品或服务原料、物品批次使用信息记录	
	8.5.3 顾客或外部供方的财产	若顾客或外部供方的财产发生丢失、损坏或发现不适用情况，组织应向顾客或外部供方报告，并保留所发生情况的成文信息	顾客/外部供方财产丢失、损坏、变质与不适合情况通报	
	8.5.4 防护			
	8.5.5 交付后活动			
	8.5.6 更改控制	组织应保留成文信息，包括有关更改评审的结果、授权进行更改的人员以及根据评审所采取的必要措施	《内部原因影响产品交付/服务提供变更评审记录》《客户原因影响产品交付/服务提供变更评审记录》《相关方原因影响产品交付/服务提供变更评审记录》	
	8.6 产品和服务的放行	组织应保留有关产品和服务放行的成文信息。成文信息应包括： a)符合接收准则的证据； b)可追溯到授权放行人员的信息	产品(成品/终产品)检验记录、《产品出厂检验报告》《客户让步接受记录》《顾客接收服务(组织人员与顾客双方)确认记录》	

续表 3-11

ISO 9001:2015 条款要素		需要成文信息的条款内容	组织满足方式	所处位置
8 运行	8.7 不合格输出的控制	8.7.2 组织应保留下列成文信息： a）描述不合格； b）描述所采取的措施； c）描述获得的让步； d）识别处置不合格的授权。	《不合格采购材料处置单》《不合格半成品（在制品）处置单》《不合格产品处置单》《不合格服务处理单》	
9 绩效评价	9.1 监视、测量、分析和评价 9.1.1 总则 9.1.2 顾客满意 9.1.3 分析与评价	9.1.1 总则 ⋮ 组织应评价质量管理体系的绩效和有效性； 组织应保留适当的成文信息，以作为结果的证据	《采购材料检验记录》《半成品（在制品）检验记录》《产品检验记录》《质量目标月度跟踪记录》《服务质量检查记录》《客户满意调查报告》《内审负面发现汇总表》《管理评审纠正措施汇总表》《产品委托型式检验结果汇总表》《政府机构产品抽检结果汇总表》《外部第二/三方审核负面发现整改汇总表》等	
	9.2 内部审核	9.2.2　组织应： ⋮ f）保留成文信息，作为实施审核方案以及审核结果的证据	《年度内审方案》《内审计划》《内审记录》《内审报告》《内审负面发现汇总表》《首末次会议签到表》针对内审负面发现的《纠正措施通知单》	
	9.3 管理评审 9.3.1 总则 9.3.2 管理评审输入 9.3.3 管理评审输出	9.3.3 管理评审输出 组织应保留成文信息，作为管理评审结果的证据	《管理评审会议纪要》《管理评审决定事项实施记录表》、针对管理评审评价不符合事项改进的《纠正措施通知单》	
10 改进	10.1 总则			
	10.2 不合格和纠正措施	10.2.2 组织应保留成文信息，作为下列事项的证据： a）不合格的性质以及随后所采取的措施； b）纠正措施的结果	针对以下事项开具《纠正措施通知单》：不合格（所有类型）产品、不合格服务、内审负面发现、第二/三方审核负面发现、日常检查（程序文件执行）发现的不符合、管理评审不符合项、政府监管机构检查负面发现、顾客投诉、外部机构产品抽检的不合格等	
	10.3 持续改进			

【解读】 在电脑、网络、公司局域网或服务器日益普及的当今社会,一个有效、环保的做法是,每一个文件(例如《质量手册》、程序文件及其引用文件或记录表格)只打印出一份用于签字发布的纸质版本,存放在诸如体系管理办公室、体系主管、体系文件管理员等处,其对应电子版本放在大家都看得见的、可以阅读或必要下载记录表的网络共享上,避免一份文件分发十几份甚至几十份,特别不环保,发放、修改后再发放都非常烦琐,在国际化与国际性认证的大型公司,这种做法已经通行一二十年了,甚至会议、培训等都不需要纸质签到,电子版记录或照片记录就可以了。

所有操作记录尽量电子化,避免或减少庞大的纸质性的非环保记录方式。与纸质版文件及记录保持与保存相比最大的好处是便于标识、隔离、检索,以及稳定且保存期限可以很长。

电脑存放文件与记录需要注意的是,所有文件或记录都要设置阅读、下载与修改权限(诸如口令保护和识别代码 ID 入口),且整个公司的服务器需要物理性隔离的双备份机制,特别是那些大型且网上电子信息极其重要的公司。

过期或废止的文件与记录的保留可能是重要的,比如对多年投诉进行汇总分析要查阅很多过期的生产记录与处置记录,国家法律标准已经失效的先前版本的查阅,可以看出哪些要求是逐年提升与在哪一年新增的。

很多来自外部的文件,如客户提供的图纸、特定测试方法、抽样方案、标准或校准报告等,也要与内部文件一样,得到妥善管理,包括防止知识产权或机密技术的泄露。

第 8 节 “8 运行”条款解读

8 运行

8.1 运行的策划和控制

为满足产品和服务提供的要求,并实施第 6 章所确定的措施,组织应通过以下措施对所需的过程(见 4.4)进行策划、实施和控制:

a)确定产品和服务的要求;

b)建立下列内容的准则:

1)过程;

2)产品和服务的接收。

c)确定所需的资源以使产品和服务符合要求;

d)按照准则实施过程控制;

e)在必要的范围和程度上,确定并保持、保留成文信息,以:

1)确信过程已经按策划进行;

2)证实产品和服务符合要求。

策划的输出应适合于组织的运行。

组织应控制策划的变更,评审非预期变更的后果,必要时采取措施减轻不利影响。

组织应确保外包过程受控(见 8.4)。

【解读】 几乎所有的组织,在建立基于 ISO 9001 质量管理体系时,其生产过程或服务过程已经定型,为满足本条款要求,在《质量手册》中进行对应描述即可,当然也可以编制单独的生产或服务实现及其过程控制计划。

本条款已经涵盖生产或服务过程的策划(已经存在,梳理一下即可)、实施(及生产与服务过程的运行)和控制(过程中设备工艺参数控制、产品过程检测、不合格产品控制等)。就制造业而言,包括:

条款 a)涉及:

成品标准(内控标准、出厂检验标准)。

条款 b)涉及:

(1)(生产或加工)工艺标准,包括设备、介质等控制标准;

(2)原材料(原料、辅料、加工助剂、工程助剂、工程介质等)标准、各种在制品标准。

条款 c)涉及:

生产或加工的输入,包括各类原材料、辅料、加工助剂等采购性材料,自产的工程性介质(水、蒸汽、热能或冷量等)、能源(电、天然气、重油等)、设备设施、能够胜任的人员、检测检验仪器仪表、操作用工具与运输工具、记录手段、通信配置、自动化办公配置(例如电脑),以及启动生产或加工的生产计划等;

条款 d)涉及:

工艺说明书、工艺流程图、操作规程(SOP)、涉及过程管理的程序文件、过程检验计划;

条款 e)涉及:

过程操作记录、产品检测检验记录、不合格处置记录等。

其他还包括原材料的试验式使用、工艺变更通知书、产品配方变更通知书、过程产品或最终产品标准变更通知书、生产计划变更通知书等,这些变更性通知发出前都得到相关责任人员进行的确认与评审。

8.2　产品和服务的要求

8.2.1　顾客沟通

与顾客沟通的内容应包括:

a)提供有关产品和服务的信息;

b)处理问询、合同或订单,包括更改;

c)获取有关产品和服务的顾客反馈,包括顾客投诉;

d)处置或控制顾客财产;

e)关系重大时,制定应急措施的特定要求。

【解读】　就组织而言有关合同签订与订单发出的沟通对象是其直接接触的顾客,例如经销商、客户或客人,很少涉及通过经销商获得产品的最终消费者,但顾客反馈中的顾客投诉可来自这些未直接打交道的最终消费者。

与客户签订规范且可执行性强的销售或服务合同是关键的第一步,以制造业为例的销售协议合同可能包括的二十个方面的内容,可参考以下 8.4.3“提供外部供方的信息”中解读部分与外部供方签订合同中的内容。

顾客反馈可能是正面的或负面的(正面的表扬等可提升组织自信、为相关绩效验证的证据,负面的为过程及其输出的产品或服务的质量提供难得的切入点),建立固定人员及其责任制的接收顾客反馈(包括顾客投诉)对于组织至关重要,这不仅是相关法规的强制要求,而且是改进组织产品与服务质量、提升顾客满意的根本途径。

与顾客沟通的途径包括会议、宣传单、网站、电话、微信、邮件乃至视频。

有关“处置或控制顾客财产”见下文对 8.5.3“顾客或外部供方的财产”的解读。组织应针对突发的能够严重影响产品或服务质量及其交付的各类因素,事先制定并实施应急准备与响应措施来预防、消除或减轻这些严重影响,诸如自然灾害、恶劣天气、极端气候、劳资纠纷、关键原材料突然断供等,相关信息也见上文对 6.1“应对风险和机遇的措施”解读中的示例。

8.2.2 产品和服务要求的确定

在确定向顾客提供的产品和服务的要求时，组织应确保：

a）产品和服务的要求得到规定，包括：

1）适用的法律法规要求；

2）组织认为的必要要求。

b）提供的产品和服务能够满足所声明的要求。

【解读】 确定产品与服务的要求不仅是质量管理的核心输入，而且是组织质量管理意识、境界与是否具有可持续发展的原动力，适用产品或服务的法规、标准与行业指南、顾客（通过合同、明示等）要求虽然是要求的重要组成部分，但还远远不够，“组织认为的必要要求”涵盖的内容非常广泛，包括组织自身超过顾客或法规标准要求的要求、明示的承诺、认同或同意满足的相关方（组织上级、个别顾客或消费者在投诉中提出的额外要求）要求，以及行业惯例、潜在的可能提升顾客满意与顾客忠诚度的额外产品特性与服务项目及其举措、大众认为的不言而喻要求等，总之组织必须完整识别出以上这些要求，并通过质量管理体系的有效运行来满足这些要求。针对“要求”的理解详见第2章第3节中对术语“3.6.4要求”的理解。

需要说明的是，只有上述产品与服务要求的一部分甚至是一小部分可能体现在与顾客签订的产品与服务提供协议合同中，有时甚至就根本没有合同协议或者与消费者直接接收产品与服务的情形，但无论如何，识别出这些要求并加以满足是组织质量管理的终极目标。

站在组织的角度，这些要求可通过质量目标与管理绩效指标的实现、过程的策划与实现、新产品与新服务的设计开发、顾客反馈的及时处置与改进、质量改进与持续改进的实施等来一一达成。例如，很多的顾客投诉就是针对隐含要求、不言而喻要求及行业惯例与世俗想法等未得到满足的质疑与抱怨。

站在顾客或最终消费者的角度，组织产品上的包括产品标准在内的标识信息、随附产品的说明书与保修单、产品广告中的承诺、组织网站上的承诺、服务现场的明示规定、标识标牌与承诺都是其产品与服务要求的表现形式。此外，适用法规、指南诸如《产品质量法》《消费者权益保护法》《食品安全法》、相关条例、部分商品三包规定等皆是强制性的组织必须履行的，且一旦违反打官司必输的要求，虽然大多数消费者对此不太懂；或者说，站在适用法规标准、行业指南的角度，就是政府与行业管理机构帮助顾客识别出最低限度的且组织还必须强制性满足的要求，同时，政府监管机构还会对组织是否满足这些要求进行监管，组织未满足时可能会受到处罚与曝光，并强制要求限期整改，严重时会做出停产停业整顿、吊销营业执照的处罚。

8.2.3 产品和服务要求的评审

8.2.3.1 组织应确保有能力向顾客提供满足要求的产品和服务。在承诺向顾客提供产品和服务之前，组织应对如下各项要求进行评审：

a）顾客规定的要求，包括对交付及交付后活动的要求；

b）顾客虽然没有明示，但规定的用途或已知的预期用途所必需的要求；

c）组织规定的要求；

d）适用于产品和服务的法律法规要求；

e）与以前表述不一致的合同或订单要求。

组织应确保与以前规定不一致的合同或订单要求已得到解决。

若顾客没有提供成文的要求，组织在接受顾客要求前应对顾客要求进行确认。

注:在某些情况下,如网上销售,对每一个订单进行正式的评审可能是不实际的,作为替代方法,可评审有关的产品信息,如产品目录。

【解读】 正如对 8.2.1 ~8.2.2 节条款解读所指出的,全方位识别顾客相关的要求,包括顾客明示要求、适用法规标准要求、行业规范与惯例、组织自身要求、隐含要求、不言而喻要求等是组织实施质量管理的关键第一步,然后通过评审这些要求,即判定组织满足这些要求的可能性、可行性与可持续性,不足时可能通过完善设备设施、改进过程与产品、提升人员技术管理素质、疏通内外部质量沟通渠道等来实现,而组织依据 ISO 9000:2015 标准建立符合自身与行业特点的质量管理体系就是"实现"这些要求的最佳方式与途径。

与顾客签订的协议、合同与订单等只是一种围绕产品或服务提供及其简要要求明示的方式,当然组织应充分满足,但协议、合同与订单之外的未明示、隐含或不言而喻的要求,组织也要满足,并通过质量管理体系相关过程的有效控制来满足。

很多情形下,尤其在服务业,顾客基本上没有书面的要求,所签订的合同也往往是组织提供的范本,所以组织在接受顾客要求前,诸如接受订餐服务、旅行服务、维修服务时应通过口头形式的沟通(必要时通过录音记录)来双向确认顾客提出的要求,以便在服务过程中一一满足这些要求。

现如今,网购十分盛行与发达,在网购页面上提供详细的产品与服务明细、图示甚至视频说明、功能展示,以及产品(特性)或服务(项目)可选项等,也是一种有效的替顾客设计服务要求选定的形式。

8.2.3.2　适用时,组织应保留与下列方面有关的成文信息:

a)评审结果;

b)产品和服务的新要求。

【解读】 所谓"评审"的结果就是组织得出的最终能够提供产品或服务最大能力的输出,例如,将能够做出的所有菜以菜单的形式展示给顾客、在其网页上登出能够提供的所有产品类型与数量信息、饭店客房可预订级别与数量信息、火车票订购网上的车次与车票等级及可预定数量信息、产品最大月度、季度与年度可预订销售量计划等。

有些评审输出信息需要额外提出来以提醒组织内人员特别注意加以满足,例如某客户预订的年夜饭又提出了新要求,增加澳大利亚顶级鲍鱼与龙虾,应单独形成订单交厨师长重点解决。

8.2.4　产品和服务要求的更改

若产品和服务要求发生更改,组织应确保相关的成文信息得到修改,并确保相关人员知道已更改的要求。

【解读】 无论是制造型组织还是服务型组织,当产品或服务提供要求发生修改或变化时,一定要在组织内外部得到有效沟通,即确保所有相关人员知晓,以便及时采取措施,避免不必要的损失或未能满足顾客要求的情形。例如,生产计划主管早已向生产部下达某批次定制产品生产计划,后来顾客要求减少订单数量,但此时主管已经请假不在公司,故未及时通知生产部,最终导致所生产的产品除交付给顾客的部分外,剩下的定制产品几乎成为废物,没有其他顾客要了,造成公司巨大损失;或者反之,顾客订单数量增加了的话,又会出现不能及时满足顾客要求的情形,如果给顾客造成严重损失或后果,公司可能因此必须付出巨额的赔偿,如此等等。

8.3 产品和服务的设计和开发

8.3.1 总则

组织应建立、实施和保持适当的设计和开发过程,以确保后续的产品和服务的提供。

【解读】 绝大多数组织,无论是制造型组织还是服务型组织,其产品功能、特性、外观或者服务项目、流程等会经常性的发生变化,正如那句管理名言所说的"唯一不变化的就是'变化'"。因此,没有产品或服务更新、升级换代的组织几乎是不存在的,致力于建立与实施基于 ISO 9000:2015 标准质量管理体系的组织尤为如此。在 ISO 9001 质量管理体系标准发布 30 多年以来,不少组织"害怕"这个条款,只要有少许理由,就要么删除、要么弱化,究其原因,无非两个,第一,由于这个设计和开发条款为西方人制定,特难理解,也不知道如何做才能符合其要求;第二,对组织自身是否有产品或服务的设计和开发还不清楚,不知道有还是没有,如果有,又不知道其过程与职责如何界定分配,或者编制不出适合于自身要求而又符合本标准条款要求的产品(或服务)设计和开发管理程序或新产品(或服务)研发(开发)程序。

放眼望去,在互联网购物与服务日益占商业模式主导地位的当今,广大消费者的眼光、品味、品质观念与需求正日新月异,不创新产品或服务,组织的客户与消费者就会被那些创新不断的竞争对手吸引过去,导致组织产品或服务瞬间无人问津,故产品或服务的创新(设计和开发是其核心活动)在很多行业是决定组织生死与可持续发展的核心竞争力。

可以说,只要组织的质量管理活动涉及设计和开发标准条款的任何一个或几个要素,皆表明本条款 8.3"产品和服务的设计和开发"为适用条款,或者说组织存在"设计和开发"这种重要的可能决定组织生死存亡与可持续发展的质量管理活动。诸如:

(1)经常有定制性产品或服务,客户只提出性能、功能或大概要求,组织需要先提供试验性小样供其确认后正式生产或提供重复性的多次服务;

(2)培训项目因调研或顾客需要不断扩大,需要重新准备许多课程及聘请这方面的培训教师,包括邀请潜在客户试听新课程;

(3)尽管客户给出的产品与服务要求非常详细,但是还不足以指导现场生产,需要进一步转化为可操作性的工艺规范,还可能需要对出来的第一批产品进行评价与客户试用;

(4)竞争对手推出了新的产品或服务项目,组织需要在研究这些新产品或服务项目的基础上改进现有的产品或服务;

(5)上级组织或顾客给出了可以直接生产出产品的详细生产工艺、控制参数与检验计划,但是需要先进行小规模生产,待双方最终确定完全符合预定产品要求后再进行大规模生产;

(6)汇总分析来自竞争对手、客户反馈与内部技术、生产与销售人员的建议与意见,对现有产品或服务需要进行部分实质性的改变与调整,或需要推出全新的产品与服务来留住原有顾客,以及吸引潜在的顾客等。

8.3.2 设计和开发策划

在确定设计和开发的各个阶段和控制时,组织应考虑:

a)设计和开发活动的性质、持续时间和复杂程度;

b)所需的过程阶段,包括适用的设计和开发评审;

c)所需的设计和开发验证、确认活动；

d)设计和开发过程涉及的职责和权限；

e)产品和服务的设计和开发所需的内部、外部资源；

f)设计和开发过程参与人员之间接口的控制需求；

g)顾客及使用者参与设计和开发过程的需求；

h)对后续产品和服务提供的要求；

i)顾客和其他有关相关方所期望的对设计和开发过程的控制水平；

j)证实已经满足设计和开发要求所需的成文信息。

【解读】 正如在 ISO 9000:2015 中所定义的那样，所谓“设计和开发”就是将对产品或服务的“概括性初步要求”转化为对其更“详细的要求”的“一组过程”。而对这一组过程输入(标准条款 8.3.3)、过程步骤(标准条款 8.3.4)以及输出(标准条款 8.3.5)的预先确定，就是所谓的(针对某一产品与服务)“设计和开发策划”。

在很多情况下，标准中的“设计和开发”俗称为“研发”“开发”“试制”等，组织在自身质量管理体系中完全可以用原有的或行业内的术语或讲法来替代所谓的“设计和开发”。

对于非常复杂的设计和开发项目，所谓“设计和开发策划”的输出就是正规的产品或服务研发(开发)计划书。

为此在策划时，组织要考虑(对应以上条款要求)：

a)(新设计和开发或针对原有产品或服务的重新设计和开发的)产品和服务的复杂性，对应于策划输出的复杂程度。

b)、c)必要的阶段包括：

①评审，即针对策划输出如“新产品研发计划书”的基本评审或详细评审，即评价总体思路、过程、资源、职责分配、资金投入等的充分性、适宜性与可实施性，亦即这个新产品研发计划是否能够圆满完成；

②验证，即设计和开发的最终输出能够满足输入的要求吗？例如，这个输出为非常详细的新产品生产方案，包括原料及其配方、工艺及其控制参数、过程产品标准及其检测计划、产品包装与标签等，是否能够全部实现原先输入(即“概括性初步要求”)；

③确认，亦即最终试验、试制的产品或推出的供测试用服务是否已经达到预先设定的要求，亦即“概括性初步要求”；

d)谁来做，即设计和开发过程所有阶段的负责及参与协助人员的责任和权限；

e)内外部资源可包括组织的核心人才与技术、产品配方与工艺、知识产权，设备与设施(诸如中小型试验装备)，来自客户或外部供方的支持、临时人员聘用、相关的规范或标准；

f)设计和开发所涉及人员的过程或工作衔接口与沟通机制，诸如会议、备忘录、活动小结，以及信息共享的方式与途径；

g)客户(经销商或直供商)与最终用户参与设计和开发的可能性，如客户现场监视、客户测试、客户研究或用户体验；

h)所谓“对后续产品和服务提供的要求”，即设计与开发输出(新产品标准、原料标准与配方、工艺原则、过程控制、图纸或试验小样模型等)能够为新产品或服务的生产及其提供提出切实可行的指导(要求)，相当于本标准 8.1“运行的策划和控制”中提及的所有内容；

i)由顾客或其他相关方所确定的其期望的控制水平，如医学医疗仪器或飞机的安全检查；

j)所需的证明整个设计和开发按照预定计划(例如某次新产品或服务研发的计划书和/或组织的新产品研发管理程序)实施的文件与记录，如项目计划、会议纪要、测试报告、用户体验报告、消费者试用测试报告、图纸、作业指导书、流程图等。

8.3.3 设计和开发输入

组织应针对所设计和开发的具体类型的产品和服务，确定必需的要求。组织应考虑：

a)功能和性能要求；

b)来源于以前类似设计和开发活动的信息；

c)法律法规要求；

d)组织承诺实施的标准或行业规范；

e)由产品和服务性质所导致的潜在的失效后果。

针对设计和开发的目的，输入应是充分和适宜的，且应完整、清楚。

相互矛盾的设计和开发输入应得到解决。

组织应保留有关设计和开发输入的成文信息。

【解读】 “设计和开发输入”实际上就是以上条款中设计和开发策划中的针对新产品或服务的具体要求，当要求非常复杂时，也可以单独形成文件作为设计和开发策划输出（例如新产品开发计划书）的附录之一。

在确定新产品或服务（特性）要求时，组织应考虑到以下（对应本条款规定）：

a)由客户、市场需求或组织确定的功能与性能要求，例如，产品的生命周期、在一定时间内提供的服务、可以安全方式运行的机器。

b)来自先前类似设计的信息，包括获取的外部信息，例如来自学术论文、行业成功或失败的案例，项目档案、图纸、说明书或所学课程，这些可增强识别与确定要求的有效性，并使得组织能够建立良好的实践或避免错误，尤其是已经出现过的措施。

c)与产品或服务直接相关的法规标准要求，例如，《产品质量法》《食品安全法》《药品管理法》、产品标准（国家标准、国家推荐标准、行业标准、地区标准），或者和产品与服务生产、提供相关的环境、设备设施、工艺等相关的法规、良好操作规范、行业指南等，例如，饭店的卫生要求与人员健康要求（如取得餐饮从业健康证）、服务场所的消防要求。

d)组织承诺的高于法规标准与顾客要求的标准或内部管理规范。

e)由产品或服务性质带来的失败的潜在后果，例如，运输或旅游公司对于新旅游线路或运输线路，如果缺乏（在考虑路况、天气或气候、司机熟悉程度等前提下的）道路交通安全策划，可能导致事故；新设计服装布料上不稳定染料可导致褪色或转移，能够导致顾客满意度下降。

也有可能出现几个产品或服务要求之间的冲突、不能同时顾及的情形，为此组织应综合评价后做出取舍，并确定相应的管理措施。

8.3.4 设计和开发控制

组织应对设计和开发过程进行控制，以确保：

a)规定拟获得的结果；

b)实施评审活动，以评价设计和开发的结果满足要求的能力；

c)实施验证活动，以确保设计和开发输出满足输入的要求；

d)实施确认活动，以确保形成的产品和服务能够满足规定的使用要求或预期用途；

e)针对评审、验证和确认过程中确定的问题采取必要措施；

f)保留这些活动的成文信息。

注:设计和开发的评审、验证和确认具有不同目的。根据组织的产品和服务的具体情况,可单独或以任意组合的方式进行。

【解读】 所谓“设计和开发控制”就是确保“设计和开发策划”的输出(例如新产品研发计划书)得到有效执行,以便产生达到预期效果的输出(确保新产品或服务依照输出中的规定实施后就能够达成预定的新产品或服务各项要求)。

组织“确保”设计和开发策划得到切实执行的途径包括(对应于条款):

a)使所有设计和开发活动所涉及人员意识到并完全理解客户或最终用户的要求以及预期的最终输出,以及与这些要求的偏差,例如策划增加产品性能,需要考虑成本与易用性等因素。

b)针对设计和开发策划阶段的“评审”是为了确认其中的各项策划活动能够满足或实现其中的输入(新产品或服务要求),相关人员可参与这个评审,包括组织决策者、生产或服务部门领导、研发人员、试制试验人员客户代表、最终用户代表乃至外部供方,评审形式包括:

①复杂设计的评审需要以会议形式进行,可能需要多次的会议,应当形成会议纪要,必要时决策人签字确认;

②简单设计的评审可能不会正式,记录可能是在(新产品或服务研发)计划上注释为评审已经完成,评审者署名并标注日期。

c)针对设计和开发策划阶段的“验证”是为了确定设计和开发输出是否能够为其输入(新产品或服务预先确定的要求)的实现提供保证,此时研发人员可能已经通过试验与测试等,取得了初步甚至完善的实现新产品或服务的所有信息,且确信通过这些信息(输出的标准、准则、作业指导书、规范、图纸等,可统称为“新设计”)就可以生产出或通过服务提供先前预定的新产品或服务的各项要求,但这仅仅是研发人员的想法,还必须通过包括研发人员在内的所有相关人员的确定。参与这个“验证”活动的人员可以通过以下来确定设计与开发输出对输入的保证程度,包括:

①实施逆向或正向计算、推演;

②将新设计与已有的类似设计进行对比;

③进行测试和现场示范(特别是新的服务);

④在输出正式发布前检查所有相关文件与记录的规范性、真实性与有效性。

d)针对设计和开发策划阶段的“确认”是为了确定新设计出的新产品或服务是否满足客户或最终用户的特定需要或预定使用需要(这些需要早已经写进策划阶段的产品要求即输入之中),即对最终的依据设计和开发输出信息所生产或提供的新产品(可能还是小型或中型试验设备所生产出的试制产品)或服务进行符合性确定。此时,确认活动的例子可包括:

①试销售;

②运行试验;

③在预期使用环境下的模拟(服务流程)和测试;

④局部模拟或测试,例如,为建筑物模型进行抗震能力测试、为模型船舶进行流体测试、为飞行模型进行风洞测试等;

⑤提供过反馈的客户或最终用户的测试或试用、现场服务模拟体验。

e)如果评审、验证和确认活动发现了问题,应确定解决问题的措施,对这些措施有效性的评价应作为下次评审的一部分(评审、验证或确认发现问题时可导致重复性的再评审、验证或再确认)。

f)评审、验证和确认活动相关的文件与记录应予以保留,诸如会议纪要、检查和测试报告、客户认可等。

从本条款描述可以看出,条款并没有说明组织应当实施怎样的过程或活动流程来将设计和开发输入转化为输出,例如,需要进行小型、中型或大型试验等。

8.3.5 设计和开发输出

组织应确保设计和开发输出:

a)满足输入的要求;

b)满足后续产品和服务提供过程的需要;

c)包括或引用监视和测量的要求,适当时,包括接收准则;

d)规定产品和服务特性,这些特性对于预期目的、安全和正常提供是必需的。

组织应保留有关设计和开发输出的成文信息。

【解读】 本条款要求的目的是组织应确保设计和开发输出应当提供预期产品和服务形成所需所有过程的必要信息,包括采购、生产和交付后活动,这些输出信息也应当足够清楚,以确保所涉及的人员理解需要采取什么措施和按照怎样的顺序实施。

可以说,只要组织的设计和开发过程得到有效控制,即8.3.4条款规定的评审、验证与确认活动得到有效实施,则其产品或服务设计和开发的输出一定会满足本条款a)至d)的要求。

设计和开发输出的形式依组织、行业等而异,诸如,建筑物模型、大坝模型、零件模型、产品实物样品、设计图纸、(新)产品质量实现与控制计划、新产品开发报告、菜单及其配料信息、烹饪手册、服务流程图、服务手册、营销计划、用于出版的给出了特殊布置的图像艺术设计等。

8.3.6 设计和开发变更

组织应对产品和服务在设计和开发期间以及后续所做的更改进行适当的识别、评审和控制,以确保这些更改对满足要求不会产生不利影响。

组织应保留以下方面的成文信息:

a)设计和开发更改;

b)评审的结果;

c)更改的授权;

d)为防止不利影响而采取的措施。

【解读】 因为产品或服务设计和开发过程本身就是一个不断探索的活动,会针对最初的策划、后续开发过程、所开发出的新产品或服务,进行多轮次的评审、验证和确认,应参与这些评价活动的人员很多、很广泛,会产生很多对策划、开发过程及其产品或服务形成过程及其本身的修改、修订与完善,理应对这些变更进行识别(如形成会议纪要)、评审(变更实施后再次评审)和控制(达成预定效果的东西保留下来形成各类输出,包括针对变更不利影响所采取的措施,并向所有相关人员传达与共享),以确保这些变更不会导致各类非预期的不利影响。

总之,有了以上对条款8.3.1至8.3.6的解读,就可以彻底理解所谓的产品设计和开发,如果还没有设计和开发流程,但有设计和开发的需求,可以依照这些条款要求编制自己的设计和开发管理程序或新产品(或服务)研发(开发)管理程序等。

对于那些原本就有正式的研发部门、详细的研发流程的大型组织,只要将现有部门职责、机构、研发流程融入组织基于ISO 9000:2015的质量管理体系对应位置即可,几乎不用再做其他的变更,包括已经使用的术语与通行做法，诸如项目立项、可行性评价、小试、中试、生产试验、正式生产前评价、上市前评价等。

本标准要求的设计和开发活动之间的关系如图 3-2 所示。

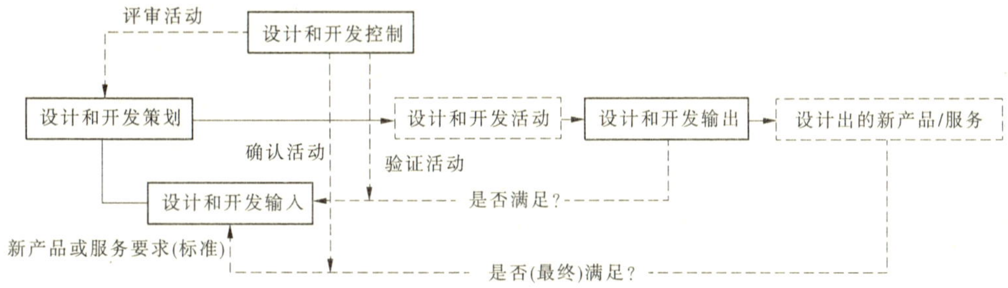

图 3-2　设计和开发各条款要素关系图

各组织实际的产品或服务设计和开发过程中：《新产品开发任务书（立项书）》经评审后的再编制《新产品开发计划书（方案书/任务书）》（相当于经评审后的“设计和开发策划”），对《新产品开发计划书（方案书/任务书）》的再评审就相当于设计和开发控制中的“验证活动”，然后实施经过评审的计划书得出新产品试验样（包括相关所有过程控制文件）或新服务流程，最后对这些试验样或新服务流程进行测试、试用、评价等，又相当于设计和开发中的“确认活动”，一旦确认通过，整个设计和开发过程可基本结束，即利用“所有过程控制文件”可正式生产出符合要求的新产品。

8.4　外部提供的过程、产品和服务的控制

8.4.1　总则

组织应确保外部提供的过程、产品和服务符合要求。

在下列情况下，组织应确定对外部提供的过程、产品和服务实施的控制：

a）外部供方的产品和服务将构成组织自身产品和服务的一部分；

b）外部供方代表组织直接将产品和服务提供给顾客；

c）组织决定由外部供方提供过程或部分过程。

组织应基于外部供方按照要求提供过程、产品和服务的能力，确定并实施对外部供方的评价、选择、绩效监视以及再评价的准则。对于这些活动和由评价引发的任何必要的措施，组织应保留成文信息。

【解读】　组织外部供方包括原材料等形成产品或服务一部分的供应商（或称为生产商）、经销商与代理商（从供应商转手提供）、服务商（如将产品直接交付给经销商等客户的运输商、电器设备安装承包商），以及分包商（承包组织内生产或服务的一部分，如售后维修服务），这些外部供方可包括组织的集团总部或联营公司。

组织应分别制定对这些外部供方所提供产品或服务质量的能力进行评估、对其选择以及业绩评价的准则（标准与流程，最好以程序文件来体现），业绩评价结果可能导致外部供方名录的变更，个别外部供方可能会被淘汰或强制要求整改达到预定要求，否则会被淘汰。相应程序文件可有《供应商评估、选定与业绩评价管理程序》《承包商评估、选定与业绩评价管理程序》《服务商评估、选定与业绩评价管理程序》。

即使是集团公司或客户指定的外部供方（已经通过必要评估步骤选定为合格供应商），组织也要对其业绩进行监视与评价，并将结果反馈给集团公司或客户。

以供应商为例，其能力评估与选定、业绩评价（一般以年度为期限）可参照表 3-12、表 3-13 来实施。

表 3-12　制造型组织供应商评估与选定记录表

编号:QSP－××－R1　　　　序号:20××－××

总体概况	厂名		地址			
	联系人		电话		邮箱	
	产品		规格		标准	
	年产能		上年销量		可购买量	
	员工人数		工资水平		管理层稳定程度	
	主要客户					
	质量管理体系简介					
	产品生产流程简介					
	产品质量水平					
	关键设备装备简介					
原料管理	主要原料来源与标准					
	主要原料实际质量					
	不合格原料处置					
过程控制	生产过程关键控制点与参数					
	关键过程检测计划与执行记录					
	过程产品标识与可追溯性评价					
	过程不合格品处置流程					
产品检验	产品检验计划					
	形式检验项目指标					
	出厂检验实绩					
	委托形式检验实绩					
质量改进	最近内审不符合与纠正措施					
	最近外审不符合与纠正措施					
	核心人才与知识(产权)					
	近年来产品质量提升情况					
产品交付	产品包装与防护		运输方式			
	年最大可供应量		产品报价			
	订单量与价格关系		竞争对手产品报价			
	售后服务能力		技术支持能力			
综合评估选定	产品质量在竞争对手中的优势					
	产品价格在竞争对手中的优势					
	现场考察综合意见					
	样品或委托形式检验结果					
	采购部意见		质控部意见			
	生产部意见		总工意见			
	最终决定					
附件	营业执照/生产许可证/产品标准/工艺流程图/体系认证书/产品认证书/第三方形式检验报告					

表 3-13　制造型组织供应商业绩评价表示例

项目	子项目	评价内容	评价准则	信息提供者	评价信息简述	扣/加分
产品质量改进	(1)不合格品拒收率	拒收率 = 总的拒收量 ÷ 总的供应量 ×100%	每 1%,扣 2 分	质控部		
	(2)不合格品让步接受率	让步接受率 = 总的让步接受量 ÷ 总的供应量 ×100%	每 1%,扣 2 分	质控部		
	(3)质量问题对生产的影响	导致停产,未及时完成产品订单	每次扣 5 分	生产部		
		引起生产或销售过程发生食品安全事故或重大投诉	每次扣 20 分	质控部		
		引起生产时间、效率、金钱损失	每次扣 2 分	生产部		
		公司内部质量投诉	每次扣 1 分	质控部		
	(4)供应商质量与食品安全管理改进	现场质量管理审核分数比上次提升	加 1 分/5 分	质控部		
		已经实施与认证质量和/或食品安全管理体系	加 2 分/年	质控部		
		实施与认证 BRC 食品安全管理体系	加 3 分/年	质控部		
产品交付	(1)变化订单的满足	订单发生变化时进行调整配合,满足需求	加 0.5 分/次	采购部		
	(2)产品按计划交付及时性	未按时交付,但未影响到正常生产	扣 0.5 分/次	采购部		
		未按时交付,影响到正常生产,但未影响到交付顾客	扣 1 分/次	采购部 生产部		
		未按时交付,影响到正常生产,影响到交付顾客	扣 5 分/次			
	(3)交付损失与受到污染	包装物发生破损(达 1% 以上)	扣 1 分/次	质控部		
		运输车辆受到污染,导致交付产品受到影响、铅封破坏(产品拒收,不再计入以上的拒收率)	扣 5 分/次	质控部		
服务质量	(1)可联络性	需联络解决或反馈问题时不能及时联系上或故意拖延	扣 1 分/次	采购部		
	(2)诚实性	明知不合格却当合格品进行交付(随附检验报告造假)	扣 10 分/次	质控部		
		关键项目指标质量波动未提前沟通	扣 2 分/次	质控部		
	(3)反馈及时性	接到反馈后,未在确定的时间内给予有效答复	扣 2 分/次	质控部		
	(4)技术支持	不能及时提供或有效提供技术支持	扣 1 分/次	质控部		
	(5)采购文件质量	未根据要求随批提供相应的出厂分析报告	扣 1 分/次	质控部		
		未根据要求定期提供有效的第三方形式检验报告	扣 2 分/次	质控部		
		提供的结算单据或发票不规范	扣 0.5 分/次	采购部		
	(6)价格变动性	合同期内价格变动	±2 分/1%	采购部		
总体	100 ~ 95 分:业绩出色;94 ~ 90 分:业绩优良;89 ~ 85 分:业绩一般;84 分以下:业绩差			总分:	确认者签名:	日期:

8.4.2 控制类型和程度

组织应确保外部提供的过程、产品和服务不会对组织稳定地向顾客交付合格产品和服务的能力产生不利影响。

组织应:

a)确保外部提供的过程保持在其质量管理体系的控制之中;

b)规定对外部供方的控制及其输出结果的控制;

c)考虑:

1)外部提供的过程、产品和服务对组织稳定地满足顾客要求和适用的法律法规要求的能力的潜在影响;

2)由外部供方实施控制的有效性;

d)确定必要的验证或其他活动,以确保外部提供的过程、产品和服务满足要求。

【解读】 组织对外部供方及其所提供产品或服务质量的监视测量手段与程度取决于:

(1)外部供方本身质量管理水平及其过往业绩:水平高与业绩好的,则对其产品或服务的检验、检查频次、项目与日常关注程度都可以降低,这也降低了组织的质量管理成本,反之,则不然。

(2)外部供方所提供产品或服务对组织最终提供给顾客产品或服务的决定或影响程度:例如,对于核心关键原材料,即使供应商业绩很好,也不能掉以轻心,严格、烦琐的每批次进货检验、使用过程质量确认等必须不间断进行,因为一旦放松导致不合格产品的使用,将直接使组织的最终产品出现难以修复(返工、返修等)的不合格或缺陷,以及由此导致的向其客户的巨额赔偿乃至仅一次不合格就导致从客户供应商名录上除名。

(3)产品或服务质量的波动:一旦在正常监测(监视与测量)频次与项目下还是会经常出现不合格,则有必要加强监测力度,包括增加抽样量、监测频次或者扩大检测项目,甚至达到进厂检验如同产品自供应商出厂检验。

(4)组织自身的质量意识与要求:当外部供方提供的产品或服务质量至关重要,且组织质量意识与要求非常高时,会出现由组织直接指定外部供方,以及派人常驻外部供方现场进行监督的情形,或者委托权威的第三方在外部供方现场进行过程检测、产品检验或服务验收。

(5)法规标准强制要求:有些法规标准本身就规定了针对某些产品或服务质量检测、检验或确认的具体要求,这为组织对外部供方产品或质量监督提供了最低要求。

8.4.3 提供给外部供方的信息

组织应确保在与外部供方沟通之前所确定的要求是充分和适宜的。

组织应与外部供方沟通以下要求:

a)需提供的产品、过程和服务;

b)对以下内容的批准:

1)产品和服务;

2)方法、过程和设备;

3)产品和服务的放行;

c)能力,包括所要求的人员资格;

d)外部供方与组织的互动;

e)组织使用的对外部供方绩效的控制和监视;

f) 组织或其顾客拟在外部供方现场实施的验证或确认活动。

【解读】 几乎每个组织在与其外部供方互动的过程中处于“有利”位置,因为你是他们的客户、是他们的“上帝”,他们提供产品或服务(作为你提供产品或服务的输入),你付给他们费用,这些外部供方没有理由不听你的。

只有建立科学规范的外部供方评估、选定与业绩评价机制,才有可能规范且有效的管理好这些外部供方,使得他们持续提供满足甚至超越组织要求的产品与服务;如果在选定过程中由于某些决策人的私利选定了质量管理水平很差的外部供方,且在发现其产品或服务不合格时还不虚心地及时整改,诸如自以为与“上头”关系硬,不把品管与生产人员放在眼里,就谈不上什么管理不管理了,一切都是白搭。

与外部供方签订规范的协议合同也是至关重要的一步,特别是对那些正规、国际化、质量与诚信意识强的外部供方。以制造业为例,在与其原料供应商签订的采购协议合同中可包括:

(1)采购产品名称、品种、规格、产品标准;

(2)产品的原料(原料产地、品种、年份)与工艺要求,过程检测与出厂检测计划;

(3)产品包装方式、包装物要求,产品储存运输防护要求、运输工具要求;

(4)总供应商量、供应计划、订单形成方式、订单变更时的应对原则;

(5)价格、付款方式与周期;

(6)双方的对口联系人,如外部供方订单接收人、发货人、运输公司联系人、产品不合格确认人、涉及产品等不合格时纠正措施实施负责人、价格变动决定人,组织内部的订单发出人、产品接收人、产品检验负责人、不合格评审人、纠正措施发出与验证人、付款人,产品质量交流负责人、第二方审核负责人等;

(7)发出订单到产品进厂的最短时间与最长时间;

(8)恶劣天气、气候恶劣的应急交付方案;

(9)随产品所附的出厂检验报告、定期的第三方形式检验报告;

(10)进厂检验项目、判定规则,进厂验收不合格时双方的确认方式;

(11)人员不通知进现场突击检验规则、定期第二方审核方案;

(12)人员常驻过程监督与不符合适宜处理规则;

(13)年度业绩评价准则、供应资格管理准则(含淘汰规则);

(14)定期向工厂提供的过程检测报告;

(15)因产品质量不合格、不及时交付造成损失的认定与赔偿准则;

(16)售后服务规定,包括双方技术人员交流机制;

(17)针对产品不合格时纠正措施准则(原因分析、纠正措施计划及其确认,纠正措施实施及其有效性证据提供方式);

(18)生产资质要求、关键设施设备要求、检测手段与有效性要求、人员资质要求;

(19)可能影响产品质量、供货数量、价格等的国内外行业信息的事先通报机制等。

接下来通过双方认真履行合同就行了,不过针对每一种类型的外部供方,组织最好要选定两家以上的供应商,他们之间要有一定的地理距离,这样不仅可以形成竞争格局,也可避免“将所有鸡蛋放在一个篮子里”的风险,在此情形下,还可以在采购协议合同中规定调整订单的准则(哪个表现好,就可以多供货的原则)。

8.5　生产和服务提供

8.5.1　生产和服务提供的控制

组织应在受控条件下进行生产和服务提供。

适用时,受控条件应包括:

a)可获得成文信息,以规定以下内容:

1)拟生产的产品、提供的服务或进行活动的特性;

2)拟获得的结果。

b)可获得和使用适宜的监视和测量资源;

c)在适当阶段实施监视和测量活动,以验证是否符合过程或输出的控制准则以及产品和服务的接收准则;

d)为过程的运行使用适宜的基础设施,并保持适宜的环境;

e)配备胜任的人员,包括所要求的资格;

f)若输出结果不能由后续的监测和测量加以验证,应对生产和服务提供过程实现策划结果的能力进行确认,并定期再确认;

g)采取措施防止人为错误;

h)实施放行、交付和交付后的活动。

【解读】 本条款是对组织产品或服务形成过程(例如产品生产或服务实施)及其产品与服务质量控制提出的要求。对于"h)实施放行、交付和交付后的活动",以下条款 8.5.5"交付后的活动"和条款 8.6"产品和服务的放行"有详细的要求(8.6 条款规定的活动应该在 6.5.5 条款规定的活动之前,但条款号为什么位于其后面呢)。

本条款 8.5.1"生产和服务提供的控制"实际上就是条款 8.1"运行的策划和控制"规定内容的实施,现只解读 f)、g)条款即可。

就产品而言,一般通过抽样检验来判定合格与否,有些检验是破坏性的,即被抽检产品经出厂检验后就报废了,如果产品总体数量就很少,比如,一年只造几艘船,哪怕拿最便宜的一艘来进行破坏性的出厂检验也是不可行的,又如,船体强度指标,没法通过实际检验至破裂来确定是否合格,这就是所谓的"输出结果(船体钢板经焊接后的总体强度)不能由后续的监视和测量加以验证"的情形,此种情形对应的过程,国际上有一个通行的叫法为"特殊过程"。难道就没有什么手段确保"特殊过程"的输出符合预定要求吗?再以船舶为例,经过几百年以来对由于强度不够导致船体破裂的海难事件进行实体的科学研究,科学家与技术人员终于找出了关键性的影响与决定因素,比如钢板类型、材质、本身强度、厚度、铆接方式(20 世纪前船舶)、焊接方式、整体结构、承重比、船体形状等,这样只要对这些过程因素加以控制,那么所制造出船舶的强度就可以充分满足规定要求了,这也是整个船舶制造过程中需要第三方进行全程监视(监理)的原因,而这些监理信息是最后各船级社对船舶进行认证的核心输入。

总之,对于这些特殊过程,组织必须依照相关的国内外标准、规范与指南,对相关的设施设备、原材料、工艺、工艺控制参数以及人员素质(资质)等做出详细的规定,并通过全程性的监视与测量计划的实施,确保全程受控,从而为最终输出符合法定或规定要求提供保证、有法律约束力的保证。

"采取措施防止人为错误"是 ISO 9000:2015 标准的要求,同前述的风险与机遇管理要求那样,反映出"站在体系之外看影响体系有效实施的非体系本身因素"这一先进的质量管理理念。人不是机器或计算机程序,由于年龄、身体状况、性别、地域习惯、情绪、疾病等原因,必然会导致不可预见性的操作失误、检查失误、判断失误与处置失误,从而影响其职责范围内质量管理过程输出的符合性,为此组织应在综合分析判断的基础上,采取减少人为失误发生可能性的措施,诸如:

(1)限制人员工作时间,避免长时间连续工作;

(2)提供符合人体需要的工作环境,诸如温度、湿度、噪声、照明、洁净度等;

(3)提供充分的培训与指导,包括激励机制,激发员工质量管理技能与意识,特别是意识;

(4)尽量采用自动化的设备与装备,包括自动报警装置;

(5)关键信息录入的双人制;
(6)通过适当的醒目标识来提醒;
(7)设置防呆性互锁装置;
(8)设置视频监视系统;
(9)轮岗,换班前充分清楚的交代;
(10)建立清洁、有序、不拥挤、产品标识清楚醒目的现场工序环境等。
以上措施应当成为组织质量管理体系各级对应文件中的一部分,并得到日常管理。

8.5.2　标识和可追溯性

需要时,组织应使用适当的方法识别输出,以确保产品和服务合格。
组织应在生产和服务提供的整个过程中按照监视和测量要求识别输出状态。
当有可追溯要求时,组织应控制输出的唯一性标识,并应保留所需的成文信息以实现可追溯。

【解读】 可以从反向来理解所谓的可追溯性,例如,产品出厂检验或客户接收检验发现不符合要求,即判定为不合格产品,且造成影响或损失非常大,要查出导致不合格的原因,如果这任务交给你,你该怎样交差呢?

当然是应从最后一个环节(储存运输)向最初的一个环节(原材料采购)反向检查所有的细节,看哪里不符合公司的规定或不言而喻的规范。

第一,看运输环节,查出哪家公司、哪个车辆、哪天运输的,那天天气如何;

第二,查看哪个仓库保管负责发的货、哪个铲车铲的,当时有无异常或破损及其记录;

第三,查看哪天从包装线上入成品库的,当时交接单上填写了什么,仓库储存环境是否符合要求,再查看环境监测记录,和仓库完好程度;

第四,根据产品批次号查到包装线包装日期,查看当日包装记录,包括设备运行记录、包装物批次信息、过程检测记录、质控部抽样记录、留样记录;

第五,由包装记录查到加工班次、日期,再查看当日加工记录、工艺参数监视记录、过程检测记录、所有原材料批次号,以及有无不合格品及其评审处置记录;

第六,查看所有原料的进厂验收检验记录,以及到现在还没有用完的放在仓库的原料情况。

最终发现,因某个原料进厂验收就不合格,碍于关系决定让步接受了,当时生产经理对此有异议,说此种情况即使加工时采取补救性措施也难保成品百分百合格,会出现质量波动,且品控部抽检的产品正好是那段全部合格的产品,这段不合格率达到 3.5% 的时段产品没有被抽到,而从导致客户接收检验时判定为不合格(质控经理到客户现场也确认为不合格)。

综上所述,本次反向追溯之所以能够实现,是因为整个过程都保持了可追溯性,即通过对所有过程产品(包括原材料、包装材料等)的唯一性批次标识及其记录、检验结果状态标识(合格、不合格、待检、不合格待退、不合格让步接受等)及其记录、班次开机关机与过程操作记录等,这些标识、记录确保了产品的可追溯性。

反之,当经检验合格但过程使用发现还是不合格的原料全部被使用后,也可正向追溯到到底哪些最终产品使用了这批原料,可以采以扩大抽样范围与检测项目的方式确定所涉及的最终产品是否全部符合要求(合格)。

确保产品与服务可追溯性的方式示例:
(1)用编号代码标示的合同或采购订单(纸质或电子版的);
(2)标在零件上的永久性批次编号;

(3)指示牌,如"房间打扫中";

(4)产品包装、产品容器上的批次标示;

(5)销售网络中的产品订单号与订单明细;

(6)批次使用信息记录(特别是当对象会转化、转化得无法辨识、使用后作为废弃物处理的情况,如各类加工助剂)。

组织需要保持可追溯性特性的对象包括所有的可能影响产品或服务质量的物品,包括加工助剂、工程介质、过滤器、辅料、包装材料、产品接触材料、原料、催化剂等。

组织可参照《质量管理体系　技术状态管理指南》(ISO 10007)来建立国际水准的可追溯系统。

有些行业比如食品加工业与制药业,保持可追溯性是组织必须履行的法律义务。

8.5.3　顾客或外部供方的财产

组织应爱护在组织控制下或组织使用的顾客或外部供方的财产。

对组织使用的或构成产品和服务一部分的顾客和外部供方财产,组织应予以识别、验证、保护和防护。

若顾客或外部供方的财产发生丢失、损坏或发现不适用情况,组织应向顾客或外部供方报告,并保留所发生情况的成文信息。

注:顾客或外部供方的财产可能包括材料、零部件、工具和设备以及场所、知识产权和个人资料。

【解读】 顾客(客户、承包商或服务商等)财产是被纳入或用于产品生产或服务提供的财产。外部供方财产是为某种目的提供给组织使用的财产(如租用的包装设备或个人信息)。财产可能是有形的或无形的,如材料、工具、客户房屋、知识产权或个人数据。

客户可能提供材料、设备、知识或数据用于生产产品或交付服务的情况如下:

(1)提供用于测量目的的特种仪器;

(2)留下用于保养或维护的车辆或电器;

(3)用于最终产品特殊包装的、由客体自采购或进口的包装材料或包装容器;

(4)客户关键性专利材料;

(5)(代加工)工艺技术与过程产品标准、检测方法;

(6)财务或个人数据,提供给信用卡公司或在网络上购物。

另外,客户已经在现场检验并接收的但需要在组织仓库或场地存放一段时间才转移出去的产品,即使不属于本条款规定的范围,也要像顾客财产一样予以必要的保护。

组织应采取的财产保护措施取决于财产的类型。财产所有者信息应予以识别(如各类标识)并在组织内公布,最好隔离或在专门地点存放,并形成定期向客户报告财产管理状态的报告(使用情况、现有状况、数量等)。

对于顾客的知识产权或个人数据防护的方法有:

(1)计算机文件访问的密码防护;

(2)一个程序,要求在项目结束时删除客户文件与数据;

(3)限制使用信息的人员。

在很多服务型组织中,可能有其邀请的外部供方提供的服务设施设备,而这些租用的设施设备属于现实服务过程的组成要素,即所谓的"外部供方的财产",同样需要得到维护、保护以及定期或不定期向外部供方报告设施设备状态,包括外部维修或保修的信息。

为了规范顾客或外部供方财产的管理,组织可制定客户与外部供方财产管理程序。

8.5.4　防护

组织应在生产和服务提供期间对输出进行必要的防护，以确保符合要求。

注：防护可包括标识、处置、污染控制、包装、储存、传输或运输以及保护。

【解读】　就有形产品而言，其防护包括三个层次的要求：

其一，产品本身保护性包装，除汽车等大型不好包裹的产品外，基本上有保护性的包装物，诸如服饰、家电、家具、日用化学品、饰品、食品、粮食等，没有这些包装，其产品容易弄脏甚至变质，顾客是不会接受的。很多情形下，这些包装物类型、质地、强度、特性等还必须满足特定的要求，以适应可能遇到的极端气候与储运环境，诸如防尘、防雨、防潮、防雷、防静电、防磁、防辐射、抗颠簸、抗碰撞、抗热或抗冷特性等。

有些食品包装除具有保护性功能，还可以维持其不易变质的特性，诸如气调包装、真空包装、无菌包装等。

依据相关法规标准，这些包装物上还必须带有必要的各类标识，如产品标签、使用说明、储存说明、运输要求等。

其二，即使产品有包装物包裹性保护，组织也必须提供必要的储存、运输与交付环境，否则会受到污染、损坏或变质，例如，医用疫苗、血液与血液制品、球蛋白等必须全程冷藏，一旦暴露于常温状态，可能产生致命性后果。多数食品标识或标签上注明的保质期是对应于上面明示的储存条件的，诸如温度，超出温度范围存放，（理论上）保质期后期可能不能确保食品的应有特性（如新鲜、口感、外观，甚至安全性）。且就食品而言，《食品安全法》《食品安全条例》都明确规定，组织不在食品明示或相关标准要求条件下（主要为温度）生产、储存与运输的，皆属于违法行为。

其三，组织有义务指导顾客（包括最终顾客——消费者）对其使用的产品实施必要的保护，包括在售后服务期间继续无偿或有偿提供保护性措施，例如定期免费提供保护罩、保护膜等。

服务需要防护也非常好理解，例如，通过网站预订东西或服务，组织（建立销售网站的组织）必须确保其用户个人信息的保密性；银行也一样，在为客户办理业务时也必须保护其个人信息不被泄露；组织考试的单位确保试卷不会提前被偷看、偷拿、泄题；医院必须确保手术室内空气洁净度符合相关标准。

8.5.5　交付后的活动

组织应满足与产品和服务相关的交付后活动要求。

在确定所要求的交付后活动的覆盖范围和程度时，组织应考虑：

a）法律法规要求；

b）与产品和服务相关的潜在不良的后果；

c）产品和服务的性质、使用和预期寿命；

d）顾客要求；

e）顾客反馈。

注：交付后活动可包括保证条款所规定的措施、合同义务（如维护服务等）、附加服务（如回收或最终处置等）。

【解读】　很多产品交付（出售给顾客或消费者）之后，包括生产者在内的各方有法律规定的强制义务来实施售后服务，例如《国家家电三包规定细则》，三包服务要求是“生产经营者对所经营的商品在一定期限内若发生质量问题，便有免费修理、更换、退货的义务，如果经营者不履行此义务，则要承担相应的民事责任。”

注:到目前为止,纳入实施三包的部分商品目录的商品(产品)包括自行车、彩电、黑白电视、家用录像机、摄像机、收录机、电子琴、家用电冰箱、洗衣机、电风扇、微波炉、吸尘器、家用空调器、吸(排)油烟机、燃气热水器、缝纫机、钟表、摩托车;移动电话、固定电话、微型计算机、家用视听产品。

有些情形下,即使是组织出厂检验(例如抽检并非全检)合格的产品,顾客(如经销商)在接收时也没有条件进行检测或有效验证,而最终消费者使用时发现产品质量问题的,组织或其委托的售后服务的机构也必须对此进行妥善处理,诸如上门检查与更换、免费维修、降级并补偿等。

即使是由用户使用不当造成的问题,组织也有义务予以指导协助,并有可能是因为组织产品设计不当或产品说明书没讲清楚造成的,这些情形要是发生在美国,组织要承担后果的全部责任。

组织产品出售后所实施的现场安装、调试与指导服务,航空公司持续提供航班状态信息(给迎接乘客的亲朋好友等),也是所谓"交付后的活动"的表现形式之一。

非面对面的电话服务、在线解答、微信视频指导等也是交付后活动的表现形式之一,例如,医生对已经出院病人的定期电话回访、或接待上医院病人检查愈后效果。

也有一些情形是以协议合同形式来规范产品或服务交付后的活动要求,例如,组织对其提供的产品与服务,承诺的"本期学不会以后免费再学、学会为止"。

当然,通过明示的有效渠道接收包括投诉在内的顾客反馈不仅必要,而且有利于组织持续改进产品与服务质量,那种见到顾客投诉就烦、就推诿甚至狡辩、抵赖、闭门不见的组织,即所谓不把顾客当"上帝"的,终究不会长久,在信息沟通如此发达的今天,其顾客会以雪崩的方式离他远去。

在发达国家,对于产品出售且使用完毕后会成为固体废物甚至危险废物的组织,还有法定义务回收并安全处置这些产品废物。

8.5.6 更改控制

组织应对生产和服务提供的更改进行必要的评审和控制,以确保持续地符合要求。

组织应保留成文信息,包括有关更改评审的结果、授权进行更改的人员以及根据评审所采取的必要措施。

【解读】 就组织而言,如果其产品或服务的顾客针对已经商定的产品与服务提出更改要求,例如提升订货量或服务等级,此时组织当然要进行内部评审或与顾客沟通,以确定并确保新要求得到满足,如果经评审不能满足,也要及时与顾客进行沟通。

有时,这些变更来自组织内部,例如,由于外部供方突然断供或提供的采购产品质量不合格,或者关键设备出现短期内难以修复的故障,或者提供服务的场所突发火灾等,组织应对这些影响产品与服务的情形进行评审(包括确认补救措施、临时措施等是否能够解决当前面临的问题),并实施必要的措施,最大限度地满足顾客要求(如果真的不能满足,要及时予以沟通),不过有些突发变更注定会使组织在短期内难以满足顾客要求。

对于以上变更的信息及其评审、后续措施实施等,组织应依据本条款要求保留对应的(临时性时效)文件与记录。

8.6 产品和服务的放行

组织应在适当阶段实施策划的安排,以验证产品和服务的要求已得到满足。

除非得到有关授权人员的批准,适用时得到顾客的批准,否则在策划的安排已圆满完成之前,不应向顾客放行产品和交付服务。

组织应保留有关产品和服务放行的成文信息。成文信息应包括：

a)符合接收准则的证据；

b)可追溯到授权放行人员的信息。

【解读】 对于制造型组织，一般由组织内部的诸如质控部来检验判定最终产品是否符合顾客的要求，例如，家用电器（此时满足其产品标准要求即等同于或代替满足顾客要求，除非是要求特别的顾客定制性产品），也有除组织经出厂检验判定为符合，还要经过顾客的进货验收性检验或验证，方能完成最后的交付，例如组织的产品是另一个组织产品原料的情形。

就提供服务的组织而言，其服务（诸如维修服务、就餐服务、美容健身服务等）是否符合要求往往需要由顾客判定，或者由组织和顾客同时判定，判定依据由相关的标准及其测试、试用、双方商定的标准或状态、行业规范与管理、顾客预先要求、组织的承诺与明示、参照样与参考样以及诸多不言而喻的要求。

"符合接收准则的证据"包括产品出厂检验报告、第三方检验报告、产品合格证、状态照片、视频录像、顾客检验验证报告（单）、顾客签字确认单、顾客付款联单等。

就产品而言，符合标签声明标准（即使是所谓国家推荐性标准或行业推荐性标准，一旦明示为产品标准，则为必须满足其指标要求的强制性标准）是组织必须满足的最低要求，为此许多组织会制定要求高于其产品明示标准的内控标准，并将内控标准检验合格率作为重要的质量目标。

授权人员（包括顾客）的确认、批准等签字可视为"可追溯到授权放行人员的信息"。

8.7　不合格输出的控制

8.7.1　组织应确保对不符合要求的输出进行识别和控制，以防止非预期的使用或交付。组织应根据不合格的性质及其对产品和服务符合性的影响采取适当措施。这也适用于在产品交付之后，以及在服务提供期间或之后发现的不合格产品和服务。

组织应通过下列一种或几种途径处置不合格输出：

a)纠正；

b)隔离、限制、退货或暂停对产品和服务的提供；

c)告知顾客；

d)获得让步接收的授权。

对不合格输出进行纠正之后应验证其是否符合要求。

【解读】 "不合格输出"就产品而言，是指贯穿于所有生产过程中不同阶段"输出"的各种半成品至最终产品（可称为"成品"或"终产品"），就服务而言，是指贯穿于整个服务过程中不同阶段的"输出"，以就餐为例，服务过程的不同阶段"输出"包括适宜环境提供、菜单与点菜、上菜、就餐中其他要求的满足、未吃完食物的打包、结账等。

为了防止各阶段不合格（产）品或不合格服务（"输出"）的转移、交付与接收，必须及时准确地识别出这些不合格（产）品或不合格服务。通过检验可识别出不合格品，其判定标准是各类产品的产品标准和（或）顾客要求。通过服务组织自身服务过程检查或顾客检查鉴别可识别出（各个阶段）不合格服务，其判定标准是行业规范、测试、试用与使用、双方事先的约定、组织承诺或明示、行业惯例以及不言而喻的要求。

就产品与服务而言，针对不同阶段不合格产品与服务及其适当措施信息一览表见表 3-14。

表 3-14　不同阶段不合格产品与服务及其适当措施信息一览表

阶段	不合格产品	不合格服务
形成阶段	半成品:隔离、返工、降级、让步接受、报废; 处置评审人员:组织内部授权人员	(1)顾客在场:暂停、让步接受、返工、降级、终止、中止并重新开始; 处置评审人员:顾客、顾客与组织授权人员, (2)顾客不在场:返工; 处置评审人员:组织内部授权人员
交付阶段	产品:隔离、返工、降级、让步接受、报废、拒收; 处置评审人员:组织内部授权人员、组织内部授权人员与顾客(在场时)	(顾客在场); 让步接受、返工、返修、降级、拒收、服务等级降级并降价; 处置评审人员:顾客与组织授权人员
交付后	产品:召回(隔离、返工、返修、降级、报废)、退货、让步接受、降级后接受、返修、报废; 处置评审人员:组织内部授权人员(召回)、顾客与组织授权人员	返修、经济补偿、再次提供服务; 处置评审人员:顾客与组织授权人员

不管是在组织内部或外部,针对不合格产品与服务的让步接受,必须征得产品或服务接受对象的同意,例如,不合格半成品在评审时决定为“让步接受”,则意味着下道工序的负责人已经同意接受,并有相应措施保证最终产品合格,或者被行政命令强行接受且上级领导提供了额外支持性的非常规手段来确保最终产品合格。

有时(最终)产品或服务被判定为不合格,但难以返工、返修来纠正,且产生的后果不太严重,可征求获得顾客的让步接受,当然也会附加一些补充条件,例如降级(判定符合下一级标准)并降价或降价、追加部分合格的产品或服务、后续强化服务的承诺等。

8.7.2　组织应保留下列成文信息:

a)描述不合格;

b)描述所采取的措施;

c)描述获得的让步;

d)识别处置不合格的授权。

【解读】　组织在处置不合格产品或服务时,应将所有相关信息记录在不合格品评审与处置单或不合格服务评审与处置单,即可满足本条款的要求,见表 3-15。

表 3-15　制造型组织不合格品处置单示例

编号:QSP－××－R1　　　　　　序号:20××－××

识别	品种规格：　　生产班次代码：　　数量： 不合格品描述：
	质控部 QC 主管：　　日期：
评审	评审简述：
	评审决定:□返工　□让步接受　□降级　□报废
	让步接受后续措施：
	评审参与人：
处置	处置描述： 处置负责人：　　日期：
	下道工序影响： 下道负责人：　　日期：
返工后检验结果	返工品检验结果： 质控部 QC 主管：　　日期：
流程符合性评价	依据不合格品控制程序,对本次不合格品处理流程符合性评价： 质控部经理：　　日期：

第 9 节　“9 绩效评价”条款解读

9　绩效评价

9.1　监视、测量、分析和评价

9.1.1　总则

组织应确定：

a)需要监视和测量什么；

b)需要用什么方法进行监视、测量、分析和评价,以确保结果有效；

c)何时实施监视和测量；

d)何时对监视和测量的结果进行分析和评价。

组织应评价质量管理体系的绩效和有效性。

组织应保留适当的成文信息,以作为结果的证据。

【解读】 监视与测量的对象应涉及组织质量管理体系的各个方面,包括所有过程、所有产品或服务、所有部门、所有层次以及质量改进需求,并编制一览表,监视与测量的实绩包括日常过程监控、产品检测、内外部审核、政府机构监管、顾客第二方审核、各类质量管理沟通会议、外部质量沟通、顾客投诉等,如表3-16所示。

9.1.2 顾客满意

组织应监视顾客对其要求和期望已经得到满足的程度的感受。组织应确定获取、监视和评审该信息的方法。

注:监视顾客感受的例子可包括顾客调查、顾客对交付产品或服务的反馈、顾客座谈、市场占有率分析、顾客赞扬、担保索赔和经销商报告。

【解读】 组织首先要明确其"顾客"所涵盖的范围,就制造业而言,其顾客可包括客户(其他组织的产品就是其原料)、经销商(批发商)、直销商(产品直供)、零售商(由经销商向其提供产品)以及最终的消费者;服务性组织的"顾客"可包括客户(接受服务的组织)、顾客(购买者、观赏者、体验者、被培训者、消费者、食客、服务对象的拥有者等)。

就像"注"中所提及的那样,组织获取顾客满意信息的方式包括但不限于以下:

(1)意见调查,书面的文件、邮件、微信或电话;

(2)客户沟通,会议、电话、邮件等;

(3)在已交付的产品或服务质量方面的来自客户的数据;

(4)产品或服务市场占有率分析,数据来自组织自查或媒体、机构、专业期刊;

(5)来自顾客的表扬,书面的、电话的、微信的或邮件的;

(6)投诉,针对产品、服务、产品提供过程、售后服务及其售后服务人员态度等;

(7)经销商的报告,可包括来自竞争对手的信息;

(8)各类媒体,如网站和留言板;

(9)账单查询;

(10)出版物信息,报纸杂志等。

获取顾客满意信息的时机包括在服务过程中或结束后马上(例如,在电话咨询或服务性服务结束后,自动语音系统会请求顾客对刚才提供的服务评价,一般"1"代表很满意、"2"代表满意、"3"代表不满意)或服务结束一段时间以后(例如,家电安装或使用一段时间之后对其安装质量的电话回访),对于制造型组织而言,最常见的是定期通过书面调查(纸质版或电子版)进行,例如,在年度经销商大会上实施,或者在公众场合进行消费者随机问卷调查等。

对于产品或复杂性服务的顾客满意的调查,编制专业水准的调查问卷至关重要,在保证问答问卷群体具有代表性且数量足够的情形下,可通过统计软件对数据信息进行分析,得出一些数据表面看不到的信息,诸如影响或决定顾客满意或生产占有率的产品的特性,或反之,如此可针对性地改进产品特性来提升顾客满意。

所谓"顾客满意度"是量化顾客满意的形式之一,通常以百分制或其他形式表示,完全由组织自身设计来确定。

表 3-16 组织质量管理体系监视和测量信息一览表

对象	监视和测量及其结果分析			分析结果评价	
	类别	实施证据	责任者	结果汇报时机	评价者
产品(符合相应标准国标、上海大众标准)有效性	原辅料进厂检验	出厂与进厂检验报告	质控部、制造部	质量报告会	质控部
	半成品检验	制造过程检验记录	质控部、制造部	质量报告会	质控部
	成品检验	出厂检验报告	质控部、制造部	质量报告会	质控部
供应商	供应商绩效	(1)原辅料进厂检验记录; (2)原辅料不合格处置单; (3)年度供应商绩效评价报告	质控部、采购部、制造部	管理评审	质控部、总经理
年度质量目标(实现)	(1)月度检查; (2)季度检查; (3)年度质量目标实施回顾	(1)质量目标实施进展月度跟踪报告; (2)季度质量目标汇总报告; (3)年度质量目标实施汇总报告	(1)各部门经理; (2)各部门经理; (3)管理者代表	(1)(月度)质量报告会; (2)(季度)质量回顾会; (3)管理评审	管理者代表、总经理
顾客满意	(1)月度客户沟通会; (2)客户质量技术交流会; (3)客户质量反馈跟踪; (4)不合格产品处置; (5)年度客户满意度调查	(1)月度客户沟通会纪要; (2)客户质量技术交流会纪要; (3)客户质量反馈跟踪处置单; (4)不合格产品处置单; (5)年度客户满意度调查报告	(1)销售部、质控部; (2)制造部、质控部; (3)销售部、质控部; (4)质控部、制造部; (5)销售部、质控部	(1)质量报告会; (2)管理评审; (3)质量报告会; (4)质量报告会/管理评审; (5)管理评审	销售经理、管理者代表、总经理

续表 3-16

对象	监视和测量及其结果分析			分析结果评价	
	类别	实施证据	责任者	结果汇报时机	评价者
风险和机遇措施	(1)原辅料供应风险和机遇； (2)法律标准、客户标准识别与满足风险和机遇； (3)环保达标风险和机遇(停产整顿风险)； (4)员工福利与员工流失风险和机遇； (5)行业竞争风险和机遇； (6)客户市场占有率变化所导致的风险和机遇； (7)新技术、工艺与设施应用风险和机遇	(1)采购部年度风险和机遇应对报告； (2)适用国家法规标准、上海大众标准识别与应对风险和机遇报告； (3)环保达标风险和机遇应对报告； (4)人力资源风险和机遇报告； (5)竞争风险和机遇报告； (6)客户经营变化风险和机遇报告； (7)创新风险和机遇报告	(1)采购部； (2)质控部； (3)安全环保部； (4)人力资源部； (5)总经理室企划科； (6)销售部、总经理室企划科； (7)制造部、质控部	(1)年度采购策划会、管理评审； (2)质量报告会、管理评审； (3)环境体系管理评审； (4)管理评审； (5)年度质量目标策划会、管理评审； (6)年度质量目标策划会、管理评审； (7)年度质量目标策划会、管理评审	管理者代表、总经理
质量管理体系绩效和有效性	(1)内部审核(每季度)； (2)管理评审(每半年)； (3)第二方审核(不定期)	(1)内审报告； (2)管理评审报告； (3)第二方审核报告	(1)质量体系管理者代表(质控经理)； (2)质量体系管理者代表(质控经理)； (3)上海大众质控部	(1)管理评审； (2)年度质量目标策划会； (3)管理评审、质量报告会	(1)管理者代表； (2)总经理； (3)质控部经理、总经理
质量管理体系改进需求	(1)一、二级文件改进建议； (2)质量管理其他 26 项过程改进建议	(1)内审报告、年度质量管理体系文件适宜性评价报告、管理评审各部门输入； (2)各部门质量管理过程改进建议	(1)管理者代表、内审小组、各部门经理； (2)各部门经理	(1)内审末次会议、管理评审； (2)管理评审	(1)管理者代表、总经理； (2)总经理

9.1.3　分析与评价

组织应分析和评价通过监视和测量获得的适当的数据和信息。

应利用分析结果评价：

a)产品和服务的符合性；

b)顾客满意程度；

c)质量管理体系的绩效和有效性；

d)策划是否得到有效实施；

e)应对风险和机遇所采取措施的有效性；

f)外部供方的绩效；

g)质量管理体系改进的需求。

注：数据分析方法可包括统计技术。

【解读】　以上这些分析结果的评价都包括在以下9.3.2"管理评审输入"之中，是组织各职能与业务部门(包括内审小组)每周或每月、每季度应向最高管理者汇报的内容，当然相关数据信息与评价结果也包括在内。结合9.1.1"总则"的要求，表3-16能满足9.1.3"分析与评价"的全部要求，这个表格可制编《质量手册》的对应节中。

表3-16中各项监视和测量结果及其分析，再加上针对不合格产品与其他质量管理(过程、状态与状况等的)不符合纠正措施实施及其分析，针对第三方质量管理体系认证审核不符合项及其纠正措施、纠正措施有效性的分析，以及上次(或上年度)管理评审输出(决定事宜)实施的结果或现有状况，就共同构成了组织质量管理体系(依据本标准要求)的全部输入内容，故在以下9.3.2"管理评审输入"的解读中不再重复。

9.2　内部审核

9.2.1　组织应按照策划的时间间隔进行内部审核，以提供有关质量管理体系的下列信息：

a)是否符合：

1)组织自身的质量管理体系要求；

2)本标准的要求；

b)是否得到有效的实施和保持。

9.2.2　组织应：

a)依据有关过程的重要性、对组织产生影响的变化和以往的审核结果，策划、制定、实施和保持，审核方案包括频次、方法、职责、策划要求和报告；

b)规定每次审核的准则和范围；

c)选择审核员并实施审核，以确保审核过程客观公正；

d)确保将审核结果报告给相关管理者；

e)及时采取适当的纠正和纠正措施；

f)保留成文信息，作为实施审核方案以及审核结果的证据。

注：相关指南参见 ISO 19011。

【解读】 有关组织内部审核(内审)标准要素(本条款内容)的详细解读及其内审的实施指南见第5章。

9.3 管理评审

9.3.1 总则

最高管理者应按照策划的时间间隔对组织的质量管理体系进行评审,以确保其持续的适宜性、充分性和有效性,并与组织的战略方向保持一致。

【解读】 所谓“策划的时间间隔”依据组织的规模、业务性质而定,可能是每天、每周、每月、每季度或每年。一些组织的管理评审活动可能在其不同层面进行,其结果报告给最高管理者。并非所有的管理评审输入要一次性得到处理,可能融入多次管理评审之中。管理评审可融入组织的其他活动之中,或者其他活动融入管理评审之中。例如,在战略会议、商业规划、年度会议、运行会议之中进行管理评审,此时最高管理者应当出席并主持其中的管理评审。

例如,旅行社决定在其半年战略会议前一天进行管理评审,以获得策划预算所需的所有输入,并确保质量目标与旅行社的战略方向相一致。

对有关质量管理体系适宜性、充分性和有效性的理解,见第2章中对术语“3.11.2 评审 review”的理解。

9.3.2 管理评审输入

策划和实施管理评审时应考虑下列内容:

a)以往管理评审所采取措施的情况;

b)与质量管理体系相关的内外部因素的变化;

c)下列有关质量管理体系绩效和有效性的信息,包括其趋势:

1)顾客满意和有关相关方的反馈;

2)质量目标的实现程度;

3)过程绩效以及产品和服务的合格情况;

4)不合格及纠正措施;

5)监视和测量结果;

6)审核结果;

7)外部供方的绩效。

d)资源的充分性;

e)应对风险和机遇所采取措施的有效性(见6.1);

f)改进的机会。

【解读】 一般在管理评审之前,由管理者代表(管代)或最高管理者通知各部门经理提供诸如以上标准条款[即条款a)至f)]规定的输入(这些输入仅是本标准要求的输入,大型或国际化的组织管理评审的输入可能远远多于这些方面),与条款对应:

a)上次或前几次管理评审决定事项的落实情况,一般由管代(或类似于其职能的人员,如体系负责人提供,下同)提供;

b)与质量管理体系相关的、与相关方有关的(内外部)因素的变化(具体解读见对本标准 4.1 条款的解读),一般由管代提供;

c)下列有关质量管理体系绩效和有效性的信息,包括其趋势:

1)顾客满意和有关相关方的反馈:顾客投诉、处置、对应纠正措施实施情况,外部相关方质量管理意见与建议及其采纳实施情况,一般由管代或质控/品管部门经理提供;

2)质量目标的实现程度:年度组织层面与各部门层面质量目标的完成情况,未完成时的情况说明,分别由管代和各部门经理提供;

3)过程绩效以及产品和服务的合格情况:采购产品、在制品、成品或服务的过程监测结果,一般由品控/品管部门经理提供;

4)不合格及纠正措施:所有途径识别出的不合格及其纠正措施实施情况(详见下文对标准 10.2“不合格和纠正措施”条款的解读)的汇总报告,一般由管代和/或质控部门经理提供;

5)监视和测量结果:对过程有效性(主要为各级文件执行有效性)监视的结果(对产品与顾客满意的监视和测量结果已经包含在以上 1)与 3)中),主要为内审与第二方审核、监管机构检查审查的结果及其后续措施落实情况,一般由管代和/或质控部门经理提供;

6)审核结果:外部机构认证审核负面发现及其纠正措施落实情况,一般由管代提供;

7)外部供方的绩效:供应商年度业绩评价结果,分包商、承包商与服务商业绩评价结果,一般由品控部以及其他对应部门经理提供。

d)资源的充分性:人力资源充分性由人力资源部汇总来自各部门经理信息后提供,设备设施充分性由工程部汇总来自各部门经理信息后提供,计量仪器仪表充分性由工程部部门经理提供,过程检测用仪器仪表充分性由各部门经理提供,产品检验用仪器仪表充分性由质控部门经理提供;

e)应对风险和机遇所采取措施的有效性(每年至少一次由最高管理者或管代主持会议对过往的风险和机遇识别、评估以及制定的应对措施实施的有效性进行评价确定,必要时更改风险与机遇、应对措施),一般由最高管理者或管代提供;

f)改进的机会(依据改进机会层次的不同):由总经理、管代和各部门经理提供(各部门经理所提出的质量管理改进意见与建议视为确定“改进机会”的重要输入)。

组织可在管理评审中纳入本标准未规定的其他项目输入,诸如:

(1)新产品导入相关信息;

(2)设备设施引入、更新改造相关信息;

(3)财务信息(利润、工资水平、技改投入、市场投入、销售额等);

(4)新商业机会(市场开拓、新产品或服务提供等);

(5)市场信息,包括市场占有率变化、竞争对手相关信息;

(6)适用法规标准的变化及其应对措施、结果信息;

(7)监管机构监管、产品抽检、服务抽查结果及其后续措施信息;

(8)质量管理风险与危机管理方面的信息;

(9)各种预测及其相关的意见与建议等。

9.3.3　管理评审输出

管理评审的输出应包括与下列事项相关的决定和措施:

a)改进的机会;

b)质量管理体系所需的变更;

c)资源需求。组织应保留成文信息,作为管理评审结果的证据。

【解读】 对于所有的管理评审输出,参与管理评审的所有人员(包括最高管理者、管代、各部门经理,以及最高管理者指定的需要参与的其他人员,诸如内审员)应当逐一进行确认、询问、答疑、决定,决定包括对输出的肯定、再分析、后续适宜确定、修订与完善确定乃至针对新确定不符合事项的纠正措施,除肯定性的决定外,其他决定可能引发对质量管理体系的改进与持续改进,诸如:

(1)质量方针、质量目标等质量管理体系各级文件修订;

(2)人员、职责权限的再调整与分配;

(3)资源的重新分配、补充;

(4)外部相关方沟通方式的完善;

(5)过程与流程的完善;

(6)针对产品与服务质量监视与测量相关的改进;

(7)新产品开发、技改等方面的启动;

(8)应对市场形势变化的新措施;

(9)应对质量管理风险与机遇乃至危机的新增措施等。

管理评审相关的文件与记录包括各类管理评审输入、会议纪要、陈述记录、管理评审报告等。

第10节 “10 持续改进”条款解读

10 改进

10.1 总则

组织应确定和选择改进机会,并采取必要措施,以满足顾客要求和增强顾客满意。

这应包括:

a)改进产品和服务,以满足要求并应对未来的需求和期望;

b)纠正、预防或减少不利影响;

c)改进质量管理体系的绩效和有效性。

注:改进的例子可包括纠正、纠正措施、持续改进、突破性变革、创新和重组。

【解读】 组织确定改进机会、计划与实际实施活动的目的是获得预期结果并增加顾客满意,所有阶段、环节与过程的改进最终皆会促进产品与服务质量,从而持续满足顾客要求和期望、纠正和预防不期望的影响,并改进质量管理体系的绩效和有效性。

组织改进必要性确定及其改进措施实施来主要源于(9“绩效评价”9.1.3“分析与评价”的结果):

(1)所有纠正措施的策划、实施与验证;

(2)风险与机遇评估与应对措施有效性评价,包括要素发生变化后的重新评估、重新制定应对措施及其有效性再评价;

(3)对应顾客和(或)相关方的新要求;

(4)应对适用法规标准的新要求;

(5)质量目标水平逐年提升;

(6)应对其他质量管理体系内外部环境变化的措施;

(7)引进可导致现有过程发生重大变化的项目,诸如新过程、产品或服务的实施,或颠覆性、开创性新技术与装备的引入;

(8)应对 ISO 9001 标准体系的换版升级。

10.2　不合格和纠正措施

10.2.1　当出现不合格时，包括来自投诉的不合格，组织应：

a）对不合格做出应对，并在适用时：

1）采取措施以控制和纠正不合格；

2）处置后果。

b）通过下列活动，评价是否需要采取措施，以消除产生不合格的原因，以避免其再次发生或在其他场合发生：

1）评审和分析不合格；

2）确定不合格的原因；

3）确定是否存在或可能发生类似的不合格。

c）实施所需的措施；

d）评审所采取的纠正措施的有效性；

e）需要时，更新在策划期间确定的风险和机遇；

f）需要时，变更质量管理体系。

纠正措施应与不合格所产生的影响相适应。

【解读】　本条款中所谓的“不合格”是指质量管理体系及其运行中所涵盖的所有不合格（不符合），并包括 9“绩效评价” 9.1“监视、测量、分析和评价”中经监视和测量发现的不合格（不符合），其中项目见表 3-16。

不合格（不符合）可涉及产品、服务、过程、状态以及来自顾客、有关相关方的信息，发现不合格（不符合）的途径及启动纠正和/或纠正措施的情形包括：

（1）日常过程管理监视、产品检测发现的产品、工艺控制、现场管理状态等的不合格（产品）、不合格（不符合）的状态（如未有效执行检验计划）；

（2）质量目标未达成；

（3）内部审核所发现的不符合项；

（4）由外部供方所造成或导致的不合格（不符合）；

（5）客户、上级等相关方实施或委托实施的第二方审核、检查、审查；

（6）政府质量、食品安全、药品安全监管机关实施的生产许可证审查、日常现场检查、市场检查与抽样所发现的不合格（不符合）；

（7）客户与消费者投诉，包括各级消协、政府监管机构转来的投诉；

（8）内外部相关方提出的质量及其质量改进意见、建议；

（9）产品或服务市场测试所识别出的不合格（不符合）；

（10）顾客满意调查信息中识别出的不符合；

（11）重大产品质量事故，包括产品撤回或召回；

（12）第三方认证审核所发现的不符合项；

（13）管理评审所识别的需要纠正和（或）实施纠正措施的不符合项。

针对以上情形中的不合格（不符合），组织皆可启动实施纠正与纠正措施。绝大多数不合格（不符合）都需要在纠正后采取防止其再次发生的纠正措施，极少数情形只需要纠正即可，故一般讲纠正措施要求时，其实就隐含要求要先实施纠正。所谓“纠正”就是先采取临时措施，将不合格（不符合）先恢复到合格（符合）状态，或临时增强或扩大监控、管理手段来防止可能的再次发生，待导致不合格（不符合）原因得到解决之后，这些手段可以终止。

组织也可以向产生或导致不合格（不符合）产品、服务或状态的外部供方提出纠正措施要求，包括开具供内部使用的“纠正措施通知单”,供其报告整个针对不合格(不符合)实施的纠正措施的相关信息。

以不合格产品为例,在依据不合格品控制程序处置完毕后,可向责任部门发出“纠正措施通知单”,要求其针对产生不合格品的原因实施纠正措施,避免类似问题的再次发生。

组织启动纠正措施的情形规定示例见表 3-17。

表 3-17 质量管理体系常见纠正措施启动信息一览表

不合格(不符合)发现途径	“纠正措施通知单”签发人	纠正措施实施责任人	纠正措施有效性验证人	报告纠正措施实施总体情况场合
日常过程管理监视	管理者代表	责任部门经理	质控部经理	月度质量会议
日常过程产品监测	质控部经理	责任部门经理	QC 质控主管	月度质量会议
内部审核	审核组长	责任部门经理	审核组长	管理评审
第二方审核	管理者代表	责任部门经理	质控部经理	月度质量会议
集团公司检查、审查	管理者代表	责任部门经理	质控部经理	月度质量会议
政府监管机关检查、审查	管理者代表	责任部门经理	质控部经理	月度质量会议
政府监管机关抽检产品	质控部经理	责任部门经理	QC 质控主管	月度质量会议
顾客投诉	质控部经理	责任部门经理	QA 质保主管	月度质量会议
顾客满意调查结果分析	质控部经理	责任部门经理	QA 质保主管	月度质量会议
重大产品质量事故	总经理	管理者代表	质控部经理	管理评审
认证审核	管理者代表	责任部门经理	质控部经理	管理评审
管理评审	总经理	责任部门经理	管理者代表	管理评审
内外部相关方质量改进建议与意见评审	管理者代表	责任部门经理	质控部经理	管理评审

注:“管理者代表”也可以称为“体系负责人”或“质量管理体系负责人”。

极少数不符合的原因存在无法消除或无法完全消除的情形,对此,组织应考虑能够及时发现并“最小化”不符合影响的措施(如果其再次发生)。

组织(对于表 3-17 而言,就是“纠正措施实施责任人”,对于产品,还要涉及管理者代表、生产部经理乃至总经理)应评审和分析不合格(不符合)以确定其原因,以及是否还可能在其他地方与过程中存在或发生。基于不合格(不符合)的影响或潜在影响,组织应确定所需采取措施的程度。确定不合格(不符合)存在或发生原因的方法有:

(1)根本原因分析(Root Cause Analysis,简称 RCA),一种结构化的问题处理法,用以逐步找出问题的根本原因并加以解决,而不是仅仅关注问题的表征。所谓根本原因,就是导致所关注的问题发生的最基本的原因,引起问题的原因通常有很多,如物理条件、人为因素、系统行为或者过程中流程因素等,通过科学分析,有可能发现不止一个根源性原因。

(2)8D 问题解决法(8D Problem Solving,又称为“Team Oriented Problem Solving”,即“团队导向的问题解决法”),是美国福特公司处理问题的一种方法,亦适用于工程能力指数低于其应有值时相关问题的解决,它提供了一套符合逻辑的解决问题的方法,适用于诸如汽车及其零部件生产领域质量问题的解决。

(3)5 问法(5 Why),即对一个问题连问 5 个为什么(可以少于或多于 5 次),直到找出能够实施可执行性与效果保证的措施。

(4)失效模式和效果分析(Failure Mode and Effect Analysis,简写为 FMEA),适用于针对潜在问题,即问题虽未发生,但苗头已经很明显了、快要发生了,这种问题也可以判断为不符合或潜在不符合,而要求实施以前称为“预防措施”,现在可划归纠正措施的措施。FMEA 也适用于设计和开发过程中的确认。

(5)因果分析法(Causal Method),包括鱼刺图法、统计回归分析法等,特别是鱼刺图法,可通过头脑风暴来激发员工参与问题(不符合)原因分析的参与度、热情与自信心,特别实用与有效。5M1E 分析法也可视为鱼刺图法的一种,即从人(Man)、机器(Machine)、材料(Material)、方法(Method)、测量(Measurement)和环境(Environment)角度来分析不合格(不符合)生产的原因,特别适用于对不合格(产)品产生原因的分析。

组织(对于表 3-17 而言,就是“纠正措施有效性验证人”)应评审所有纠正措施的有效性,即通过证据来确定纠正措施已经实施和(或)没有再次发生相同或类似不合格(不符合),包括观察过程绩效或评审文件与记录来完成。有时,为确保纠正措施的有效性与可验证性,应当针对预先制订的纠正措施计划进行评审,例如,需要实施投资解决或改善问题的情形。这也特别适合于应对外部相关方(如认证审核)提出的不符合项的纠正措施,即针对各责任部门提出的纠正措施计划,管理者代表(体系负责人)在其实施前应组织人员对这些纠正措施计划进行评审,以避免因计划不恰当及时、有效实施纠正措施,包括在规定时限内向认证机构提交整个组织的纠正措施报告。

对于原因简单的不符合,或者经简单纠正与提醒一下即可防止再发生的不符合,就可以不需要实施繁杂的纠正措施流程(走《纠正措施通知单》流程)。

组织还应确定,在一个区域实施的纠正措施的影响,是否可能潜在地导致对组织另一个区域的不利影响,如果存在这类影响,应同时策划必要的缓解性措施。

在对纠正措施(实施计划)或实施后有效性的评审时,组织应考虑是否存在事先没有考虑的风险或机会,或者是否针对风险和机遇的措施没有在策划(纠正措施实施计划)中充分应对。

有时,针对不符合项纠正措施的实施涉及更新质量管理体系文件、职责权限等。

有关“纠正措施通知单”中对不合格(不符合)描述以及原因分析、纠正措施计划、纠正措施实施后描述的注意事项,参见第 5 章与第 7 章相关部分。

10.2.2　组织应保留成文信息,作为下列事项的证据:

a)不合格的性质以及随后所采取的措施;

b)纠正措施的结果。

【解读】　正规性的组织《纠正措施通知单》就可以满足本节条款的要求,《纠正措施通知单》示例见表 3-18。

10.3　持续改进

组织应持续改进质量管理体系的适宜性、充分性和有效性。

组织应考虑分析和评价的结果以及管理评审的输出,以确定是否存在需求或机遇,这些需求或机遇应作为持续改进的一部分加以应对。

表 3-18　组织《纠正措施实施单》示例

编号:QSP－××－R1　　　　　　　　　　　　　　　　　　序号:201×－××

来源	□过程检查　□产品监测　□内审　□二方审　□集团检查审查 □监管机关检查　□监管机构审查　□监管机构抽样检验　□投诉 □重大质量事故　□认证审核　□管理评审　□改进建议
纠正措施启动	不符合描述:
	□不符合《质量手册》条款号: □不符合《程序文件》名称编号: □不符合适用法规标准名称(内部)编号: □不符合其他: □纠正措施计划需要评审
	签发人:　　　　日期:
	责任部门负责人签字:　　　　日期:
原因分析	根本性原因:
	1.
	2.
	3.
	4.
	责任部门负责人签字:　　　　日期:
纠正措施计划	1.
	2.
	3.
	4.
	责任部门负责人签字:　　　　日期:
	计划评审结论:□可行　□需修订　　　签发人:　　　　日期:
纠正措施实施描述	1.
	2.
	3.
	4.
	责任部门负责人签字:　　　　日期:
验证	综述:
	验证人:　　　　日期:
备注	

【解读】　组织运行基于 ISO 9001 标准质量管理体系的重要活动之一就是持续改进，包括文件、过程(包括程序文件规定的流程或路径、生产过程流程图等)、资源配置、职责权限分配、人员培训、产品与服务质量的持续完善、修订、升级，组织持续改进质量管理体系(三性)的目的，还是不断满足顾客日益提升的要求、日益增强的适用法规标准的强制性要求，以及适合相关方不断提高的要求，亦即增强确保绩效得到提升的能力。

组织质量管理体系评审是确定持续改进最重要的时机与场合，当然组织其他形式的内部质量沟通也可以成为确定持续改进的时机与场合。

当实施质量管理持续改进(有时也将为“改善”)时，一些改进方法与工具可以使用，诸如六西格玛方法、精益生产、标杆对比和自我评价模型的使用。

第 11 节　“附录”解读

附录 A

(资料性附录)

新结构、术语和概念说明

【解读】　本标准附录 A 与 B 并不构成组织认证 ISO 9001 标准的要求，只是提示性的，了解一下对组织理解与实施基于 ISO 9001 标准的质量管理体系，以及结合自身更高要求来远远超越 ISO 9001 标准体系要求很有参考价值，在组织的《质量手册》中不必提及这两个附录。在很多内审员培训教材都不提及这两个附录，很多组织在理解质量体系文件(例如《质量手册》与程序文件)时，也往往忽略这两个附录。附录 A 也可视为标准制定者对 ISO 9000:2015 标准正文及其应用的解释，很多解释对组织非常实用，特别是在应对那些没有现场工作经验而又死板理解标准要求的认证机构审核员时，这些人员往往机械理解组织质量管理体系及其运行对于标准的符合性，会给组织带来负面与消极影响。而组织按照附录 A 说明的方式进行的质量管理体系活动(如体系文件编制等)，就一定是符合标准要求的。附录 A 中对组织最有提示价值的内容文字加了下划线。

A.1　结构和术语

为了更好地与其他管理标准保持一致，与此前的版本(ISO 9000:2008)相比，本标准的章节结构(即章条顺序)和某些术语发生了变更。

<u>本标准未要求在组织的质量管理体系的成文信息中应用本标准的结构和术语。</u>

<u>本标准的结构旨在对相关要求进行连贯表述，而不是作为组织的方针、目标和过程的文件结构范例。若涉及组织运行的过程以及出于其他目的而保持信息，则质量管理体系成文信息的结构和内容通常在更大程度上取决于使用者的需要</u>。

【解读】　组织质量管理中《质量手册》的结构、术语等不必与本标准保持一致，当然结构保持一致还是很有必要的，便于审核时判定各要素符合性时的方便，组织原有质量管理体系术语完全可以融入甚至取代本标准中的术语，不过“不合格”“不合格品”“纠正”“纠正措施”等重要术语还是保留为好，便于与外部有关相关方的顺利沟通。“成文信息”则最好分别用“文件”和“记录”代替，否则广大员工难以理解，特别是已经实施过 ISO 9000:2008 版的组织更应如此。

无需在规定质量管理体系要求时以本标准中使用的术语代替组织使用的术语。组织可以选择使用适合其运行的术语(例如:可使用“记录”、“文件”或“协议”,而不是“成文信息”;或者使用“供应商”、“伙伴”或“卖方”,而不是“外部供方”)。本标准与此前版本之间的主要术语差异如表 A.1 所示。

表 A.1　ISO 9000:2008 和 ISO 9000:2015 之间的主要术语差异

ISO 9000:2008	ISO 9000:2015
产品	产品和服务
删减	未使用(见 A.5 对适用性的说明)
管理者代表	未使用(分配类似的职责和权限,但不要求委任一名管理者代表)
文件、质量手册、形成文件的程序、记录	成文信息
工作环境	过程运行环境
监视和测量设备	监视和测量资源
采购产品	外部提供的产品和服务
供方	外部供方

【解读】　在换版升级成 ISO 9001:2015 的组织,因原来《质量手册》中规定有管理者代表及其职责,最好在换版本标准时仍然保留,认证审核时不会有任何问题,否则原管理者代表的职责难以重新分配,即使再重新分配,也会打破原有管理职责,相关质量管理人员会很不适应,会对原有质量管理体系运行产生负面影响,包括质量管理体系及其运行、日常监管,没有明确的人来负总体宏观性的责任了;初次建立 ISO 9001:2015 质量管理体系的组织负此职责人员名称也可称为“(质量)体系负责人”。所谓“分配类似的职责和权限,但不要求委任一名管理者代表”意味着不是强制,组织完全可以在有利于质量管理体系运行的前提下,任命管理者代表或类似名称的负责质量管理体系建立、运行与持续改进的人员。

可以用“供应商”“原辅料生产商”“(原辅料)销售商或代理商”“承包方”“服务(提供)商”或其组合来代替“外部供方”。

A.2　产品和服务

ISO 9000:2008 使用的术语“产品”包括所有的输出类别。本标准则使用“产品和服务”。“产品和服务”包括所有的输出类别(硬件、服务、软件和流程性材料)。

特别包含“服务”,旨在强调在某些要求的应用方面,产品和服务之间存在的差异。服务的特性表明,至少有一部分输出是在与顾客的接触面上实现的。这意味着在提供服务之前不一定能够确认其是否符合要求。

在大多数情况下,“产品和服务”一起使用。由组织向顾客提供的或外部供方提供的大多数输出包括产品和服务两方面。例如:有形或无形产品可能涉及相关的服务,而服务也可能涉及相关的有形或无形产品。

A.3　理解相关方的需求和期望

4.2 规定的要求包括了组织确定与质量管理体系有关的相关方,并确定来自这些相关方的要求。然而,4.2 并不意味着因管理体系要求的扩展而超出了本标准的范围。正如范围中所述,本标准适用于需要证实其有能力稳定地提供满足顾客要求以及相关法律法规要求的产品和服务,并致力于增强顾客满意的组织。

本标准未要求组织考虑其确定的与质量管理体系无关的相关方。有关相关方的某个特定要求是否与其质量管理体系相关,需要由组织自行判断。

A.4　基于风险的思维

本标准以前的版本中已经隐含基于风险的思维的概念，如：有关策划、评审和改进的要求。本标准要求组织理解其组织环境（见 4.1），并以确定风险作为策划的基础（见 6.1）。这意味着将基于风险的思维应用于策划和实现质量管理体系过程（见 4.4），并有助于确定成文信息的范围和程度。

质量管理体系的主要用途之一是作为预防工具。因此，本标准并未就“预防措施”设置单独条款或子条款，预防措施的概念是通过在质量管理体系要求中融入基于风险的思维来表达的。

【解读】　组织以基于风险的思维来策划整个质量管理体系诸多过程，就是最有效最切实可行的预防措施，以前版本标准只提出预防措施要求，而无具体切入点，故以往绝大部分实施 ISO 9001 标准（2008 版及再前版）的组织很少或者根本没有实施相应的预防措施。

由于在本标准中使用基于风险的思维，因而一定程度上减少了规定性要求，并以基于绩效的要求替代。在过程、成文信息和组织职责方面的要求比 ISO 9000:2008 具有更大的灵活性。

虽然 6.1 规定组织应策划应对风险的措施，但并未要求运用正式的风险管理方法或将风险管理过程形成文件。组织可以决定是否采用超出本标准要求的更多风险管理方法，如：通过应用其他指南或标准。

【解读】　组织不需要强行编制与实施所谓风险识别与控制措施管理程序或风险和机遇管理程序，包括进行所谓的风险识别与风险等级评价，只需要粗略罗列标准要素相关风险（和机遇）管理基本概要即可，更不需要留下什么控制措施实施及其效果监视与测量结果的证据（文件或记录），见本章对标准 6.1“应对风险和机遇的措施”的解读。

在组织实现其预期目标的能力方面，并非质量管理体系的全部过程表现出相同的风险等级，并且不确定性的影响对于各组织不尽相同。依据 6.1 的要求，组织有责任应用基于风险的思维，并采取应对风险的措施，包括是否保留成文信息，以作为其确定风险的证据。

【解读】　组织完全可以自行决定不需要记录（“保留成文信息”）性证据来证实，包括向认证机构审核员证实组织确定风险（的过程），诸如所谓的风险识别与评价方法及其评价结果等。

A.5　适用性

本标准在其要求对组织质量管理体系的适用性方面不使用“删减”一词。然而，组织可根据其规模和复杂程度、所采用的管理模式、活动领域以及所面临风险和机遇的性质，对相关要求的适用性进行评审。

在 4.3 中有关适用性方面的要求，规定了在什么条件下，组织能确定某项要求不适用于其质量管理体系范围内的过程。只有不实施某项要求不会对提供合格的产品和服务造成不利影响，组织才能决定该要求不适用。

【解读】 见本章对标准4.3“确定质量管理体系的范围”的解读。

A.6 成文信息

作为与其他管理体系标准相一致的共同内容，本标准有“成文信息”的条款，内容未做显著变更或增加（见7.5）。本标准的文本尽可能与其要求相适应。因此，“成文信息”适用于所有的文件要求。

在ISO 9000:2008 中使用的特定术语如“文件”“形成文件的程序”“质量手册”或“质量计划”等，在本标准中表述的要求为“保持成文信息”。

在ISO 9000:2008 中使用“记录”这一术语表示提供符合要求的证据所需要的文件，现在表述的要求为“保留成文信息”。组织有责任确定需要保留的成文信息及其存储时间和所用载体。

【解读】 见本章对标准7.5“成文信息”的解读。

“保持”成文信息的要求并不排除基于特殊目的，组织也可能需要“保留”同一成文信息，如：保留其先前版本。

若本标准使用“信息”一词，而不是“成文信息”（如在4.1中“组织应对这些内部和外部因素的相关信息进行监视和评审”），则并未要求将这些信息形成文件。在这种情况下，组织可以决定是否有必要或适合保持成文信息。

【解读】 对组织而言，只要标准针对标准条款要求“保持成文信息”时编制相应文件，针对“保留成文信息”时编制对应记录，就可以完全满足ISO 9000:2015标准的要求，当然绝大多数组织的质量管理体系的文件与记录远超过本标准的要求。

A.7 组织的知识

本标准在7.1.6中要求组织确定并管理其拥有的知识，以确保其过程的运行，并能够提供合格的产品和服务。

引入组织的知识这一要求，其目的是：

a）避免组织损失其知识，如：

——由于员工更替；

——未能获取和共享信息。

b）鼓励组织获取知识，如：

——总结经验；

——专家指导；

——标杆比对。

A.8 外部提供过程、产品和服务的控制

在8.4中提出了所有形式的外部提供过程、产品和服务，如是否通过：

a）从供方采购；

b）关联公司的安排；

c）将过程分包给外部供方。

外包总是具有服务的基本特征,因为这至少要在供方与组织之间的接触面上实施一项活动。

由于过程、产品和服务的性质,外部提供所需的控制可能存在很大差异。对外部供方以及外部提供的过程、产品和服务,组织可以应用基于风险的思维来确定适当的控制类型和控制程度。

附录B

(资料性附录)

ISO/TC 176 制定的其他质量管理和质量管理体系标准

本附录描述的标准由ISO/TC 176 质量管理和质量保证技术委员会制定的国际标准,旨在为应用本标准的组织提供支持信息,并为组织选择追求超越本标准要求的目标提供指南。本附录所列文件中包含的指南或要求并不增加或修改本标准的要求。

本标准条款与其他标准之间的关系如表B.1 所示。

本附录不包括参考ISO 9000 族而制定的行业特定要求的质量管理体系标准。

本标准系ISO/TC 176 所制定ISO 9000 族的三个核心标准之一。

——**ISO 9000《质量管理体系　基础和术语》**为正确理解和实施本标准提供必要的基础。在制定本标准过程中考虑到了ISO 9000 详细描述的质量管理原则。这些原则本身不作为要求,但构成本标准所规定要求的基础。ISO 9000 还规定了应用于本标准的术语、定义和概念。

——**本标准(ISO 9001《质量管理体系　要求》)**规定的要求旨在为组织的产品和服务提供信任,从而增强顾客满意。正确实施本标准也能为组织带来其他预期利益,如:改进内部沟通,更好地理解和控制组织的过程。

——**ISO 9004《持续成功组织的管理——一种质量管理方法》**为组织选择超出本标准的要求提供指南,关注能够改进组织整体绩效更加广泛的议题。ISO 9004 包括自我评价方法指南,以便组织能够对其质量管理体系的成熟度进行评价。

注:ISO 9004 对应的GB/T 19004 名称为《追求组织的持续成功　质量管理方法》。

在组织实施或寻求改进其质量管理体系、过程或相关活动的过程中,以下简要介绍的标准可以为其提供帮助。

——**ISO 10001《质量管理体系　顾客满意　组织行为规范指南》**,为组织确定其在满足顾客需要和期望方面的满意度提供指南。实施该标准可以增强顾客对组织的信心,使组织对顾客的预期更加准确,从而降低误解和投诉的可能性。

——**ISO 10002《质量管理体系　顾客满意　组织处理投诉指南》**,通过确认和理解投诉方的需求和期望,并解决所接到的投诉,为组织提供了有关投诉处理过程的指南。该标准提供了一个开放、有效和易于应用的投诉过程,包括人员培训,并且也为小企业提供指南。

——**ISO 10003《质量管理体系　顾客满意　组织外部争议解决指南》**,为组织有效和高效地解决有关产品投诉的外部争议提供了指南。当投诉不能在组织内部解决时,争议解决是一种补偿途径。大多数投诉可以在组织内部成功解决,无需更多的冲突过程。

——**ISO 10004《质量管理体系　顾客满意　监视和测量指南》**,为组织采取增强顾客满意的措施、并识别顾客所关注的产品、过程和属性的改进机会提供了指南。这些措施能够增强顾客忠诚,避免顾客流失。

——**ISO 10005《质量管理体系　质量计划指南》**,为组织制定和实施质量计划,作为满足相关过程、产品、项目或合同要求的手段,形成支持产品实现的工作方法和实践提供了指南。制定质量计划的益处在于能使相关人员增加可以满足质量要求并有效控制相应过程的信心,推动其积极参与。

——**ISO 10006《质量管理体系　项目质量管理指南》**,可适用于从小到大、从简单到复杂、从单独的项目到项目组合中组成部分的各种项目。既可供项目管理人员使用,也可供需要确保其组织应用质量管理体系标准相关实践的人员使用。

——ISO 10007《质量管理　状态管理指南》，帮助组织在整个寿命周期内对产品的技术和管理状态应用技术状态管理。技术状态管理可用于满足本标准规定的产品标识和可追溯要求。

——ISO 10008《质量管理　顾客满意　企业－消费者电子商务交易指南》，指导组织如何有效和高效地实施企业－消费者电子商务交易系统（B2C ECT），从而为增加顾客对此电子商务交易的信息奠定基础，提高组织满足顾客要求的能力，以减少投诉和争议。

——ISO 10012《测量管理体系　测量过程和测量设备的要求》，为测量过程管理以及支持和证明符合计量要求的测量设备的计量确认提供了指南。该标准规定测量管理体系的质量管理原则，以确保满足计量要求。

——ISO/TR 10013《质量管理体系文件指南》，为编制和保持质量管理体系所需的文件提供了指南。该标准能用于质量管理体系相关标准以外的管理体系，如：环境管理体系和安全管理体系。

——ISO 10014《质量管理　实现财务和经济效益指南》专门为最高管理者制定。该标准通过应用质量管理原则实现财务和经济效益提供了指南。其有利于促进组织应用管理原则以及选择持续成功的方法和工具。

——ISO 10015《质量管理　培训指南》，为组织解决培训相关问题提供了帮助和指南。该标准能用于质量管理体系相关标准涉及“教育”与“培训”事宜时所需的指南。所谓“培训”包括所有类型的教育和培训。

——ISO/TR 10017《ISO 9001—2000 的统计技术指南》，解释了依据在明显稳定条件下也可观察到过程状态和结果的变量的统计技术。采用统计技术可以更好地利用获得的数据进行决策，从而有助于持续改进产品和过程质量，实现顾客满意。

——ISO 10018《质量管理　人员参与和能力指南》，提供了影响人员参与和能力方面的指南。质量管理体系取决于胜任人员的积极主动参与，以及这些人员的组织管理方式。其对所需知识、技能、行为、工作环境的识别、发展和评价至关重要。

——ISO 10019《质量管理体系咨询师选择及其服务使用指南》，指导如何选择质量管理体系咨询师以及使用其服务。该标准为质量管理体系咨询师的能力评价过程提供了指南，帮助组织获得满足其需求和期望的咨询服务。

——ISO 19011《管理体系审核指南》，就审核方案管理、管理体系审核的策划和实施以及审核员和审核组能力评价提供了指南。该标准适用于审核员、实施管理体系的组织以及实施管理体系审核的组织。

表 B.1　本标准条款与其他质量管理和质量管理体系标准之间的关系

其他标准	对应中国国标 GB/T	本标准条款						
		4	5	6	7	8	9	10
ISO 9000	GB/T 19000	全部内容	全部内容	全部内容	全部内容	全部内容	全部内容	全部内容
ISO 9004	GB/T 19004	全部内容	全部内容	全部内容	全部内容	全部内容	全部内容	全部内容
ISO 10001	GB/T 19010					8.2.2,8.5.1	9.1.2	
ISO 10002	GB/T 19012					8.2.1	9.1.2	10.2.1
ISO 10003	GB/T 19013						9.1.2	
ISO 10004	GB/Z 27907						9.1.2,9.1.3	
ISO 10005	GB/T 19015		5.3	6.1,6.2	全部内容	全部内容		
ISO 10006	GB/T 19016	全部内容	全部内容	全部内容	全部内容	全部内容	全部内容	全部内容

续表 B.1

其他标准	对应中国国标 GB/T	本标准条款						
		4	5	6	7	8	9	10
ISO 10007	GB/T 19017					8.5.2		
ISO 10008		全部内容	全部内容	全部内容	全部内容	全部内容	全部内容	全部内容
ISO 10012	GB/T 19022				7.1.5			
ISO/TR 10013	GB/T 19023				7.5			
ISO 10014	GB/T 19024	全部内容	全部内容	全部内容	全部内容	全部内容	全部内容	全部内容
ISO 10015	GB/T 19025				7.2			
ISO/TR 10017	GB/Z 19027			6.1	7.1.5		9.1	
ISO 10018		全部内容	全部内容	全部内容	全部内容	全部内容	全部内容	全部内容
ISO 10019	GB/T 19029					8.4		
ISO 19011	GB/T 19011						9.2	

注:“全部内容”表示本标准中该条款的全部内容与其他的相应标准相关,“对应中国国标 GB/T”是作者加上去的。

第 4 章　建立与实施 ISO 9001:2015 质量管理体系简要指南

第 1 节　实施 ISO 9001:2015 关键性过程策划与实施指南

1.1　组织建立基于 ISO 9001 质量管理体系计划

一个首次建立 ISO 9001:2015(GB/T 19001—2016)质量管理体系计划的示例见表 4-1。

表 4-1　组织首次建立与认证 ISO 9001 质量管理体系项目及时间计划表

实施项目	第1月	第2月	第3月	第4月	第5月	第6月	第7月	第8月
1.1　管理层达成建立和实施ISO 9001共识								
1.2　最高管理者任命管理者代表或类似职位								
1.3　管理者代表组建体系,建立小组								
1.4　体系小组及内审员ISO 9000/9001培训								
1.5　质量管理体系初步策划								
1.6　全员质量管理培训								
1.7　总经理发布质量方针								
1.8　组织内外部体系环境因素确认及其风险、机遇识别与控制措施确定								
1.9　组织质量管理相关方及其要求确定，风险、机遇识别与控制措施确定								
2.1　体系小组起草《质量手册》								
2.2　体系小组起草程序文件								
2.3　体系小组适用法规标准识别和评价								
2.4　各部门完善质量管理规定								
2.5　各部门完善标准操作规程SOP								
2.6　质量手册、程序文件审核和发布								
2.7　质量管理体系文件全员培训								
3.1　体系试运行与完善								
3.2　最高管理者确定认证注册机构								
3.3　与认证机构签订认证服务合同								
3.4　质量管理体系内部审核								
3.5　内部审核后纠正措施与完善								
3.6　管理体系管理评审								
3.7　管理评审后完善或纠正措施								
4.1　第一阶段审核								
4.2　第一阶段审核后的完善与改进								
4.3　第二阶段现场审核								
4.4　第二阶段现场审核后的纠正措施								
4.5　取得ISO 9001：2008质量管理体系证书								

注:其中1为体系策划,2为文件编制,3为体系运行,4为体系审核,此处省略,余同。

在组织技术力量较强且有人运行过质量管理体系,以及最高管理层、管代、管理人员与内审员在正规有实力机构充分培训的前提下,可独立建立,不需要聘请外部体系咨询师,否则要聘请高水平的咨询师,才可以全方位培训与指导、落实表 4-1 中所有的项目。

需要特别说明的是,任何一个存在较长时间的组织,即使没有建立与实施过基于 ISO 9001 标准的质量管理体系,现有质量管理过程也会至少涵盖 70% 以上的 ISO 9001 标准要素规定的过程,而引入 ISO 9001 体系的目的就是规范现有质量管理系统,即将体现 PDCA 与过程控制要求的标准要素与现有质量管理过程相融合,作为有效甚至可高效持续改进质量管理体系(持续满足顾客要求以及适用法规要求在内的相关方要求)的平台,就 ISO 9001:2015 标准而言,还能促进组织实施质量风险、机遇乃至危机管理,从而消除或减少可能会严重阻碍甚至摧毁组织品牌、质量与信誉的先前可能未纳入控制的各种内外部潜在因素。

1.2　组织建立基于 ISO 9001 质量管理体系计划实施说明

针对表 4-1 各项目的简要说明见表 4-2。

表 4-2　组织首次建立与认证 ISO 9001 质量管理体系项目简要说明

实施项目	实施项目简要说明
1.1　管理层达成建立和实施 ISO 9001 共识	最高管理者主持会议,就建立基于 ISO 9001:2015(GB/T 19001—2016)标准质量管理体系意义与目的、时限计划、建立人员安排、资金安排等达成共识;就资金预算而言,300 人左右的组织费用至少 15 万元,包括咨询费 5 万元、建立与认证过程组建人员激励费用 5 万元以及认证费用 5 万元(如由境外机构认证 ISO 9001:2015 质量管理体系)
1.2　最高管理者任命管理者代表或类似职位	虽然 ISO 9001:2015 标准中不再提所谓管理者代表,但应任命一名高层或质控部门经理全权负责建立与运行质量管理体系,该职位仍然可称为先前版标准中提及的"管理者代表(管代)"或称为"(质量)体系负责人",其任命与职责可写入《质量手册》,即:确保质量管理体系所需的过程得到建立、实施和保持;向最高管理者报告质量管理体系的绩效和任何改进需求;确保在整个组织内提高满足顾客与相关方要求的意识;联络与协调认证审核事宜
1.3　管理者代表组建体系,建立小组	质量管理体系建立小组应来自组织各职能与业务部门的领导与技术管理骨干,人数应至少占组织总人数 5%,这些人员也是内审员的主要来源,以制造型组织为例,来自采购、销售(营销)、生产、工程、品控、人力资源、研发、售后服务、储运等业务部门
1.4　体系小组及内审员 ISO 9000/9001 培训	初次建立体系的组织,体系相关培训至关重要,体系小组与内审员 ISO 9000 标准培训为 2 ~ 3 天、ISO 9001 标准培训为 2 ~ 3 天,内部审核培训为 2 ~ 3 天,体系文件(质量手册与程序文件)编制培训为 2 天
1.5　质量管理体系初步策划	策划包括认证审核范围(质量活动范围、区域、产品或服务)、《质量手册》与各级程序文件数量确定,现有质量管理文件融合进体系的方式,包括相关方要求与适用法规要求、客户要求实现途径融合进体系文件的方式,三级质量管理文件的类型、数量及其记录梳理融合要求等
1.6　全员质量管理培训	应针对最高管理者、行政管理层、技术与质量管理层、基层管理者、内审员、一线员工、现场长期承包商等制定不同类型与要求的全员培训计划,并策划必要的资金预算来确保完成
1.7　总经理发布质量方针	应在透彻理解标准特别是 5.2"方针"基础上,结合组织行业特点、自身愿景与战略制定适宜的质量方针,经最高管理者签署发布的质量方针可制成画框挂在组织的各场所,使得内部员工与来访的外部相关方人员能够容易看到
1.8　组织内外部体系环境因素确认及其风险、机遇识别与控制措施确定	在编制与发布《质量手册》之前,将其中 4.1"理解组织及其环境"及 6.1"应对风险和机遇的措施"要素要求先由组织中高管理层与管代、体系小组(包括内审员)共同达成,即编制出"影响组织质量管理体系输出能力的内外部因素相关信息监视与评审及其风险与机遇识别及控制措施一览表",其中控制措施可分散规定于《质量手册》、相关程序文件中或全部单独实施(以本一览表为管理平台)

续表 4-2

实施项目	实施项目简要说明
1.9 组织质量管理相关方及其要求确定，风险、机遇识别与控制措施确定	在编制与发布《质量手册》之前，将其中 4.2“理解相关方的需求和期望”及 6.2“应对风险和机遇的措施”要素要求先由组织中高管理层与管代、体系小组（包括内审员）共同达成，即编制出“影响组织稳定提供符合顾客及适用法规要求的产品（或服务）能力的质量管理有关相关方及其要求确定、监视与评审及其风险与机遇识别及控制措施一览表”，其中控制措施可分散规定于《质量手册》、相关程序文件中或全部单独实施（以本一览表为管理平台）。本表可与（1.8）合并，组成比较庞大与复杂的一览表
2.1 体系小组起草《质量手册》	《质量手册》应在完全理解 ISO 9001 标准要求、熟悉本组织各项质量管理活动属于标准哪个要素条款、策划现有书面性管理过程规定怎样融入标准要素条款基础上进行编制，且将对应的标准要求转化为适合于组织行业及自身特点与要求（包括已有的战略、使命、质量方针）的描述，起草好的《质量手册》应听取组织与质量管理相关所有管理人员的建议与意见。《质量手册》局部示例见第 6 章
2.2 体系小组起草程序文件	对于规模较小与业务流程相对简单的组织而言，程序文件可编制在《质量手册》之中。虽然标准未明确要求编制哪些程序文件，但就管理实践来看，高质量（涉及跨部门质量活动的）程序文件是实现质量方针与《质量手册》要求的有力保证，程序文件的数量应在十几个至几十个之间。部分程序文件示例见第 6 章
2.3 体系小组适用法规标准识别和评价	与组织质量管理相关的适用法规标准属于组织最重要的质量管理相关方（政府立法、司法与执法机构）要求，无论就 ISO 9001 标准还是强制性法规标准而言，都应充分收集识别、适用性评价与切实执行，并最好定期像环境和职业健康安全管理体系那样进行合规性评价，这也是满足标准 4.2 条款与对应 6.1 条款要求的最佳形式
2.4 各部门完善质量管理规定	原有的各部门管理规定（非 SOP）也可纳入质量管理体系文件范围，作为三级文件，其编号采用文件管理程序中规定的编号原则
2.5 各部门完善标准操作规程 SOP	无论建立质量管理体系之前有没有 SOP，都应该在建立质量管理体系过程中进行完善，原因之一在于 SOP 的模板与编号规则可能需要规范与完善，为实现各程序文件的要求也可能需要新增相应的不少 SOP，况且现有的 SOP 也需要依据组织质量管理体系与理念等的提升进行完善。制造型组织现场 SOP 的模板也见第 6 章
2.6 质量手册、程序文件审核和发布	《质量手册》与各程序文件在发布前应得到充分沟通，特别是质量管理活动的流程、负责部门（职责与权限）、协助部门、活动衔接口、各程序文件之间的兼容性与接口、引出的文件（SOP 等）与记录（记录形成方式与保存职责），正式发布后各涉及人员应进行培训
2.7 质量管理体系文件全员培训	跨部门执行的《质量手册》与各程序文件应在所有层面的管理性人员中进行培训，依据新格式编制的其他类型三级文件也要进行充分培训，目的之一是让相关人员彻底熟悉，以及从此走上依“法”有序进行质量管理活动的道路
3.1 体系试运行与完善	试运行就是《质量手册》、程序文件，产品标准、工艺标准、检验计划、SOP 等三级文件得到有效执行，包括记录有效性、活动流程与结果符合相应的规定，就初次建立基于 ISO 9001 质量管理体系的组织而言，需要至少运行三个月才能进行认证审核
3.2 最高管理者确定认证注册机构	目前我国质量管理体系认证机构达三百余家，数量居全球之冠，想要获得 ISO 9001:2015 标准证书需要寻求境外性质的认证机构，诸如 DNV、SGS，要获得 GB/T 19001—2016 标准证书，可从众多的国内认证机构中挑选，理论上所有证书的效力相等，但实际上含金量各有不同。不少情况下，是上级组织、关键客户等要求组织与其指定的“高等级”认证机构签订认证合同

续表 4-2

实施项目	实施项目简要说明
3.3　与认证机构签订认证服务合同	一般情况下，无论质量管理体系认证审核委托方是谁，都是由被审核组织与认证机构签订为期三年的认证合同，首次认证通过后，第二、三年还会进行监督性（认证）审核，其费用一般只有初次认证审核的 60%。可以将每次审核员的交通住宿费打包进认证费用之中，或者规定按照实际发生费用结算，此时最好应对交通与住宿等级予以明确规定
3.4　质量管理体系内部审核	初次内部审核会发现很多问题，且很可能集中在执行层面，即未按照程序文件、各三级文件的规定进行质量管理活动，相关记录不规范，当发现异常时未及时采取措施并予以记录，现场环境、管理状况、服务状态等未达到相应文件规定的要求
3.5　内部审核后纠正措施与完善	所有内审负面发现（不符合项、观察项目、建议项）应得到全部整改，不符合项应以纠正措施形式来整改，并由各审核小组长现场验证整改结果，原因分析不到位、措施不到位且近期内该不符合又重新出现的不符合纠正措施应视为无效，需要重新实施更有效的纠正措施
3.6　管理体系管理评审	就初次认证而言，管理评审应在内审后一个月进行，此时内审各项不符合项的纠正措施应当完成（特别是涉及各文件与记录及其执行的不符合项），管理评审是从全局对组织质量管理体系各层次文件与记录、执行效果、资源配置，特别是与内外部因素及有关相关方相关的风险与机遇管理措施落地的适宜性、充分性和有效性进行评价，并做出相应的改进决策与提供相应的改进活动资源，确保能够顺利通过认证机构的认证审核
3.7　管理评审后改进或纠正措施	管理评审最重要输出就是各项改进事宜决定，改进事项较多时应列出一览表，包括改进事项、改进要求、责任人、协助人、必要的资源落实、改进期限、验证人，较复杂改进也可按照纠正措施的形式实施，即由管代或类似职责人员向责任部门经理开具“纠正措施通知单”
4.1　第一阶段审核	第一阶段审核也叫作初访，主要是认证机构审核员对组织的各级质量管理体系文件进行评审，包括各级质量管理体系文件是否符合认证标准的要求，同时也会熟悉一下组织的生产或服务现场及其过程，最终对组织是否能够进行正式的认证审核做出结论，包括提出一些改进事项及其改进要求
4.2　第一阶段审核后的完善与改进	对第一阶段审核提出的改进事项，组织应尽快予以落实，并保留改进证据供第二次审核时由审核员进行验证
4.3　第二阶段现场审核	正式的审核（第二阶段审核）则以生产或服务活动现场为主，即主要考察与评价各级质量管理体系文件执行的符合性与有效性，特别是程序文件要求跨部门的各项质量管理，以及与组织相关的适用法规执行的符合性、风险与机遇监视评审及控制措施的符合性与有效性等，就制造型组织而言，所有的质量活动记录（包括产品与过程检测记录）也是审核关注的重点之一，当然组织年度质量目标及其层层分解落实情况也是重点之一。如果组织质量管理活动及其结果不存在系统性缺陷（诸如某一重要跨部门活动基本失控，如不合格品控制程序）或活动及其状况严重违反适用法规标准、产品或服务有严重违反相应标准与指南等的情形，只存在数量有限的轻微不符合项，审核小组会宣布现场审核通过（向认证机构技术委员会），推荐组织注册认证证书
4.4　第二阶段现场审核后的纠正措施	组织应在审核小组规定时限内就所有的不符合项实施纠正措施并提交证据，需要较长时间（三个月以上）才能完成的纠正措施，诸如需要投资改造的项目等，则可列出详细的实施计划，应在规定时限之前向审核组长提交组织的质量管理体系审核纠正措施报告
4.5　取得 ISO 9001:2008 质量管理体系证书	纠正措施报告通过认证机构审核后，即可获得质量管理体系认证证书

注：就像在其他章节多次提及的那样，管理者代表并非新版标准强制要求，但任命一名很有必要。

第2节　建立 ISO 9001:2015 需编制的文件与保持的运行记录说明

《质量方针》与《质量手册》是组织质量管理体系最高层次文件，俗称一级文件，而支持一级文件的是数量庞大的程序文件（名称可以有差异，诸如某程序、某规定、某流程等），程序文件规定的质量管理活动如果都达成预期目标，一级文件中的质量宗旨与战略自然达成。程序文件以下更是繁杂的三级文件，包括程序文件引出的文件与执行记录、各类标准、操作记录等。建立基于 ISO 9001 质量管理体系的好处之一就是可以将所有的与质量管理相关的文件与记录全部按照标准要素顺序，构成一个完整的文件系统，为质量持续改进与提升提供坚实可靠的平台。

一旦组织建立完整的质量管理文件与记录系统，且过程管理及其产品或服务质量符合法规与顾客要求，通过质量管理体系认证就是水到渠成的事情了。一个规模较大的制造型组织质量管理体系二、三级文件清单按照 ISO 9001 标准要素排列的示例见表 4-3。

表 4-3　制造型组织质量管理体系二、三级文件与记录清单示例

文件与记录标准要素	程序文件名称	程序文件引出的文件与记录名称
4　组织环境		
4.1　理解组织及其环境	《公司质量管理体系内外部环境因素识别、监视与评审管理程序》	《公司质量管理体系内外部环境因素识别、监视与评审一览表》
4.2　理解相关方的需求和期望	《公司质量管理相关方及其要求识别、监视与评审管理程序》	《公司质量管理相关方及其要求识别、监视与评审一览表》
4.3　确定质量管理体系的范围		
4.4　质量管理体系及其过程		
5　领导作用		
5.1　领导作用和承诺		
5.1.1　总则		
5.1.2　以顾客为关注焦点	《顾客要求确定、理解与持续满足管理程序》	《顾客要求确定、落实与持续满足一览表》
	《适用质量管理法规标准识别、遵守与合规评价管理程序》	《公司适用质量管理法规标准清单》《公司适用质量法规标准适用性评价表》《公司适用质量管理法规标准合规性评价表》《纠正措施通知单》《公司适用质量管理法规标准合规性评价汇总分析报告》
5.2　方针		
5.2.1　制定质量方针		《质量方针》
5.2.2　沟通质量方针		《质量方针镜框悬挂位置清单》《质量方针沟通记录表》
5.3　组织的岗位、职责和权限	《公司岗位、职责和权限管理程序》	《公司质量管理责任权限分配一览表》

续表 4-3

文件与记录标准要素	程序文件名称	程序文件引出的文件与记录名称
6　策划		
6.1　应对风险和机遇的措施	《质量管理风险和机遇评估、应对措施及其评价管理程序》	《质量风险识别、评估和应对措施制定与有效性评价以及机遇识别与把握一览表》《(各)高等级质量管理体系风险应急预案》《风险(事件)关联信息日常关注与监视记录》《ABC 风险应对措施相关的机遇及其把握落地信息汇总表》《ABC 质量管理风险处置记录单》
	《质量危机管理程序》	《质量危机识别、评估与控制措施及其有效性评价一览表》 《质量危机处置预案》《质量危机处置记录》
6.2　质量目标及其实现的策划	《质量目标策划、实施、评价与改进管理程序》	《公司 201×年度质量目标一览表》《(各)部门质量目标分解落实一览表》《月度质量目标实现进展统计表》
6.3　变更的策划		
7　支持		
7.1　资源		
7.1.1　总则		
7.1.2　人员	《员工招聘管理程序》	《员工招聘需求申请表》《新员工面试与评价表》《新员工录用通知单》《劳动合同》《新员工上岗前内部法定培训记录表》《新员工试用期评价表》《(各)岗位招聘人员最低资格与技能标准一览表》
7.1.3　基础设施	《设备设施管理程序》	《设备设施添置与更新评估表》《设备设施添置与更新决定书》《合格设备实施合格供应商名录》《设备设施选型评审表》《设备设施购置招标公告》《设备实施购置标书开标会议纪要》《设备设施采购中标告知书》《设备设施购买合同》《设备设施安装与验收报告》《(各部门)设备设施清单》《(各)设备设施维护台账》《(各)设备设施日常保养点检表》《月度设备设施故障与维修时间统计表》《设备设施报废评估与实施记录表》《设备设施标准》
7.1.4　过程运行环境	《员工满意度调查与改进管理程序》	《员工满意度调查表》《员工满意度调查结果分析报告》《员工满意度提升举措识别、评估、实施与实施效果记录表》
7.1.5　监视和测量资源	《计量与检测仪器仪表管理程序》	《监视与检测仪器仪表一览表》《监视与检测仪器仪表内部校准记录》《监视与检测仪器仪表外部校准与检定报告》《监视与检测仪器仪表日常维护记录》

续表 4-3

文件与记录标准要素	程序文件名称	程序文件引出的文件与记录名称
7.1.6 组织的知识	《公司核心人才与技术知识库管理程序》	《公司核心人才评定标准》《公司核心人才库一览表》
7.2 能力	《员工技能认定管理程序》	《员工技能汇总表》《员工技能认定公告》
	《员工培训管理程序》	《年度培训需求确定表》《年度员工培训计划》《培训策划与实施表》《法定资质人员信息一览表》《培训费用申请表》《内部培训标准课件清单》《内部培训教师一览表》《合格外部培训机构名录》
7.3 意识		
7.4 沟通	《内外部质量沟通管理程序》	《月度质量会议纪要》《质量监管机构沟通记录》《外部相关方来访接待记录》《经销商大会纪要》《媒体沟通纪要》《消费者来厂接待记录》《公司年度质量管理大会纪要》《就重大质量问题与外部供方沟通会议备忘录》等
7.5 成文信息		
7.5.1 总则		
7.5.2 创建和更新	《文件控制管理程序》	《公司质量体系程序文件及其执行记录清单》《公司质量体系标准清单》《公司质量体系记录清单》《总部适用质量管理文件清单》《公司适用质量管理法规标准清单》
7.5.3 成文信息的控制	《记录管理程序》	《程序文件执行记录清单》《SOP 执行记录清单》
8 运行		
8.1 运行的策划和控制	《产品、生产工艺技术标准管理程序》	《产品标准清单》《制造技术标准清单》(工艺标准)《制造管理标准》(更细化分类见表 4-4)
	《工艺调整与变更管理程序》	《工艺调整与变更通知单》
	《SOP 管理程序》	《SOP 清单》(更细化分类见表 4-4)
	《过程产品检验管理程序》	《生产现场过程产品检验计划》《生产现场过程产品检验记录》
	《工艺与产品异常管理程序》	《工艺与产品异常处置报告书》《纠正措施通知单》
	《外包过程管理程序》	《外包过程管理信息一览表》《外包合同》《外包过程日常监测记录》《纠正措施通知单》《外包过程质量管理业绩评价表》
	《试验管理程序》	《试验计划决定书》《试验报告》
	《产品储运管理程序》	《产品仓储标准》《产品运输标准》《仓库管理记录》《运输管理记录》

续表4-3

文件与记录标准要素	程序文件名称	程序文件引出的文件与记录名称
8.2　产品和服务的要求		
8.2.1　顾客沟通	《销售合同与订单管理程序》	《销售合同》《销售订单》《订单变更评审记录》
8.2.2　产品和服务要求的确定		
8.2.3　产品和服务要求的评审	《库存、订单与生产计划编制管理程序》	《生产计划》《生产原料与包装材料库存日报表》《成品库存日报表》《成品出货日报表》
8.2.4　产品和服务要求的更改		
8.3　产品和服务的设计和开发		
8.3.1　总则	《新产品开发管理程序》	"新产品(/服务)设计开发项目计划书(包括最终产品/服务特性标准、行业规范和/或参考资料书籍目录)"
8.3.2　设计和开发策划		
8.3.3　设计和开发输入		
8.3.4　设计和开发控制		《新产品(策划阶段)设计方案评审报告(纪要)》《新产品开发项目任务书验证报告(纪要)》《新产品测试与试用(确认)报告》
8.3.5　设计和开发输出		
8.3.6　设计和开发更改		《新产品设计方案评审后变更管理记录》《新产品开发项目任务书验证后变更管理记录》《新产品测试与试用(确认)后变更管理记录》
8.4　外部提供的过程、产品和服务的控制	《供应商评估、选定与业绩评价管理程序》	《供应商现场考察评估与选定记录表》《采购合同》《采购订单》《201×年度供应商业绩评价表》《合格供应商名录》《不合格采购材料处置单》《纠正措施通知单》《201×年度供应商业绩评价会议纪要》
	《承包商评估、选定与业绩评价管理程序》	《承包商考察评估与选定记录表》《合格承包商名录》《承包服务合同》《201×年度承包商业绩评价表》《201×年度承包商业绩评价会议纪要》《纠正措施通知单》
	《服务商评估、选定与业绩评价管理程序》	《服务商考察评估与选定记录表》《合格服务商名录》《服务合同》《服务商业绩评价表》《201×年度服务商业绩评价会议纪要》《纠正措施通知单》
8.4.1　总则		

续表 4-3

文件与记录标准要素	程序文件名称	程序文件引出的文件与记录名称
8.4.2 控制类型和程度	《原材料采购控制程序》《辅助材料与工程助剂采购控制程序》《包装材料采购控制程序》	《合格供应商名录》《采购合同》《不合格采购产品评审与处置单》《纠正措施通知单》
	《检验设备与装置采购控制程序》	《检验设备与装置合格供应商名录》《采购合同》《检验设备与装置日常维护记录》《检验设备与装置售后服务记录》
	《生产设备采购控制程序》	《生产设备合格供应商名录》《采购合同》《设备安装与验收记录》《生产设备日常维护记录》《生产设备供应商售后服务记录》
8.4.3 提供给外部供方的信息		
8.5 生产和服务提供		
8.5.1 生产和服务提供的控制	同 8.1 对应的程序	
8.5.2 标识和可追溯性	《产品标识与可追溯性管理程序》	《原料、辅料与添加剂批次使用记录》《采购产品批次记录》《生产过程(批次)记录》《成品批次标识》
8.5.3 顾客或外部供方的财产	《客户与外部供方财产管理程序》	《客户与外部供方财产交接记录单》《客户与外部供方财产管理清单》《客户与外部供方财产管理台账》《客户与外部供方财产丢失、损坏与自然劣化报告》
8.5.4 防护	《产品防护管理程序》	《采购产品储存条件与管理标准》《半成品储存条件与管理标准》《成品储存条件与管理标准》《成品质量标准(包装要求)》《产品运输与交付管理标准》《纠正措施通知单》
8.5.5 交付后活动	《售后服务管理程序》	《顾客投诉登记表》《顾客投诉处置单》《月度顾客投诉汇总表》《顾客投诉分类与处置决定权限标准》《纠正措施通知单》《顾客表扬登记表》《市场反馈信息处置单》
8.5.6 更改控制		《内部原因影响产品交付/服务提供变更评审记录》《客户原因影响产品交付/服务提供变更评审记录》《相关方原因影响产品交付/服务提供变更评审记录》
8.6 产品和服务的放行	《产品出厂检验与交付管理程序》	《产品出厂检验记录》《产品出厂检验报告》《产品出厂合格证》《产品出入库日报表》《产品提货单》《产品出货单》《产品出货可追溯性记录表》
8.7 不合格输出的控制	《不合格品控制程序》	《不合格品严重程度分类判定一览表》《不合格采购产品评审与处置单》《不合格半成品评审与处置单》《不合格成品评审与处置单》《月度不合格品控制信息汇总表》

续表 4-3

文件与记录标准要素	程序文件名称	程序文件引出的文件与记录名称
9　绩效评价		
9.1　监视、测量、分析和评价		
9.1.1　总则	《质量管理体系监视与测量管理程序》	《产品检验月度汇总分析表》《质量目标月度跟踪记录》《产品委托型式检验结果汇总表》《政府机构产品抽检结果汇总表》《外部第二/三方审核不符合项纠正措施(或整改)汇总表》《供应商、承包商与服务商业绩评价及后续纠正措施汇总报告》《内审报告》《管理评审报告》等
9.1.2　顾客满意	《顾客满意调查与改进管理程序》	《客户(产品和/或服务)满意度调查表》《顾客满意度调查汇总分析报告》《纠正措施通知单》《消费者(产品和/或服务)满意度调查表》《消费者满意度调查汇总分析报告》《质量持续改进通知单》
9.1.3　分析与评价		
9.2　内部审核	《内部审核管理程序》	《内审员资格评定标准》《内审员任命书》《内审员管理台账》《年度内部审核方案》《内审计划》《内审清单》《内审报告》《纠正措施通知单》《内审不符合项纠正措施实施信息汇总表》
9.3　管理评审		
9.3.1　总则	《质量管理体系管理评审程序》	
9.3.2　管理评审输入		《内外部质量体系环境相关方变化信息汇总》《上次管理评审决定事项落实汇总》《顾客满意度调查汇总分析报告》《公司质量目标实绩汇总》《部门质量目标实绩汇总》《采购产品总体质量及不合格处置汇总》《半成品与成品总体质量及不合格处置汇总》《纠正措施实施汇总报告》《外部供方业绩评价汇总报告》《认证审核不符合项纠正措施汇总》《内部审核不符合项纠正措施汇总》《资源充分性分析与改进报告》《应对风险与机遇措施有效性汇总报告》《改进意见与建议报告》《(各)程序文件实施有效性与完善建议》(监督评价责任者提供,参见表 3-4)《外包过程质量管理业绩评汇总报告》《质量体系文件发布与完善性修订汇总说明》《质量管理构架与职责调整汇总说明》《设备设施改进汇总说明》《外部质量沟通汇总说明》(质控部、营销部、采购部与管代分别提供)《技术改造与新产品开发汇总说明》《产品市场占有率变化说明》《外部质量监管机构产品内外部抽检结果说明》《(各部门)质量改进意见与建议落实情况说明》《员工满意度调查结果及其改进措施落实报告》

续表 4-3

文件与记录标准要素	程序文件名称	程序文件引出的文件与记录名称
9.3.3 管理评审输出		《管理评审会议纪要》《管理评审决定事项实施记录表》
10 改进		
10.1 总则		
10.2 不合格和纠正措施	《不合格、不符合及其纠正措施管理程序》(或《纠正措施管理程序》)	《纠正措施通知单》(针对不合格(所有类型)产品、不合格服务、内审负面发现、第二/三方审核负面发现、日常检查(程序文件执行)发现的不符合、管理评审不符合事项、政府监管机构检查负面发现、顾客投诉、满意度调查结果分析出的不符合、外部机构产品抽检的不合格等)
10.3 持续改进	《质量管理体系持续改进管理程序》	《行业质量管理标杆指标对比分析报告》《质量持续改进通知单》
	《员工质量改进建议与提案管理程序》	《质量改进建议与提案申报表》《质量持续改进通知单》

就制造型组织而言,表 4-3 中《产品、生产工艺技术标准管理程序》所引出的标准也是一个不小的系统,常见的标准见表 4-4。

表 4-4 制造型组织质量管理体系标准类别示例

标准类别			标准来源
产品标准	采购产品标准	原料标准	国标、行标、地标或企标
		添加剂(含加工助剂)标准	国标、行标
		清洗剂和消毒剂标准	国标、行标
		产品直接接触过滤介质标准	国标、行标或企标
		包装材料标准	国标、行标或企标
		工程介质与材料标准	国标、行标或企标
	半成品标准		行标或企标
	成品标准(内控标准、国家标准)		国标、行标、地标或企标
制造技术标准(工艺标准)	生产工艺标准		行业规范、内部规范
	包装工艺标准		行业规范、内部规范
	工程工艺标准		行业规范、内部规范
	产品仓储标准		行业规范、内部规范
	产品运输标准		行业规范、内部规范
制造管理标准	生产过程质量控制表(QC 工程表)		行业规范、内部规范
	管理者用生产过程质量控制关键点巡查表		行业规范、内部规范
	生产现场检测计划		行业规范、内部规范
	产品检验计划		产品标签声明标准

续表 4-4

标准类别		标准来源
操作标准	(现场)标准操作规程(SOP)	行业规范、内部规范
	检测与检验(SOP)	国标、行标、企标
	监视与测量装置(仪器仪表)校准(SOP)	国标、行标、企标
	采购管理(SOP)	行业规范、内部规范
	客户订单管理(SOP)	行业规范、内部规范
	产品储运管理(SOP)	行业规范、内部规范
	售后服务管理(SOP)	行业规范、内部规范
人员标准	岗位描述	行业规范、内部规范
	内审员资格评定标准	行业规范、内部规范
	公司核心人才评定标准	行业规范、内部规范
设备设施标准	厂房标准	国标、行标
	产品储存场所标准	国标、行标或规范
	车间环境标准	国标、行标或规范
	生产设备标准	国标、行标或规范
	工程设备标准	国标、行标或规范
	检验设备标准	行标、行业规范或内部规范
	内外部运输工具标准	行业规范或内部规范
	通信与办公设备配置标准	行业规范或内部规范

注:SOP 为 Stand and Operating Procedure 的简写,意义为标准作业程序,余同。

第5章 ISO 9001:2015 质量管理体系内部审核指南

内部审核是质量管理体系标准及其运行要求的重要组成部分，内审员培养与选拔、内审流程（包括审核清单、审核原则、首末次会议、审核技巧、审核发现、审核报告）、内审负面发现纠正措施等基本上参照认证审核模式进行，后者依照《管理体系审核指南》GB/T 19011/（ISO 19011）实施，本节核心内容参考该标准以及多年的各类型组织咨询实践编制，具有很强的实用性、规范性与权威性。

当然，站在建立与实施基于 ISO 9001:2015 质量管理体系组织的最高层面来看，内部审核不是万能的，特别在内审员本身素质及行政管理级别不高、最高管理者不理解与不重视质量管理体系以及管理者代表（或称为体系负责人）职责权限与资源不充分的情形下更是如此。本章及本书的目的不仅是为培养合格内审员提供帮助，而且为使内审员水平达到外部认证审核员水平提供可能，这对于组织通过认证审核来不断提升质量管理水平具有保证性意义。

第1节 ISO 9001 标准中内部审核条款解读

ISO 9001:2015 标准中有关内部审核的条款（楷体字）如下。针对与审核有关的所有术语及其定义的理解详见第2章第3节。

9.2 内部审核

9.2.1 组织应按照策划的时间间隔进行内部审核，以提供有关质量管理体系的下列信息：

a）是否符合：

1）组织自身的质量管理体系要求；

2）本标准的要求；

b）是否得到有效的实施和保持。

【解读】 组织每年年初应当对本年度的质量管理体系内部审核做出安排，即一般先由管理者代表（或与其职责相当的其他称呼，如体系负责人）编制年度质量管理体系内部审核方案，再由最高管理者批准后实施，每次具体的内部审核（如果每次内审都覆盖组织的所有质量管理体系过程与部门的话）的目的是：

通过审核发现与审核结论来评价组织质量管理体系：

a）是否符合：

1）组织自身的基于 ISO 9001:2015 质量管理体系（各级文件）要求；

2）本标准（ISO 9001:2015 标准）的要求；

b）是否得到有效的实施和保持。

不过，由于内审员基本上都参与了组织基于 ISO 9001:2015 质量管理体系的建立过程，无论自建还是请外部咨询师帮忙建立，都是在理解 ISO 9001 标准体系并与本组织具体情况相结合的基础上来建立以各级文件为载体的质量管理体系，也就是说，要想在内审中由内审员发现组织质量管理体系各级文件及其运行不符合 ISO 9001:2015 标准的要求是很难的、几乎不可能的事情，除非在最高管理者或管理者代表（简称“管代”，也可称为“体系负责人”）的支持下，管代或个别内审员（如担任内审组长的内审员）

其水平达到了认证机构审核员的水平（本书作者认为，如果各位内审员通过培训或持续性自学，通读、真正理解、掌握并灵活运用了本书的内容，就已经达到了外审员的水平，或者说本书作为外审员培训教材也是充分与适宜的，特别是本书第 2、3 章中对术语及 ISO 9001:2015 标准的理解与解读，目前处于国内领先水平）。

就内审而言，所谓质量管理体系“是否得到有效的实施和保持”主要是指：

(1) 各级质量管理体系文件是否得到有效执行：可以通过查看现场操作记录、程序文件实施记录、过程管理状态、产品管理或服务管理状态等来进行；

(2) 各项质量管理指标，包括年度质量目标及其层层分解到具体责任人的质量目标，是否全部达成，或从其已有阶段性业绩趋势判定，最终可以达成。质量管理指标包括产品合格率、投诉率、产品能源资源单耗、生产效率、过程质量异常件数、设备故障率、客户订单履行率，甚至销量、生产计划达成率、市场占有率等。这些业绩可以从现场记录数据、月度报告数据、KPI 考核输入信息等途径获得。

所以，组织质量管理体系内部审核就是评价质量管理体系符合性与有效性的过程，一般达不到评价体系充分性、适宜性方面的功能，除非是那些大型的管理水平与意识高度国际化且内审员层次、地位、授权与素质非常高组织的内部审核。

9.2.2　组织应：

a) 依据有关过程的重要性、对组织产生影响的变化和以往的审核结果，策划、制定、实施和保持，审核方案包括频次、方法、职责、策划要求和报告；

b) 规定每次的审核准则和范围；

c) 选择审核员并实施审核，以确保审核过程客观公正；

d) 确保将审核结果报告给相关管理者；

e) 及时采取适当的纠正和纠正措施；

f) 保留成文信息，作为实施审核方案以及审核结果的证据。

注：相关指南参见 ISO 9011。

【解读】　审核方案是对组织全年（或方案规定的具体时段）内具体每次审核的总体策划性安排，可能每次审核的范围（例如部门）和准则都不一样，这样就需要方案中针对每次具体内审，规定不同的准则与范围，当然方案中还需规定其方法、职责（可预先确定每次内审的审核组长乃至内审成员）。

总的原则是内审员不能审核自己所负责的部门、场所与过程，这是底线，最好也不要审核自己所在的部门，这有时是做不到的，可能基于内审员数量不够或者懂本部门业务与技术的内审员很少或没有。

审核组长（很多组织内审组长由管代担任）需要在内审完成后编制内审报告，并呈报最高管理者、抄报各被审核部门经理。

针对内审中的不符合项，一般由审核组长开具《纠正措施通知单》（或《纠正措施实施（记录）单》等，名称各异），交被审核部门经理实施，包括纠正（是否需要先纠正视情况而定）、原因分析、纠正措施计划、纠正措施实施及其证据描述在内的纠正措施。

所有的与内部审核相关的《年度内审方案》《内审通知》《首末次会议签到表》《审核清单及其审核记录》《内审报告》《不符合项一览表》《纠正措施实施记录》等，需要集中保存，这些文件性证据是外部认证审核必须重点查看的审核证据。

第 2 节　质量管理体系内部审核特点、原则与内审员

2.1　质量管理体系内部审核特点

无论是认证审核还是内部审核，质量管理体系审核有如下特点。

2.1.1　被审核的质量管理体系必须是正规的

所谓正规就是体系文件完整、符合管理体系标准要求，并持续有效运行一段时间，如此才有被评价的可能和必要。

2.1.2　质量管理体系审核必须是一种正式、有序的活动

所谓正式是指认证审核有合同授权，内部审核有最高管理者授权；所谓有序，是指审核按照一套完备的程序实施，如认证审核依照 ISO 19001(GB/T 19001)、内部审核依照体系的内部审核程序文件。一次审核过程包括制订审核计划和相关准备、召开首次会议、现场审核、作不符合报告、召开末次会议、编写审核报告、不符合项的纠正措施以及验证等。

2.1.3　质量管理审核必须是一种独立的活动

所谓独立的活动是指审核员与被审核对象之间没有隶属关系、利益关系或利益冲突；当然就内部审核而言，最好能够单独实施，不过与其他检查、监察类活动相融合，也是没有关系的，甚至内部审核以另外的名称进行也无所谓，只要在《质量手册》或《内部审核管理程序》中阐述清楚就行。

2.1.4　管理体系审核是形成文件的过程

所谓形成文件的过程是指整个审核过程会编制一些文件，如《审核计划》《审核清单》《不符合项清单》《审核报告》，以及产生一些记录，如审核记录、不符合项纠正措施记录等。

2.1.5　质量管理体系审核是一种抽样过程

特别是对于认证审核，个别组织通过种种不可取的手段有意将可能产生不符合项的信息掩盖和藏匿起来，使审核员抽查不到这些信息，从而误导审核过程和审核结论。由于认证审核是一种抽样量相对较少的过程，故存在统计学上的两类风险，即所谓“弃真”(少量不利的信息恰好被抽查到)以及“存伪”(少量的有利信息恰好被抽到)，这也是审核首次会议时审核组长要必须说明的内容之一。对于内部审核而言，往往都是接近全数抽样的形式进行，尽量将所有问题暴露出来进行有效整改(纠正措施)，来促进持续改进是许多组织最高管理者的意识之一。

2.2　质量管理体系审核原则

无论内部审核还是认证审核，审核的特征在于审核员在审核过程中必须遵循相应的若干原则，这些原则使审核成为评价组织管理体系运行符合性和有效性的可靠工具，并为组织提供可以持续改进其管理绩效的宝贵信息。遵循这些原则是得出相应和充分审核结论的前提，也是审核员独立工作时，在相似情况下得出相似结论的前提。依据标准认证审核应遵循的标准以及对应参考的内部审核应遵循的原则见表 5-1。

表 5-1　审核原则相关要求一览表

审核原则		认证审核应遵循的原则	内部审核对应可参照的原则
与审核员有关的原则	诚实正直	诚实、勤勉、负责任:言行一致、履行约定、获取信誉	挑选公信力高的内审员组成审核小组
		了解并遵守适用法规	十分熟悉质量相关的适用法规标准
		工作中体现能力	专业技术能力强
		不偏不倚:立场公正、不带偏见、不预先设定结论	选择正直人员培养成内部审核员
		谨慎:审核证据要多方验证、审核发现要仔细推敲、审核结论要科学合理	审核证据要有代表性、审核发现要以理服人、下审核结论前与管代沟通确认
		正直:公正坦荡、有一说一、非阿谀奉承、非装腔作势、非以势压人	在审核时忘记与审核对象之间的职位、职责权限的差异,审核对象同时也是被审核对象
	公正表达	审核发现、审核结论与审核报告真实、准确反映审核活动	不将个人情绪、同事间关系的好恶等因素及预先印象带入审核
		报告审核中重大障碍与没有解决的分歧意见	产生分歧时找管代裁决
		沟通真实、准确、客观、及时、清楚和完整	真实、专业、准确地表达思维和结论
	职业素养	以勤奋与专业技术素质赢得信任	专业知识过硬、管理体系文件熟悉、审核知识熟悉与技能熟练
		有能力做出合理的审核判断:审核证据有效、审核发现合理、审核结论正确、有效	
	保密性	不以伤害被审核方合法利益方式使用审核信息	不得向外部尤其是竞争对手透露审核信息
		保守秘密:所见所闻不得向任何第三方泄露,除非应法律要求或获得许可	除非工作需要或领导许可,不要向组织内其他人谈论审核证据与发现
与审核有关的原则	独立性	公正性:审核发现和审核结论仅建立在审核证据基础之上	审核小组来自最高管理者充分授权、对严重的审核冲突必须及时、科学、公断
		客观性:以客观心态不受干扰的合理抽样获取具有代表性的客观证据	明白审核发现有好与不好之分,防止扩大抽样量,导致审核发现向不好转化的惯性思维和倾向
		无利益冲突:任何审核发现和结论不会给审核员带来直接的利益影响	组织应具技巧性地运用审核发现作为持续改进输入,并着重宣传和贯彻对事不对人的审核理念
	基于证据的方法	从具有代表性的客观证据中提取与审核目的及审核准则相关的审核证据	更多地通过产品与过程测量分析数据、专业理论推演等方式,实证审核信息,取得审核证据
		审核抽样量合理,且样本具有可获取的信息	可全检,不过偶尔小问题口头提出就行
		依据能够证实的审核证据,得出可信的和可重现的审核发现和审核结论	审核发现要符合专业逻辑与体系规定,审核结论要兼顾鞭策和鼓励

2.3　内部审核员相关事宜

内审员或内部审核员,是“内部管理体系审核员”的简称,内审员与审核员形成过程的信息比较见表 5-2。

表 5-2 审核员相关信息比较一览表

项目	认证审核员	内部审核员
人员入门资格	见(中国认证认可协会英文简称)文件《管理体系审核员注册准则》: 第 2 章 注册要求 A.1 质量管理体系审核员特定要求	组织的管理人员和技术人员,以及少量优秀的其他人员
培训	(2015 年起)无要求	可参加外部培训、内部培训或由体系咨询机构提供的培训
考试	参加 CCAA 举办的考试,考试科目为(注册实习审核员)基础知识和(注册审核员)审核知识与技能,考试有《质量管理体系审核员考试大纲》,考试每年举办 4 次,即每个季度末的周末	通常情况下考试合格取得所谓内审员证书,再由最高管理者聘请为组织相应体系的内审员(发个任命书文件即可)
入行注册	基础知识考过后,通过 CCAA 网注册申请为实习审核员,无须审核经历要求。在参与 4 次完整相应领域质量管理体系审核后,可申请注册为审核员,事先通过 CCAA 审核知识与技能考试,取得审核机构审核员及以上人员进行审核现场见证并提供见证审核意见	没有国家统一注册,纯属实施管理体系组织的内部行为,标准中甚至没有"内审员"一说
级别分类	分为实习审核员、审核员和主任审核员	无级别分类
审核资格	实习审核员不能单独进行审核,必须在审核组长(审核员或主任审核员)指导下审核	老资格者为内审组长
审核能力评定	对审核员和主任审核员的现场审核表现会有不定期的 CNAS 见证人员予以评价;认证机构也会定期评价审核员	能力由组织确认,有时需向审核员提供内审员相关证明能力信息

各类组织多年的管理体系实施实践证明,内部审核员(内审员)素质不仅直接关系体系内部审核的水准和有效性,也关系到整个体系运行的有效性。最佳的情形是组织的最高管理层、体系管理者代表(或体系负责人)以及部分中层管理人员和技术人员参加内审员培训且达到应有水平,并轮流参加管理体系的内部审核,这样既能够提升包括审核在内的管理技能,又能对下属或平行部门的工作增添更深入的了解。内部审核搞得好的组织,往往是所有最高管理层人员齐上阵,其他管理人员和内审小组成员个个"摩拳擦掌、跃跃欲试",几天审核下来,不仅发现了不少问题,而且通过审核沟通与最高管理者的认同和鼓励,极大增强了对管理体系的认同感和执行力,真正体现"领导作用和全员参与"的管理原则,使管理体系成为组织高效管理与持续改进的最佳平台。

内审员在组织质量管理体系中的重要作用包括:

(1)建立作用,往往参与组织首次建立基于 ISO 9001 标准质量管理体系的人员是组织内审员的主要来源,没有这些人的能力,组织不可能通过自身或外部咨询师帮助建立起质量管理体系;

(2)监督作用,通过内审活动评价体系的运行,及时发现和解决问题;

(3)参谋作用,对质量管理体系的保持与改进起参谋作用,针对在内审、日常管理、过程活动中所发现的不符合项能够提出有针对性的纠正措施建议,在认证审核时尤为如此;

(4)纽带作用,在质量管理方面起沟通和纽带作用,在日常的质量管理体系运行中通过与基层员工的沟通交流,可以向他们示范质量管理的原则、术语及其应用,也可以传达管理层在质量方面的政策和意图,还可以将员工对质量管理方面的意见建议向管理层反映,以及融合进各级质量管理体系文件之中;

(5)融合作用,在第二、三方审核中作为向导起到内部人员与外部审核人员的"接口"作用,不但有利于被审核对象与这些审核员的有效沟通,也有利于学习、模仿外部审核员的长处与经验,能够提醒被审核对象可提供怎样的、符合审核员审核问题或主题要求的证据，并见证整个审核过程，避免审核员不恰当、不科学、不规范的审核行为与形成的审核发现；

(6)示范作用，内审员利用其对质量管理体系标准、要求以及内部各级文件特别是程序文件等理解透彻的优势，在日常工作中带头认真执行和贯彻有关的质量标准、程序文件、检验计划、纠正措施等，能够在质量管理体系的有效实施方面起示范性作用。

第 3 节　审核与审核过程的认识误区

从我国认证行业 30 多年的认证审核实践可以看出，许多初入行的审核员（无论审核员还是内审员）对审核有不少认识误区，最常见的有：

(1)审核就是寻找不符合项，找不出不符合项是不行的，为此增大抽样量甚至地毯式检查也在所不惜，导致原因为不了解审核的目的与原则。

(2)把审核对象当“学生”看待，一副“老师”考“学生”的架势。

(3)本来就对审核对象专业领域不熟悉，仍然提出一些看似严肃合理，实际上滑稽可笑的主张或建议。

(4)“天真地”认为管理体系可以解决组织的一切问题，提出的不符合项或建议有时超出管理体系管理范围，殊不知仅仅围绕审核准则查看相应的审核证据才是根本。

(5)过分地强调“标准规定应该这样做”，其实所有管理体系标准所规定的只是管理活动的一些原则与思路，具体如何去实现这些原则和体现这些思路是组织自己决定的事情，每个组织体现符合认证标准的形式可能是不一样的，不会千篇一律。关键是随着 ISO 9001 标准体系的不断换版升级，就标准本身而言，其要求越来越显得非常灵活，而非以前的僵硬。

审核员个人基本素质要求（主要的非智力因素与部分智力因素）与应避免出现的不良特性与审核习惯，见表 5-3。

表 5-3　审核员个人基本素质要求和应避免出现的不良特性与审核习惯

ISO 19001 体系中的要求	应有的表现形式	应避免出现的不良特性与审核习惯
有道德	公正、可靠、忠诚、诚实和谨慎	不把审核对象审得难受与“缴械”不罢休
思想开明	愿意考虑或采纳不同的意见和观点	审核员就是老师和专家，没有不对的时候
善于交际	主动灵活地与人交往	盛气凌人、死板、严肃，使审核对象紧张
善于观察	主动对环境、活动、信息以及审核对象心理的明察秋毫	习惯于看表面，不善于逆向等复杂的追踪，容易被审核对象蒙蔽、糊弄
有感知力	本能地了解和感知环境	感知力差，容易被审核对象牵着鼻子走
适应能力强	容易适应不同的情况	对新的审核环境有明显的适应期
坚韧不拔	对实现目标的坚持不懈	难以坚守审核原则与宗旨，有时使审核变成了平常的交心、谈心
明断	及时依据逻辑推理和分析得出科学合理的结论	缺乏逻辑思维与推断能力，对审核发现的判断不果断、含糊不清或难以服众
自立	在同他人有效交往中独立工作并发挥作用	一个人成组独立审核时难以发挥全部能力
与时俱进	愿意学习新的知识、技能	吃“老本”，对新的东西抵触
文化敏感	善于观察与尊重受审核方文化	以自我为中心，不愿意“入乡随俗”
协同力	能够有效地实施沟通交流	表达能力不够、倾听意愿不强烈

组织有关人员(诸如不太懂得标准与管理原则的最高管理者、什么都交给内审员解决的管理者代表或体系负责人,或者不懂 ISO 9001 标准体系的各级管理者)对认证审核和内部审核理解存在一些误区,这些误区有时会严重制约组织达成管理体系的充分性和有效性,常见的错误理解和做法如下:

(1)对于审核严格认真的审核员下次审核时要求认证机构换人,最好是“好说话”的审核员;对于那些审核认真仔细且“不讲情面”“对事不对人”的内审员最好不要安排进审核组,否则不符合项多了,就是否定最高管理者的管理绩效。

(2)负面的审核发现(不符合项)越多,就是越不给组织或对象面子,最好是一个不符合项都没有;审核员总是盯着不利的审核证据,好的审核证据总是一带而过。

(3)哪个部门不符合项越多,说明其管理越差;本部门领导叮嘱本部门内审员审核其他部门时多找些不符合项;不管是认证审核还是内部审核,部门之间凭不符合项多寡论优劣。

(4)审核最高管理者或管理者代表(或体系负责人)时,无论如何不能开具不符合项,否则审核员或内审员要“遭殃”。

(5)内部审核中,当内审员职位低于审核对象时,潜规则是走走过场,发现问题时要“大事化小,小事化无”。

(6)审核方式、抽样方式、清单内容甚至问题多年不变,连审核对象都熟悉了。

(7)审核不看持续改进、组织绩效、关键过程、员工管理技能和意识等主要方面,而是将主要注意力放到文件发放及清单是否符合、记录填写是否清晰完整等次要方面。

(8)内审中完全没有过程审核的概念,很少考虑某个过程,诸如“不合格品控制程序”总体实施的有效性,即启动机制是否健全有效,所有涉及的不合格品(或服务)都是否及时得到识别、评审与合理处置,是否发出了必要的纠正措施要求,整个整改流程设计是否合理高效,类似的不合格是否经常性的出现。

(9)不符合项整改时,或原因分析不到位,或纠正措施所针对的不是导致不符合的根本性原因。

(10)内部审核全部交给审核小组,管理评审委托管理者代表(或体系负责人),认证审核时常看不见最高管理者的身影。

(11)最高管理者基本不懂或不看管理体系文件,管理者代表(或体系负责人)不熟悉管理体系文件;审核时最高管理者或管理者代表说的都是“俗话”“官话”“土语”,没有多少“ISO 语言”。

产生以上种种错误想法和做法一个非常重要的原因就是,许多人对审核的宗旨或者精髓不了解,所谓宗旨就是审核主要是寻找符合与支持审核目的的有利审核证据,这也是绝大多数审核能够一次性通过的道理,只不过在审核报告中对所有好的审核总是轻描淡写,否则审核能通过吗?之所以要在审核报告中重点提及所有的负面审核发现,完全是由于帮组织(或内审中的部门)持续改进的目的,也是认证机构或内审小组应尽的义务,并不是什么其他恶意。对于一个有远见的组织最高管理者,希望在认证审核和内部审核中多发现一些问题,这样对持续改进管理体系是非常有益的;审核中老是没有发现问题,反而对管理体系持续改进大大不利。反过来看,也有个别组织出于提升管理绩效的目的,刻意要求审核员严格审核,不符合项多一些也没有关系,需知认证审核有认证审核的规范和原则,是一种以符合性与有效性为主的评价方式,不能凭主观审核。

第 4 节　内部审核方案与审核计划编制

4.1　年度内部审核方案编制

审核方案是组织所有内审活动是否达成预期目的的关键,在编制审核方案时,编制人与批准人(一般为管代和最高管理者)应考虑到:

(1)整个一年内的内审应该全面覆盖质量管理体系的所有要素、要素过程以及部门或人员(包括最高管理者和管理者代表/体系负责人在内)；

(2)影响或决定产品或服务的部门应提升审核的频次与深度，例如，全数检查而非抽样、安排水平最高的审核员去审核；

(3)顾客投诉与顾客满意度信息，对多数顾客投诉负责的部门、对低顾客满意度负主要责任的部门，审核频次与深度要有安排；

(4)相关方提出明确要求的环节，例如，第二方审核的关注领域，以及以前认证审核不符合项较多的过程或部门，审核频次与深度要有安排；

(5)上级组织与政府监管机构检查、审计与抽查时发现问题较多的过程或部门，审核频次与深度要有安排；

(6)临时内部审核的安排，比如突发重大质量事故或产品召回、关键客户突然退出或转向竞争对手等情形。

组织质量管理体系内审审核方案的示例见表 5-4。

表 5-4　组织质量管理体系内审审核方案示例

审核频次	(1)定期内审频次见以下定期内审安排； (2)临时审核依据以下临时审核启动原则执行
审核准则	(1)ISO 9001:2015 标准； (2)公司四级质量管理体系文件，包括适用的质量管理法规标准； (3)集团公司生产模块中的质量管理适用文件
审核方法	文件审核与现场审核相结合，以现场审核为准
审核流程	按照《内部审核管理规定》(QSP－PX)执行
审核内审员	由管理者代表在具体的审核计划中指定，公司目前内审员名单如下(字母均为人名简写，下同)： 质控部：A、B、C、D；　生产部：E、F、G；　采购部：H； 工程部：I、J；　人力资源部：L、K；　营销部：M； 管代：N
审核报告	审核组长编制审核报告，并签发针对不符合项的"纠正措施通知单"
证据采集时段	自审核对象上次内审结束至今

定期内审安排

内审对象	1 月	2 月	3 月	4 月	5 月	6 月	7 月	8 月	9 月	10 月	11 月	12 月
采购部	╳								╳	管理评审	换版换证外审	
营销部	╳								╳			
生产部			╳						╳			
工程部		╳							╳			
人力资源部		╳							╳			
质控部				╳					╳			
总经理					╳				╳			
管理者代表					╳				╳			

临时内审启动原则

下列情形最高管理者将增加临时性审核：

(1)生产过程出现重大质量事故，包括重大产品不合格事件；

(2)出现批量产品投诉或产品召回；

(3)政府监管机构提出重大整改事项、勒令停产、暂停或吊销生产许可证；

(4)上级组织检查与审计中发现重大不符合项，包括潜在的重大风险与危机隐患；

(5)关键客户的要求。

临时审核的对象、准则、审核小组组成等事宜由总经理临时决定

编制：管代 N	日期：××××.××.××	批准：总经理 W	日期：××××.××.××

注：表中╳为审核时间。

4.2 具体内部审核计划编制

以表5-4中×月的全要素过程内部审核为例，其审核计划示例见表5-5。

表5-5 组织质量管理体系内审审核计划示例

审核时间	××××年××月××日
审核准则	(1)ISO 9001:2015标准； (2)公司四级质量管理体系文件，包括适用的质量管理法规标准； (3)集团公司生产模块中的质量管理适用文件
审核对象	全公司(见以下"具体内审安排")
审核小组组成	审核一组 审核组长 A　　审核成员 E L 审核二组 审核组长 F　　审核成员 J M 审核三组 审核组长 G　　审核成员 K C
审核报告	审核组长A编制审核报告，A、F和G分别签发针对不符合项的"纠正措施通知单"
证据采集时段	自审核对象上次内审结束至今

具体内审安排

部门(人员)	××××/××/××(星期二)	审核小组	××××/××/××(星期三)	审核小组
	首次会议:08:00~8:30综合会议室			
采购部	08:30~11:30	审核一组		
营销部	08:30~11:30	审核三组		
生产部	13:00~16:30	审核二组	08:00~11:30	审核二组
工程部	13:00~16:30	审核一组	08:00~11:30	审核一组
人力资源部			13:00~15:00	审核二组
质控部	13:00~16:30	审核三组	08:00~11:30	审核三组
总经理	08:30~9:30	审核二组		
管理者代表	09:30~11:00	审核二组		
			末次会议15:30~16:30综合会议室	

编制:A F　　日期:××××.××.××　批准:管代N　　日期:××××.××.××

4.3 内审组长选定原则

首先来讲内审员的所谓资质，多数组织通过外部咨询、培训或认证机构提供的培训来培养自己的内审员，这些提供培训的机构可以针对通过考试的学员颁发所谓的没有任何法律约束力的《内审员证书》，或者组织最高管理者在依据培训提供机构所发的《内审员培训合格证书》基础上书面任命内审员，以内部证书的形式颁发也可以。

也有不少组织，依据(审核)人员培训、资历、经历、能力与经验基础上，书面指定内审员，同时还有附有"内审员信息一览表"。

组织制订内审方案或具体内审计划时，从以上任命的内审员中指定人员组成内审小组来实施内部审核。

审核组长的基本要求有：

(1)非常熟悉组织的质量管理体系所有一、二级文件以及ISO 9000/9001标准；

(2)在组织内担任中层及以上行政管理职位或技术管理职位；

(3)熟悉内部审核的流程，包括审核方法、审核技巧、编写高质量的审核发现(不符合项、建议项与

观察项等)与审核报告,其审核水平与管理水平处于组织领先地位;

(4)为人正直、公正,有很强的公信力;

(5)熟悉组织所有的质量管理过程,包括工艺流程、产品质量控制要点等;

(6)具有较强的协调与沟通能力。

第 5 节　内部审核实施指南

5.1　内部审核表编制

审核前编制审核检查表(审核清单)是认证审核和内部审核通行多年的做法,并非管理体系标准中的强制要求。通常情况下,当内审员收到《审核任务通知》(《审核计划》)以后就要开始着手编制针对审核对象的《审核清单》,《审核清单》的格式和编制方式一般在组织内部审核程序中有详细的规定;也有组织已经编制好汇总式的管理体系《内部审核总清单》,内审员只要从中提取相关部分,然后加以具体化就可以了,这个汇总的清单通常是按照标准要素(或与标准要素相同的体系管理手册)及要求展开编写的。不过管理者代表(或体系负责人)需要每隔一定时间组织所有内审员完善一下《内部审核总清单》,应对检查项目、检查方法与时俱进地更新,否则多年一成不变不利于整体审核水准的提升,甚至几年下来连各审核对象都知道要准备什么问题和做怎样的记录来"对付"审核了,如此就难以起到推进管理体系有效运行与持续改进的目的。要充分发挥高素质内审员的作用,他们才是提升《审核清单》编制水平乃至内审水平的关键之一,与同行或兄弟组织之间的交流也是一个很好的途径。

审核前编制《审核清单》有如下显而易见的益处:

(1)确保审核的一致性,以及不会遗漏管理体系的要素;

(2)列出了审核的要点,确保关系到体系符合性与有效性的方面得到确认;

(3)保持审核目标的明确清晰,保证审核的节奏和时间控制;

(4)利于审核前对审核内容做到心中有数,便于实施逆向与横向追踪审核,以提升审核水准;

(5)编制审核清单的过程还可帮助内审员再次熟悉与审核对象相关的各级管理体系文件与法规标准;

(6)可作为持续改进审核的平台,以及作为新内审员的培训资料和作为审核记录。

《审核清单》的格式没有统一模式,常见的模式有以管理体系标准要素为首列的"要素模式"以及以审核对象为首列的"对象模式",前者适合于组织编制《审核总清单》时采用,后者适用于内审员编制《审核清单》时采用。

在采用要素模式编制《审核总清单》时,应以管理体系各条款要素为顺序(此时管理体系《管理手册》的条款号务必与管理体系标准保持一致),针对每个条款要素中的每个具体要求提出一个甚至多个问题;随后列出要素涉及的部门或人员(如总经理、管代等),并在后列中列出相应的检查方法。如此全部的标准要素就不会遗漏了,编写起来也非常方便,其不足是,提出的审核问题最多只达到程序文件的深度,所以内审员在依照《审核总清单》编制审核清单时还要对审核问题和相关的检查方法进行扩展,扩展至作业指导书(或称为"标准操作程序"或 SOP)、工艺参数与控制标准、适用法规标准以及记录的层面。

在采用对象模式编写《审核清单》时,应以审核对象为出发点,以《质量手册》(无《质量手册》时以质量体系标准)要素为顺序,将手册中与审核对象相关的要求逐一罗列出(可参看《质量管理体系手册》中的《要素职能分配表》),当要求延伸至程序文件时,还需罗列出程序文件对应的要求,然后在后续列中列出对应问题的检查方法。当检查方法中涉及 SOP、工艺参数与控制标准、法规标准以及记录时,最好也能罗列出来,甚至将上一文件中的标准答案也标识出来。后续列依次为审核证据,以及审核证据与审核准则的符合性判定,如"符合""不符合"或"待观察"。通常规定审核组成员编制的《审核清单》需要审核组长批准。

在以上两种清单中,如果提出的审核问题为疑问句(如“是否……”),则意味着对其回答为肯定的审核证据是符合审核准则的,否则为不符合审核准则。

当审核完成后,清单中的“不符合”以及前列对应的审核证据是开具不符合项的直接依据,“待观察”以及前列对应的审核证据也是在《审核报告》中提出观察项的直接依据,以及建议项的依据之一。

表 5-6、表 5-7 为对象型审核清单的示例。

表 5-6　组织内部审核最高管理者审核清单示例

QSP - XX - R4 - GM　　N0.1 - ××××　　编制:A E　　批准:管代 N　　××××.××.××(日期)

审核对象:总经理　　审核时间:　　审核组长:　　成员:

审核准则:ISO 9001:2015 标准、“质量方针”“质量手册”

条款号	审核问题	审核方法	审核证据简述	审核发现
4.1　理解组织及其环境	公司质量体系是否确定了影响体系实现产品满足相关要求的内外部因素	询问,查看影响因素一览表		
	公司对这些影响因素的具体信息是否进行了监视与评价	询问,查看评价文件或纪要、报告		
4.2　理解相关方的需求和期望	公司是否识别出影响产品满足要求能力的相关方及其要求	询问,查看书面性证据		
	公司是否监视和评审相关方信息及其要求	询问,查看相关记录、报告、纪要		
4.3　确定质量管理体系的范围	公司质量管理体系范围确定是否明确,并具有适用性与适宜性	请说明确定范围时的考虑		
4.4　质量管理体系及其过程	总经理是否理解公司质量管理体系各过程及其之间的相互关系	请予以说明,并提供必要的证据		
5　领导作用 5.1　领导作用和承诺 5.1.1　总则	总经理以怎样方式体现对体系有效性负责	请予以说明		
	质量方针与目标与公司环境、战略相一致的体现方式	请予以说明		
	质量管理体系要求如何融入公司各业务活动	请予以说明,并展示必要证据性文件		
	总经理如何确保过程方法和风险管理思维体现在质量管理体系及其运行之中			
	总经理如何确保各过程与职能配置充分的所需资源(人力、固定投资、检验资源等)	请予以说明,包括具体事例说明		
	如何有效沟通质量管理及其体系要求的重要性	请予以说明		
	作为最高管理者,如何确保公司质量管理体系实现其预期结果	请予以说明,包括定量性数据说明		
	如何促进、支持与指导全员参与质量管理活动,并积极做出贡献	请予以说明,包括具体事例说明		
	作为最高管理者,如何促进质量管理及其绩效的改进	请予以说明,包括具体事例说明		
	作为最高管理者,如何支持公司各级管理人员在其职权范围内发挥质量管理的领导作用	请予以说明,包括具体事例说明		

续表 5-6

条款号	审核问题	审核方法	审核证据简述	审核发现
5.1.2　以顾客为关注焦点	总经理如何促进公司确定、理解与持续满足客户与消费者要求，以及适用法规标准要求，总经理是否知道公司适用法规一览表管理情况	询问客户销售合同情况、顾客满意调查结果与改进情况、对一览表管理流程熟悉情况		
	公司有哪些可影响产品合格率与客户满意的风险和机遇	请予以说明，包括对风险与机遇一览表熟悉情况		
	公司近年来增强客户满意的举措	请予以说明，包括具体事例说明		
5.2.1　制定质量方针	质量方针对公司宗旨与环境的适宜性，以及支持战略方向	请予以说明		
	质量方针对质量目标制定的指导作用表现	请予以说明，包括具体事例说明		
5.2.2　沟通质量方针	质量方针如何为全体员工所知晓与应用	请予以说明，包括具体事例说明		
	目前在哪些场合会与外部相关方交流公司质量方针	请予以说明，包括具体事例说明		
5.3　组织的岗位、职责和权限	如何通过授权，确保公司质量管理体系符合 ISO 9001:2015 标准要求	针对管代的授权与提供资源说明		
	如何确保 32 个管理过程获得其预期输出	过程关系图说明		
	目前有哪些质量体系管理绩效需要向总经理报告，报告的时机与后续跟进如何	请予以说明，包括具体事例说明		
	在管理者代表负责变更公司质量管理体系一、二级文件时，总经理如何识别与确保变更不影响体系的完整性	简要说明其批准前的确认方式		
6.1　应对风险和机遇的措施	总经理在公司应对质量管理相关风险和机遇时所起到的作用	请予以说明，包括具体事例说明		
6.2　质量目标及其实现的策划	在公司编制与发布年度质量目标及其达成措施时，总经理重点关注了哪些方面	说明质量目标达成对质量方针实现的对应关系		
9.3　管理评审 9.3.1　总则	如何理解管理评审对公司质量管理体系持续适宜性、充分性和有效性(简称三性)的保证	三性理解与管理评审，如何保证这三性		
9.3.2　管理评审输入	总经理如何确保管理评审的各项输入符合“管理评审程序”中的详细规定	请予以说明，包括具体事例说明		
9.3.3　管理评审输出	上次管理评审决定事宜中是否包括改进机会、体系变更与资源重新配置与补充情况	结合上次管理评审报告来说明		
10.3　持续改进	总经理如何理解公司质量管理体系的持续改进，整年以来持续改进都涉及了哪些方面的工作	请予以说明，包括具体事例说明		

表 5-7　组织内部审核品控部审核清单示例

QSP－PX－R4－QM　　N0.4－××××　　编制：A E　　批准：管代 N　　××××.××.××(日期)

审核对象：质控部(经理)　审核时间：　　审核组长：　　成员：

审核准则：ISO 9001:2015 标准，《质量方针》《质量手册》；质控部负主要责任与监管责任的程序文件：《适用质量管理法规标准识别、遵守与合规评价管理程序》《文件控制管理程序》《记录管理程序》《产品、生产工艺技术标准管理程序》《工艺调整与变更管理程序》《SOP 管理程序》《过程产品检验管理程序》《工艺与产品异常管理程序》《外包过程管理程序》《试验管理程序》《产品储运管理程序》《供应商评估、选定与业绩评价管理程序》《原材料采购控制程序》《辅助材料与工程助剂采购控制程序》《包装材料采购控制程序》《产品标识与可追溯性管理程序》《售后服务管理程序》《产品出厂检验与交付管理程序》《不合格质控制程序》《质量管理体系监视与测量管理程序》《不合格、不符合及其纠正措施管理程序》《质量管理体系持续改进管理程序》。

质控部三级文件：检验计划、产品标准、工艺技术标准、检验仪器仪表校准与检定计划、检验 SOP、内部管理规定、年度产品第三方形式检验计划、质控部年度质量目标展开一览表、质控部 KPI 考核方案、质控部岗位描述等

条款号	审核问题	审核方法	审核证据简述	审核发现
4.1　理解组织及其环境	质控部内部是否存在影响体系实现产品满足相关要求的因素	询问，情况说明		
4.2　理解相关方的需求和期望	质控部在识别影响产品满足要求能力的相关方及其要求方面起到怎样的作用	询问，情况说明		
	质控部在监视和评审相关方信息及其要求方面起到怎样的作用	询问，查看相关记录、信息		
5.1.2　以顾客为关注焦点	依据程序文件，质控部负责公司质量管理相关适用法规标准识别、一览表编制、遵守检查、合规性评价，审核一览表完整性、有效性与合规性评价情况以及必要的后续跟进	询问，经理情况说明，解释一览表与评价表后确认符合性		
	“公司有可影响产品合格率与客户满意的风险和机遇”应对措施中是否涉及质控管理活动事项，如有，实际管理与业绩怎样	请予以说明，包括具体事例说明		
5.2.1　制定质量方针	质量方针哪项内容与质控部职责相关，质控部人员对公司质量方针知晓与理解情况	说明，抽查询问		
	在公司年度质量目标制定过程中，质控部起到怎样的作用	请予以说明，包括具体事例说明		
6.1　应对风险和机遇的措施	质控部在公司应对质量管理相关风险和机遇时所起到的作用	请予以说明，包括具体事例说明		
6.2　质量目标及其实现的策划	质控部依据公司年度质量目标制定的部门年度质量目标如何、是否再进一步分解，到目前为止，部门及科室达成情况	质控部质量目标及其完成情况说明，查看具体达成信息		
7.1.2　人员	质控部人员配置是否充分，所有检验员是否持证上岗	询问，查看检验工上岗证		

续表 5-7

条款号	审核问题	审核方法	审核证据简述	审核发现
7.1.3　基础设施	质控部检验仪器仪表是否满足所有检验计划要求、生产许可证审查细则要求	询问，检查检验仪器一览表并确认		
7.1.4　过程运行环境	质控部检验室环境是否符合规定要求	询问，要求及其符合性检查		
7.1.5　监视和测量资源	质控部检验用仪器仪表管理是否符合相关程序文件的要求，包括校准、强制检定与校准方法溯源情况	询问，查看校准与检定记录、校准方法 SOP 符合性		
7.1.6　组织的知识	质控部保管哪些属于公司级知识的信息，诸如配方、工艺标准、内部不宜公开技术、行业交流信息、内外部行业刊物等	询问，这些知识管理与应用情况确认		
7.2　能力	质控部人员满足各自岗位描述的程度情况，人员内外部培训安排及其实施情况	询问，确认能力对于各自职责的满足性		
7.3　意识	质控部 QA/QC 主管各自所负责质量目标及其达成情况，检验员对自己工作对于公司质量管理目标达成重要程度的认识	询问，查看各自质量目标月报，抽查人员进行交流		
7.4　沟通	质控部主持的内外部质量沟通有哪些，沟通后后续活动包括改进情况如何	询问，检查必要的沟通记录与后续		
	质控部负责与政府产品监管部门的沟通，整年以来有哪些沟通，后续跟进情况如何	询问，必要的记录证据等确认		
7.5　成文信息	质控部所有文件控制是否符合文件控制程序文件要求	询问，查看文件清单、现场纸质与电子版文件管理情况		
	质控部所有检验记录、标准与检定记录等的保存是否符合记录管理程序文件要求	询问，查看记录清单、现场纸质与电子版记录管理情况		
8.1　运行的策划和控制	质控部所有检验计划（包括到供应商现场检验）是否符合产品标准、集团公司适用规定与相关合同规定要求	询问，抽样对照标准，确认项目频次等的符合性		
	质控制定的年度产品委托第三方形式检验计划是否符合销售合同及生产许可证审查细则要求	询问，对照计划确认符合性		
	所有检验用仪器仪表校准与检定频次规定是否符合对应程序文件规定、行业标准与总部要求以及生产商推荐的要求	询问，抽样对照标准与推荐要求等确认规定的符合性		

续表 5-7

条款号	审核问题	审核方法	审核证据简述	审核发现
8.2.2 产品和服务要求的确定	在产品销售合同签订之前，质控部是否提供了适当的与其职责相关的信息，诸如产品标准、出厂检验与第三方形式检验要求等	在已经查看销售合同基础上，确认质控部此项要求符合性		
8.3 产品和服务的设计和开发	质控部在公司新产品研发所起到的是怎样的作用	询问，确认是否符合程序文件要求		
	在整年的新产品研发过程中，质控部做了哪些应该做的工作	询问，查看相关证据		
8.4 外部提供的过程、产品和服务的控制	质控部在对供应商评估与选定过程中整年以来做了哪些工作	询问，查看相关评估与选定记录表		
	最新的合格供应商名录的更新是否考虑了上年年度供应商业绩评价结果，该升格或淘汰的供应商是否按照程序文件规定执行	询问，对照查看上年评价结果与最新名录对应关系		
	质控部 QA 主管所保存的所有供应商评估与选定相关的资质、评价与选定记录表、年度检验报告、证书等文件是否符合程序文件要求	逐一查看合格供应商登记与信息更新的符合性		
8.5 生产和服务提供 8.5.1 生产和服务提供的控制	质控部针对采购的原辅料、加工助剂、工程介质及材料、包装材料、化学清洗剂等是否按照检验计划实施了有效检验并及时反馈	对照采购批次信息检查验收检验、验证记录		
	质控部是否按照检验计划对所有在制品与工程介质等实施了有效检验	对照检验计划查看检验记录		
	质控部是否按照检验计划对所有批次成品实施了有效检验，并出具出厂检验报告	对照检验计划查看检验记录与报告		
	确认检验是否有遗漏的情况，如未抽到样品、未通知抽样、没有人及时抽样分析等情形	某个产品所有批次逐一查看检验结果		
8.5.2 标识和可追溯性	质控部是否及时提供了针对所有过程产品的检验结果，以及时标注产品的检验状态	询问，其他场合状态的反向追踪		
8.5.3 顾客或外部供方的财产	质控部所保管的顾客或供应商财产有哪些，保管现状与效果如何	询问，检查是否符合程序文件规定		
8.5.5 交付后活动	质控部在公司售后服务过程中起到何种作用，如何体现这些作用（如投诉产品确认）	询问，检查是否符合程序文件规定		
8.5.6 更改控制	产品是否出现被客户检验并双方确认后降级接受的情况，质控部此时在评审中的作用	询问，证据的必要检查与确认		

续表 5-7

条款号	审核问题	审核方法	审核证据简述	审核发现
8.6 产品和服务的放行	质控部是否及时实施出厂检验，出厂检验报告是否齐全与规范	询问，全数检查符合程序文件性		
8.7 不合格输出的控制	质控部 QC 是否针对所有阶段的不合格产品启动“不合格品评审与处置记录”	全数检查不合格结果对应的处置单		
	质控部经理是否有必要针对不合格品开具相应的“纠正措施通知单”	全数检查确认通知单及其完成及时性		
	质控部保存的所有《不合格品评审与处置记录》与《纠正措施通知单》的编号、内容、关闭等是否符合相应程序文件的规定	全数检查并确认符合性		
9.1 监视、测量、分析和评价 9.1.1 总则	除对产品的监视和测量，质控部涉及的质量管理体系监视和测量还有哪些	询问，相关报告性证据的检查确认		
9.1.2 顾客满意	质控部在公司顾客满意调查中应该发挥哪些作用，如何体现这些作用	询问，相关报告性证据的检查确认，以及程序文件执行的符合性确认		
	针对最近一次顾客满意调查结果，质控部提出并内部实施了哪些改进意见与建议			
9.1.3 分析与评价	质控部是否对所有监视和测量信息进行了评价，并向内外相关方报告分析评价结果	询问，说明情况的确认		
9.2 内部审核	针对最近一次内审不符合项对质控部发出的“纠正措施通知单”，是否落实有效整改	全数检查自留的纠正措施扫描件		
9.3.2 管理评审输入	在最近一次管理评审之前，质控部是否按照程序文件要求提供完整有效的输入文件与信息	对照检查所保存的输入文件与信息		
9.3.3 管理评审输出	最近一次管理评审决定事宜中是否包括涉及质控部的改进机会、体系变更与资源重新配置及补充情况，如有，是否得到有效落实	询问，先查看管理评审输出报告，检查确认相关的证据		
10.2 不合格和纠正措施	质控部经理是否知晓针对哪些不符合需要其启动纠正措施	询问，确认对程序文件符合性		
	针对政府监管机构抽检产品、顾客投诉与顾客满意调查结果分析等需要质控部经理启动的纠正措施，是否得到切实有效执行	检查所有“纠正措施通知单”及其完成的规范性		
10.3 持续改进	如何理解质控部在公司质量管理体系持续改进中的角色，今年以来质控部哪些方面的工作体现或支持了公司质量体系的持续改进	请予以说明，包括具体事例说明		

也有组织为了提高内审员现场审核的效果，会制定针对每个业务部门的《审核指导书》，以帮助内审员审核前对审核对象的初步了解，不仅利于编制《审核清单》，也便于现场审核时不说外行话、不被审核对象牵着鼻子走，以及抓住重点等。《审核指导书》的内容主要包括该部门业务的特点、流程、关键过

程、相关法规标准条文摘要、现场设施特点、相关人员资质与能力要求、专用术语和定义,以及建议的审核要点等。所有的《审核作业指导书》可以作为内部审核管理程序的附件,也可以脱离管理体系,而成为内审员培训和能力提升教材,后者做法比较适宜。

由于《审核清单》及其审核过程中填好审核证据的《审核清单》是审核小组开具不符合项的依据,所以对于可能判定为不符合项的审核证据,在《审核清单》中一定要描述得非常完整,包括(可能成为)不符合项的人员、管理对象、时间、应有管理状态(不言而喻时可不描述)、实际管理状态、检测结果、记录表名称编号以及对应的判定准则要求,如质量手册要求、程序文件要求、内部标准要求、部门管理规定要求、SOP 中的要求以及相关法规标准要求等。也有不少组织要求内审时在审核现场确定不符合项,即要求被审核对象在确认的、可能导致不符合项的负面证据描述上签名,这样一来,即使是未参加审核的体系小组成员也可以依据《审核清单》记录的内容来填写不符合项整改的《纠正措施通知单》。

5.2 内审首次会议

见下文 5.6“首次会议与末次会议”。

5.3 内部审核实施

5.3.1 审核方式

审核方式一般有以下四种,这四种方式在同一个审核过程中可以交叉使用,但要以一种或两种为主,否则让审核对象难以适应和招架。

(1)体系要素审核方式,即依据清单的要素顺序按部就班地进行审核,适用于体系建立初期审核时使用;

(2)职责要素审核方式,即依据清单中审核对象最主要的职能要素开始审核,然后上下要素扩展,适用于体系建立一两年后审核时使用;

(3)热点要素审核方式,从审核对象最近出现的系列重大问题开始审核,清单只作为参考,适用于体系再认证时期的审核使用;

(4)产品要素审核方式,从审核对象提供出产品的相关信息开始审核,即由产品到过程、再由过程到职能逐级扩展的逆向审核,适用于管理体系运行成熟期的审核使用。

5.3.2 审核技巧

掌握必要的审核技巧对审核员来讲是十分重要的,就像情商对人的重要性一样。几个典型的内审员应该掌握的审核技巧如下。

第一,要会营造良好的审核氛围,最佳状态是将审核过程演变为轻松的交流活动,让审核证据不知不觉地自动浮现,最不好的是将审核搞成了考试、面试、审问甚至审讯。

第二,询问方式要多样化,即少封闭式提问,多开放式提问;提问中不要显示审核者个人的思维倾向或主观臆断,比如要避免类似“……于是你们在没有领导批准的情况下就自作主张地实施了!是不是呀?”这样的提问。

第三,不要被审核对象牵着鼻子走,比如有的审核对象要么避重就轻,要么在做得好的地方通过大讲特讲来消耗时间,这时审核员就要果断转移审核方向。

第四,当发现可能导致不符合的证据时,审核员不能像“发现新大陆”那样兴奋、那样溢于言表,而是平和地和审核对象加以口头确认,然后自然转向其他审核;在结束审核前再跟审核对象“摊牌”,将所有的不符合审核发现描述一遍,可以应审核对象的要求将少量轻微的不符合转化为现场纠正、观察项或建议项,如此给对方一些“面子”。

第五,遇见态度蛮横无礼的审核对象时,不要与其产生冲突,而是详细记下不符合的铁证后再直接向其领导汇报,如果是被审核部门领导态度蛮横无礼的话,依此方法最后直接向管理者代表(体系负责人)汇报,“懒得”与其冲突和争辩。

内审员审核证据的获取途径，即所谓审核证据的各类信息源包括：

(1)与审核对象面谈时审核对象(主要为部门领导或基层管理人员)的陈述；

(2)受审核范围内现场人员操作、工作环境和条件的观察结果；

(3)管理体系四级文件中相关规定、要求、程序、条件等信息的评审结果与执行情况、结果；

(4)各类记录(包括储存于计算机)中的信息；

(5)对审核对象提供各类数据的推算、统计和评价结果；

(6)审核对象以往纠正措施持续有效性评审结果，以往审核报告中涉及审核对象的观察项和建议项的整改和落实结果；

(7)审核对象提供的各类部门管理指标业绩数据，以及对这些数据评审或验证的结果；

(8)来自外部的与审核对象相关的信息，如上下工序或顾客投诉、第三方检测报告(包括政府监管部门的抽检报告)、来自成品中与审核对象相关的信息。

5.3.3　审核负面发现判定原则

无论是内部审核还是外部认证审核，可参照的判定为不符合的原则如下：

(1)对于现场可马上纠正的，只要不是系统性发生的问题，没有必要判定为需要实施纠正措施的不符合(项)，一般口头提示一下纠正即可，所有纠正可以成为审核报告中建议项形成的依据之一。

(2)对于抽样中发现的个别问题，不好判不符合，比如查看了 8 份类似记录，只发现其中 1 份中某个数据漏记了，提示一下即可；如果发现 1 份记录中数个该填写的数据或数份中多个类似数据未填，才好判为不符合。

(3)对于管理体系文件不符合标准或管理现状不符合相关法规标准的判定要慎重，一定要有充分的理由才行，这对审核小组的综合审核能力是一个挑战。

(4)与审核管理体系无直接关系的负面证据也不要判定为不符合，例如某车间有乱排放污染物现象，但本次审核是质量管理体系内部审核，只要该排放不直接或间接影响产品质量，那就是环境管理范围内的事情，即使看见了也可以不理会和记录。

(5)有时一个不符合可能会由多个部门的不作为引起，此时要综合分析和多方验证，只针对主要责任部门开出不符合项即可，当然认定过程最好有管代和几个审核组长参与，同时也要在审核报告中加以提及，以引起最高管理者和相关部门的重视和反思。

(6)最基本也是最重要的是不符合一定要建立在客观事实基础上，并且这个事实一定要与在审核范围内的文件规定(审核准则)相比较后得出，即所谓审核证据与审核准则对照形成审核发现。

在标准中并未提及负面审核发现的分类，不过在认证审核中通行的做法是将不符合按严重程度分别定为严重不符合项、一般不符合项和观察项三种。一旦有严重不符合项的判定，轻者推迟推荐认证注册，重者干脆不推荐认证注册，这样至少半年内别想拿到认证证书了。

至于内部审核中不符合项的分类，组织可以在其内部审核管理程序中加以规定，一般有两种方式：一种是同认证审核一样，将不符合按严重程度分别定为严重不符合项、一般不符合项和观察项三种，另一种是按照不符合的属性将不符合分别定为体系性不符合(项)、实施性不符合(项)、效果性不符合(项)。

第二种方式中的各类不符合分述如下：

(1)体系性不符合：管理体系各级文件中出现的与管理体系(认证)标准或适用法规标准要求的不符合；

(2)实施性不符合：人员未按体系文件规定的要求实施管理或操作；

(3)效果性不符合：人员虽按文件规定的要求实施管理或操作，但未达成文件要求的结果或状态。

5.4　开具不符合项注意事项

内部审核完成后，审核组应依据“审核清单”的“不符合”或“观察”编写不符合项和观察项，其中不符合项是要转化为“纠正措施通知单”(也有其他名称)送至被审核部门实施针对不符合原因的纠正措施。一个理想的不符合(项)描述不仅使被审核部门“服服帖帖”,也便于对其进行原因分析和确定整改计划,从而可圆满实施纠正措施。

不符合描述注意事项如下:

(1)对导致不符合的客观证据进行准确、客观的描述,包括判定准则(依据,即各级文件规定的要求,如虽文件没有规定,但要求却是不言而喻的时,“要求”可以不写出来),时间、地点、人员(用岗位名称代替具体人名)、情形、状况、文件或记录的编号、具体数据等;

(2)力求简洁和精练,并抓住客观证据的核心问题;

(3)对需要计算和统计分析的数据,一定要确保其代表性和有效性;

(4)使用专业术语或公司通用的术语,而不能说大白话;

(5)不符合的判断准则(依据),一定要具体到与审核证据在同一个层次;

(6)不需要加入任何审核员个人的主观推断和观点,使不符合的结论自然地从描述中流露出来。

一个不规范的不符合描述举例:

发酵工段有人经常不测定满罐酵母细胞数,特别是老王,还说什么“自己不会测定,即使测定了也没有什么实际意义!”,如此怎能保证发酵啤酒的质量以及稳定性。

一个规范的不符合项描述举例:

依据酿造部发酵工段 SOP 22006 “麦汁冲氧、酵母添加与满罐”中第 6.2 条的规定“每个发酵罐满罐后的 1 ~2 小时应由操作工取样测定满罐酵母数,并记录测定结果。”查发酵工段 6 月满罐汇总表(SOP 22006 - R1 No. 2010 - 06),6 月发酵工段总共满罐 86 次,抽查 9 份满罐操作记录表(SOP 22006 - R2 No. 201006 × × - T ×),其中 4 份没有填写满罐酵母数数据,这些满罐记录编号分别为 No. 20100603 - T12、No. 20100609 - T1、No. 20100618 - T10、No. 20100627 - T5。

内部审核负面发现常见的不规范、规范描述示例见表 5-8。

表 5-8 内部审核负面发现不规范、规范描述示例

不规范描述	规范描述
人力资源部整年的培训计划不规范,部分培训计划未按时实施	人力资源部编制的 201 × 年度计划不规范,诸如第 2、3 项培训计划没有列出项目负责人与实施日期。第 4、7、11 项目培训计划未按时实施,培训主管对此给不出合理原因及其后续计划,诸如延期或取消说明
质控部负责起草编制的《不合格品控制程序》不符合 ISO 9001:2015 标准要求	质控部负责起草编制的《不合格质品控制程序》不规范,缺乏针对不合格品启动不合格品评审的职责规定,以及评审前必要的隔离规定,这直接导致近三个月以来 8 次不合格品(3 次采购原料、3 次在制品与 2 次超内控成品)没有及时得到有效的评审与处置
生产部现场操作人员素质低	现场审核生产部包装 A 线操作工张某,对存放在该区域现场的涉及自身操作的 SOP 不熟悉,询问其中的数个控制参数诸如空气背压设定值等回答不出来,并说明自己是新来的员工,师傅带了一周就被要求独立操作了
生产部现场过程检测不规范,且针对检测异常未及时采取相应的措施	现场审核生产部萃取工段时,要求操作工李某按照过程检测要求对萃取液浓度进行检测,对照该检测 SOP 观察其检测时,发现几处不规范,包括样品预处理时震荡时间、加反应剂后反应时间不够,同时发现前一周检测结果有 3 次超过工艺规定标准,查看操作记录未发现相应的按照 SOP 应该采取的措施

续表 5-8

不规范描述	规范描述
查看原料仓库进货记录及其质控部检验报告,发现两个批次原料质控部未及时检验,导致未经检验的原料放行使用	查看原料仓库进货记录及其质控部检验报告,发现 3 月从 A 公司进的 B 原料的两个批次(201×0×0×－1×及 201×0×0×－3×)没有相应的质控部检验报告,仓库保管说当时已经通知取样,质控部人员忙忘记取样检验,导致未经检验的原料放行使用

内部审核负面发现描述不规范最直观的不利后果就是责任部门无法有效实施针对性的纠正措施,有时连原因分析都做不了,或者说责任部门不知道自己到底"错"在哪里,或者据此判定明显不是本部门的责任,或者第三方无法仲裁或据此再次现场内审时难以快速验证不符合证据。内部审核负面发现描述的水平是组织质量管理体系及其运行水平(包括持续改进能力)的直接体现。

5.5　审核争议和裁决

现场审核中引起争议的主要原因可能有:

(1)审核对象对不符合事实或证据的认定存在异议,此时审核组长不应与其发生激烈的争执与冲突,应对事实或证据的真实性加以共同确认,但该事实或证据是否能导致不符合项判定可在末次会议前再加以讨论,必要时请管理者代表加以裁决。

(2)由于审核员抽样量过大,导致发现不符合事实或证据的概率增大,从而使审核对象不悦、反感甚至提出异议、抗议。一般情况下不应盲目扩大抽样量,除非在一些特殊情形下才有必要扩大抽样量,如发生对象汇总的重要或关键绩效数据之间有许多相互矛盾的地方,只有查看许多的原始记录,才能加以确认,此时审核员应主动说明情况,请审核对象提供相应的原始记录。可通过专业方面的推算与逻辑推演确认相应的证据,并向审核对象说明该证据是如何导致不符合项判定的。不过也有组织明确规定,内审就是全数检查,例如对于记录,不是查看一部分,就是所有的记录。

(3)审核员由于对审核区域过程与涉及的专业不熟悉,从而导致不符合项的误判等情况,此时如果没有十足的把握,最好先记录下事实或数据性信息,再找其他审核员中的专业人员讨论和确定,先不要急于下结论。

末次会议确认不符合项引发争议时也应由管代裁决,如要维持"原判",可先听取审核员和审核对象各自理由的陈述再做决定,有时为了缓和紧张气氛以及利于后续工作开展,也可以要求各让一步,如将不符合项降级为观察项,其纠正措施要求不变等。总之,审核的主要目的不是将人"审倒",而是在寻找符合性证据的基础上探讨各类改进的需求和机会,这点务必要最高管理者和管理者代表(或体系负责人)反复强调并使各方达成共识。

5.6　首次会议与末次会议

质量管理体系标准中没有召开首次会议和末次会议的要求,内审中的这两次会议是从认证审核中学来的。在组织管理体系初期进行的内部审核,这两次会议最好都要召开,并且最高管理者必须到场发表鼓动性的讲话,以增强审核的声势和效果,但在经历了多次审核以后首次会议可以省略,只召开末次会议即可,但最高管理者最好到场,并从行政管理者的角度强调认真如期实施纠正措施的必要性和重要性。如果管理者代表是副总级别的,内审员审核能力又相当高,不会出现大的审核争议,也可将两次会议都免了。不过,是否召开首次会议和末次会议,以及会议的主题等都要在体系的内部审核管理程序中加以规定,或加以灵活的规定。组织内部审核首次和末次会议的主要议题见表 5-9。

表 5-9 组织内部审核首次会议和末次会议主要议题

人员	首次会议	末次会议
参加者	最高管理者、管理者代表、各部门领导、内审组	最高管理者、管理者代表、各部门领导、内审组
主持者	管理者代表 (1)再次确认审核计划,包括时间、对象、审核组; (2)针对可能出现的情况临时微调审核安排; (3)必要时的审核双方人员介绍或向导介绍; (4)强调审核时抽样方式带来的风险性; (5)说明不符合项分类及判断方法; (6)澄清其他不明了的事情或疑问	管理者代表 (1)感谢审核双方对内审圆满完成的贡献; (2)说明本次审核的总体情况和印象; (3)要求有不符合项的部门着手纠正措施及限定时间; (4)裁决出现的争议; (5)初步说明本次内部审核的初步结论
审核组长	再次与审核对象确认审核时间与切入地点	说明审核发现,包括不符合项和观察项
审核对象	提出不清楚或疑惑的问题	接受审核发现的描述,或对负面审核发现有异议时的相关情况说明
最高管理者	(1)说明或重申内部审核的意义; (2)鼓动审核双方积极合作做好审核工作; (3)强调管理者代表的作用,或全权委托管理者代表对审核争议进行必要的裁决	(1)肯定审核的成功与各位的优异表现; (2)说明负面发现的多寡并不代表部门管理水平的优劣,只是为了共同的持续改进,也是最高管理者想了解的,并为持续改善提供资源创造了条件; (3)强调纠正措施实施时要举一反三,不仅要针对发现问题的原因整改,而且要将发现问题的方式和整改措施应用到本部门的类似问题上,力争一次纠正措施可以在部门内解决一个类似原因的数个问题

注:就初次建立质量体系组织而言,管理者代表也可称为(质量)体系负责人或类似名称。

5.7 内审报告与不符合项汇总表

也有组织在内部审核结束后,由每个审核组先针对每个审核对象编写审核报告,然后由管理者代表(或体系负责人)汇总这些审核报告后形成总的内部审核报告。当然也可以像前面讲到的那样,依据各审核组提交的审核清单以及清单中描述并最后确定的不符合项来编制(总的)内部审核报告。

《内部审核报告》是对一次内审审核总体情况的描述,一般应由管理者代表(体系负责人)编写完毕,交总经理批准后再分发至每个部门经理,接着相关经理会收到针对本部门审核不符合项的《纠正措施通知单》。

在本次内审中不符合项较少的情况下,可以将其写入内审报告中,如果较多、达几十个的话,可单列出来作为内审报告的附件,这样也便于集中开《纠正措施通知单》了。

组织内审报告(以首次质量管理体系全组织及要素内核为例)、不符合项按部门及要素统计表、不符合项清单示例见表 5-10 ~ 表 5-12。

表 5-10　内部审核报告示例

审核目的	全面检验公司首次建立基于 ISO 9001:2015 标准质量管理体系并运行 2 个月以来对于审核准则的符合性与有效性，为 2 月后的认证审核打好基础
审核时间	××××年××月××日
审核准则	(1) ISO 9001:2015 标准； (2) 公司四级质量管理体系文件，包括适用的质量管理法规标准； (3) 集团公司生产模块中的质量管理适用文件
审核对象	全公司（见以下“具体内审安排”）
审核小组组成	审核一组 审核组长 A　　审核成员 E L 审核二组 审核组长 F　　审核成员 J M 审核三组 审核组长 G　　审核成员 K C

具体内审安排

部门（人员）	××××/××/××（星期二）	审核小组	××××/××/××（星期三）	审核小组
	首次会议:08:00～08:30 综合会议室			
采购部	08:30～11:30	审核一组		
营销部	08:30～11:30	审核三组		
生产部	13:00～16:30	审核二组	08:00～11:30	审核二组
工程部	13:00～16:30	审核一组	08:00～11:30	审核一组
人力资源部			13:00～15:00	审核二组
质控部	13:00～16:30	审核三组	08:00～11:30	审核三组
总经理	08:30～09:30	审核二组		
管理者代表	09:30～11:00	审核二组		
			末次会议 15:30～16:30 综合会议室	

审核发现	正面发现：(1) 员工参与质量管理体系建立与实施热情较高，且对体系运行业绩期待较高； (2) 各级管理人员积极参与各级文件编制、带头执行相关文件的主观性较高； (3) 除文件管理存在系统性缺陷外，其他体系要素管理无系统性或重大缺陷。 负面发现：本次内部审核负面发现均为不符合项，总计 58 个，其中采购部 6 个、营销部 8 个、生产部 17 个、工程部 7 个、人力资源部 3 个、质控部 14 个、管代 3 个，不符合项分布较多的标准要素条款为 6.1.3(3 个)、7.1.5(3 个)、7.5.3（文件与记录管理，11 个）、8.4.2(3 个)、8.5.1(5 个)、8.5.4(3 个) 以及 8.7(3 个)。详见按照标准要素与部门统计的不符合项分布表、内部审核不符合项清单
审核结论	(1) 公司基于 ISO 9001:2015 质量管理体系自建立与运行以来，总体基本符合标准及公司体系文件要求，其中文件管理存在系统性缺陷，需要重新修订程序文件并有效执行； (2) 三个审核组长一致认为，只要在管理评审之前这 58 个不符合项得到有效整改（相应纠正措施有效），则可以按照原计划在管理评审之后一月内实施认证审核
后续事宜	(1) 在本内审报告发布起三个工作日内，三个内审组长将分别签发针对所开不符合项的“纠正措施通知单”（通知单编号由质控部体系主管编制），并由体系主管通过邮件形式将通知单发至各责任部门，其中 11 个涉及文件与记录管理的不符合项将归类开出 4 个通知单； (2) 所有不符合项应自接到通知单起立即采取纠正（部分已经在现场审核时采取纠正），并在 1 个月内完成通知单内的原因分析、纠正措施计划、纠正措施实施描述，提前已经完成的，通知签发人进行验证
报告附件	(1) ABC 公司××××年度××月全标准要素内部审核按标准要素与部门划分的不符合项分布一览表； (2) 内审不符合项清单（包括具体的不符合描述、照片性证据、责任部门、对应“纠正措施通知单”编号等）
本报告致：总经理、各部门经理、本次内审各内审员	
编制：A　F　G　　日期：××××.××.××	批准：管代 N　　日期：××××.××.××

注：就初次建立（基于 ISO 9001:2015 标准）质量管理体系组织而言，虽然新版标准没有像先前版本要求那样规定组织要任命管理者代表，基于多年实践，还是任命一名为好。管代（管理者代表）也可称为（质量）体系负责人或类似名称，可由最高管理者（诸如总经理、分管质量或生产的副总）、质量管理部门（诸如品控部、质控部、品保部、质保部、技术部等，名称各异）长（部长、经理、总监等，名称各异）来担任，或最高管理者指定的其他人，甚至是外聘的非组织员工担任，总之可以非常灵活，但必须予以其相应体系管理、业绩报告与外部认证机构联络等的职责与权限。

表 5-11　内部审核不符合项按标准要素与部门统计示例

条款要素	不符合项数量								
	采购部	营销部	生产部	工程部	人力资源部	质控部	总经理	管理者代表	要素小计
4　组织环境									
4.1　理解组织及其环境								1	1
4.2　理解相关方的需求和期望		1				1			2
4.3　确定质量管理体系的范围									
4.4　质量管理体系及其过程									
5　领导作用									
5.1　领导作用和承诺									
5.1.1　总则									
5.1.2　以顾客为关注焦点		1				1			2
5.2　方针									
5.2.1　制定质量方针									
5.2.2　沟通质量方针									
5.3　组织的岗位、职责和权限									
6　策划									
6.1　应对风险和机遇的措施			1			1		1	3
6.2　质量目标及其实现的策划									
6.3　变更的策划									
7　支持									
7.1　资源									
7.1.1　总则									
7.1.2　人员									
7.1.3　基础设施				1					1
7.1.4　过程运行环境				1					1
7.1.5　监视和测量资源			1	1		1			3
7.1.6　组织的知识									
7.2　能力					1				1
7.3　意识					1				1
7.4　沟通									
7.5　成文信息									
7.5.1　总则									
7.5.2　创建和更新									
7.5.3　成文信息的控制	2	2	3	2	1	1			11

续表 5-11

条款要素	不符合项数量								
	采购部	营销部	生产部	工程部	人力资源部	质控部	总经理	管理者代表	要素小计
8　运行									
8.1　运行的策划和控制									
8.2　产品和服务的要求									
8.2.1　顾客沟通		1							1
8.2.2　产品和服务要求的确定		1				1			2
8.2.3　产品和服务要求的评审									
8.2.4　产品和服务要求的更改									
8.3　产品和服务的设计和开发									
8.3.1　总则									
8.3.2　设计和开发策划			1						1
8.3.3　设计和开发输入									
8.3.4　设计和开发控制			1			1			2
8.3.5　设计和开发输出									
8.3.6　设计和开发更改									
8.4　外部提供的过程、产品和服务的控制									
8.4.1　总则	1								1
8.4.2　控制类型和程度			1	1		1			3
8.4.3　提供给外部供方的信息	2								2
8.5　生产和服务提供									
8.5.1　生产和服务提供的控制			3	1		1			5
8.5.2　标识和可追溯性			2						2
8.5.3　顾客或外部供方的财产									
8.5.4　防护	1	1	1						3
8.5.5　交付后活动									
8.5.6　更改控制									
8.6　产品和服务的放行			1			1			2
8.7　不合格输出的控制			2			1			3
9　绩效评价									
9.1　监视、测量、分析和评价									
9.1.1　总则						1			1
9.1.2　顾客满意		1							1
9.1.3　分析与评价						1			1
9.2　内部审核									

续表 5-11

条款要素	不符合项数量								
	采购部	营销部	生产部	工程部	人力资源部	质控部	总经理	管理者代表	要素小计
9.3 管理评审									
9.3.1 总则									
9.3.2 管理评审输入									
9.3.3 管理评审输出									
10 改进									
10.1 总则									
10.2 不合格和纠正措施						1		1	2
10.3 持续改进									
各审核对象合计与总计	6	8	17	7	3	14		3	58

表 5-12 内部审核不符合项清单示例

编号	审核对象	不符合项描述和/或证据不符合标准要素与文件名称编号	责任部门	审核组长	纠正措施通知单		纠正措施完成时间	纠正措施验证	
					编号/序号	发出时间		时间	结果
1	采购部	……	采购部	A	××××-××	××××.××.××	××××.××	××××.××	有效
2	采购部	……	采购部	A	××××-××	××××.××.××	××××.××	××××.××	有效
3	采购部	……	采购部	A	××××-××	××××.××.××	××××.××	××××.××	有效

第6节　内审发现纠正与纠正措施

内部审核完成后，一个通行方式是由管理者代表（本次内审的组织者）组织本次内审小组长汇总各审核小组提交的不符合项，然后依次针对每个不符合项填写一个《纠正措施通知单》（或《纠正措施报告单》），经内审组长签字后送至被审核部门经理，从而启动针对不符合（项）的纠正措施流程。不过在《纠正措施通知单》中的不符合事实描述，可以在不符合项汇总报告描述内容的基础上加以简化，以及改变一下审核证据与审核准则的前后顺序。

针对内部审核不符合（项）的纠正措施及其验证的《纠正措施通知单》，也有组织将此单称为《不合格（不符合）报告单》，但这种叫法未能显示其中主要包含的是纠正措施全过程这一特点，还是叫《纠正措施通知单》为好，"通知"之意是指本纠正措施的实施要求来自外部，即审核小组。不言而喻所有纠正措施都是由不同类型和属性的不合格而引发的，即一旦有纠正措施，必然在此之前存在着一个不符合（不合格）。《不合格报告单》最适合为对不合格品（产品）或不合格服务控制（ISO 9001 标准 8.7 条）记录的名称。

一个典型的针对内审不符合（项）的《纠正措施通知单》通常应包括以下几项内容。

1. 文件编号和序号

2. 不符合描述、不符合事实违反的条款和不符合项的类型、内审组长签名、被审核部门经理签名

此处略。

3. 不符合项违反的条款

一般要填写两类文件的条款，一类是违反组织管理体系具体文件的名称和条款号，另一类是违反管理体系标准中的条款（号）。为什么要填写后者呢？一个通行的解释是这样做便于对不符合项的分类，也便于组织统计管理体系哪个（对应管理体系标准的）过程容易出现问题，从而为最高管理者提供持续改进的有效信息。同时也方便认证审核时审核员的查看，在认证审核不符合报告中是要针对不符合（项）判定对应管理体系标准条款的。

也有组织对其内审不符合项进行分类的，即所谓：

（1）“体系性不符合”，各级文件不符合ISO 9001条款要求，例如，《不合格品控制程序》中没有对不合格品进行评审的规定；

（2）“实施性不符合”，活动或操作没有按照《质量手册》、程序文件或作业指导书规定的流程或步骤进行，包括相关的记录填写；

（3）“效果性不符合”，虽然过程的活动流程、步骤等符合相应文件的规定，但最终效果状态或结果指标没有达到预定标准等的要求，诸如质量方针、过程控制目标、产品质量指标等。

4. 被审核部门领导签字

虽然在末次会议上已经口头确认了不符合（事实），作为实施纠正措施的前奏，还是再由部门领导签字为好，一来便于领导或下属纠正措施的实施，二来也满足管理体系内部审核管理程序文件中关于“负责受审核区域的管理者应确保及时采取必要的纠正和纠正措施，以消除所发现的不合格及其原因”（这句话是先前ISO 9001标准中的，现在写进组织内部审核管理程序文件中非常有必要）的要求。

5. 原因分析、分析者签名

应由部门领导或其指定的人员针对不符合事实进行（发生）原因分析，原因分析一定要到位，即分析出的原因一定要是导致不符合发生的必然根源或诸多必然根源的组合。不符合原因分析能力较差是当前不少组织的通病之一。一旦原因分析不到位、不彻底，那么对应的纠正措施即使有效实施了，也难以保证日后类似不符合不会再次发生。此处的签名者一般是部门不符合发生部位的科长或主管。

6. 纠正措施计划、预计完成日期、责任者签名

（1）纠正措施计划：一定要针对分析出的原因制定消除原因的纠正措施。问题比较严重或原因比较复杂的原因分析、纠正措施（实施）计划可能还需要签发者在实施前进行评审性确认。

（2）预计完成日期：由纠正措施计划制定者确定。一般没有特别情况应在两周内实施完毕。超过两周的必须更详细说明纠正措施计划，诸如硬件改造、人员培训等。

7. 纠正措施实施、实施者签名

由纠正措施实施者在纠正措施实施完毕后简要说明实施的内容、实施后的结果或状况以及其证据所在的地点或位置，以便验证者查验，并由实施负责人签名。

8. 纠正措施验证

一般情况下，应在纠正措施完成后两周内邀请签发者（审核组长）到部门现场验证纠正措施的有效性，即在纠正措施完成后的一段时间里是否原来的不符合（状况）再次出现了。如果原因分析到位、纠正措施计划针对分析出的原因以及纠正措施实施有效，那么签发者应简要加以说明，并签字。某些情形下，验证前可能需要更长的数月后才能验证其纠正措施的有效性，诸如人员培训与资质获得、硬件投入与改造等。

最后签发者应复印一份“纠正措施通知单”给纠正措施实施者，原件交管理者代表，审核后交给相关人员（诸如质控部人员或体系文件及运行管理中心）存档。

9. 备注

管理者代表可在备注栏中填写一些他认为有必要说明的事情。

一个完整的某啤酒厂针对内部审核不符合（项）的纠正措施及其验证的《纠正措施通知单》，以及其他组织针对内部审核不符合项纠正措施实施的完整记录见表5-13和表5-14。

表 5-13　内审不符合项纠正措施示例一

编号:QSP - XX - R1　　　　　　　　　　　　　　序号:20 × × - × ×

来源	□过程检查　□产品监测　☑内审　□二方审　□集团检查审查 □监管机关检查　□监管机构审查　□监管机构抽样检验　□投诉 □重大质量事故　□认证审核　□管理评审　□改进建议
纠正措施启动	不符合描述:依据发酵工段 × ×月满罐汇总表(SOP 2022006 - R1 No. 2010 - × ×),× ×月发酵工段总共满罐 × ×次,抽查 ×份满罐操作记录表(SOP 2022006 - R2 No. 20100 × × × - T ×),其中 ×份没有填写满罐酵母数数据
	☑不符合"质量手册"与 ISO 9001:2015 条款号:8.5.1c □不符合《程序文件》名称编号: □不符合适用法规标准名称(内部)编号: ☑不符合其他:SOP 2022006《满罐操作及其过程检测》 □纠正措施计划需要评审
	签发人:张某　　日期:× × × ×. × ×. × ×
	责任部门负责人签字:李某　　日期:× × × ×. × ×. × ×
原因分析	根本性原因:
	(1)有 ×位操作工不会做满罐酵母数镜检计数;
	(2)有时操作工在满罐后 1 ~2 小时内忘记了取样分析;
	(3)发酵班长与主管在对满罐操作记录审核时未及时发现和提醒监督;
	(4)——
	责任部门负责人签字:王某　　日期:× × × ×. × ×. × ×
纠正措施计划	(1)纠正:已经于 21 日中班开始由各班长保证每个满罐酵母数的测定和记录;
	(2)请质控科长培训王某、张某满罐酵母镜检计数;
	(3)购置定时闹铃,提醒满罐后 1 ~2 小时内的取样;
	(4)班长和主管每日审核满罐操作记录表时确认包括满罐酵母数在内的各类数据是否已经按要求填写完毕,即在以前签名基础上再加上"已确认",如第(1)、(2)项 × ×月 × ×日前完成,第(3)项将于 × ×月 × ×日起开始实施
	责任部门负责人签字:王某　　日期:× × × ×. × ×. × ×
	计划评审结论:□可行　□需修订　　签发人:　　日期:
纠正措施实施描述	× ×月 × ×日上午由人事培训主管召集质控科长对王某、张某进行满罐酵母镜检计数培训并通过操作考核,已经能够独立操作。× ×月 × ×日已经开始使用新购买的多功能定时闹铃,在每次满罐后定时提醒取满罐样镜检酵母数。从 × ×月 × ×日开始班长和发酵主管在审核完前日满罐操作记录表所有应记录的数据与信息后,加写"已确认"并签名
	责任部门负责人签字:李某　　日期:× × × ×. × ×. × ×
验证	综述:× ×月 × ×日对本纠正措施验证如下:查看 × ×月 × ×日的培训记录及抽查王某对满罐样的镜检计数操作,符合要求;检查定时闹钟功能,完全能满足满罐取样提醒需要;查看 × ×月 × ×日至今的全部 × ×份满罐操作记录,未发现满罐酵母数数据漏填现象,所有记录均有各班长及发酵主管审核后的"已确认"和签名。综上所述,本不符合项的原因分析到位、纠正措施计划合理、纠正措施实施有效
	验证人:张某　　日期:× × × ×. × ×. × ×
备注	

表 5-14　内审不符合项纠正措施示例二

编号:QSP－XX－R1　　　　　　　　　　　　　　　　序号:20××－××

来源	□过程检查　□产品监测　☑内审　□二方审　□集团检查审查 □监管机关检查　□监管机构审查　□监管机构抽样检验　□投诉 □重大质量事故　□认证审核　□管理评审　□改进建议
纠正措施启动	符合描述:质控部负责起草编制的《不合格品控制程序》不规范,缺乏针对不合格品启动不合格品评审的职责规定,以及评审前必要的隔离规定,这直接导致近三个月以来×次不合格品(×次采购原料、×次在制品与×次超内控成品)没有及时得到有效的评审与处置
	☑不符合“质量手册”与 ISO 9001:2015 条款号:8.7(不合格输出的控制) □不符合“程序文件”名称编号: □不符合适用法规标准名称(内部)编号: □不符合其他: □纠正措施计划需要评审
	签发人:× ×　　日期:××××.××.××
	责任部门负责人签字:××　　日期:××××.××.××
原因分析	根本性原因:
	(1)“不合格品控制程序”中的流程未体现不合格品识别/发现、报告与隔离、评审与处置、必要的再检验这一规范性流程及其明确的人员沟通衔接规定,导致不合格品控制流程不畅通和遗漏不合格品的及时隔离、评审、处置与必要的再检验
	(2)——
	责任部门负责人签字:××　　日期:××××.××.××
纠正措施计划	(1)自内审当日,质控部经理已经发出临时通知,以杜绝不合格品失控的情形,见证据×;
	(2)立即着手修订现有的《不合格品控制程序》,并体现流程的规范性与沟通渠道的畅通性,预计一周内完成;
	(3)针对以上的×次不合格品进行跟踪确认,确保最终成品符合标签声明标准出货
	责任部门负责人签字:××　　日期:××××.××.××
	计划评审结论:□可行　□需修订　　签发人:　　日期:××××.××.××
纠正措施实施描述	(1)××××年××月××日已经正式发布修订的《不合格品控制程序》,发布前所有涉及部门的部门经理与内审员、管理者代表进行了仔细的评审,包括可行性、规范性、针对不合格品启动评审的不遗漏性,一致认为符合 ISO 9001:2015 标准和公司不合格品管理实际需求,见证据×:最新版《不合格品控制程序》
	(2)经质控部 QC 主管的核查,以上×批次不合格品产品均未引起最终成品超标签声明标准出货,×批超内控标准的成品符合标签声明标准
	责任部门负责人签字:××　　日期:××××.××.××
验证	综述:查看证据×与×,符合纠正及纠正措施计划要求,证据×也符合 ISO 9001:2015 之条款 8.7 的要求,自修订程序发布以来共出现×次不合格品,均按照程序得到有效处置,即《不合格品处置单》××××－××与××××－××。总之,原因分析、纠正措施计划及其实施均有效
	验证人:××　　日期:××××.××.××
备注	

第7节 管理评审中的内部审核信息输入

年度内(自上一次管理评审以来)质量管理体系内部审核过程与结果是管理评审的重要输入,这个输入一般由管理者代表或者类似职责的人员提供,主要为内部审核的次数、范围、目的以及负面发现数量分布、纠正措施实施及其有效性等的信息,对于负面发现(如不符合项)可汇总成表5-15来汇报,比较简单明了。

表5-15 年度内部审核不符合项及其纠正措施实施汇总信息一览表

标准要素	部门1	部门2	部门3	部门4	部门5	部门6	总经理	管理者代表	要素小计	不符合类型分布			纠正措施	
										体系性	实施性	效果性	实施数量	有效数量
标准要素1														
标准要素2														
标准要素3														
标准要素4														
标准要素5														
标准要素6														
标准要素7														
⋮														
合计														

第 6 章　ISO 9001:2015
质量管理体系文件编制指南

第 1 节　质量手册编制指南

1.1　概述

在 ISO 9000:2015《质量管理体系　基础和术语》中术语“质量手册”定义如下。

3.8.8　质量手册 quality manual **组织**(3.2.1)**质量管理体系**(3.5.4)的**规范**(3.8.7) 注:为了适应某个**组织**(3.2.1)的规模和复杂程度,质量手册在其详略程度和编排格式方面可以不同。

在 ISO 9001:2015 标准中没有像先前版标准那样明确提出编制《质量手册》的要求,虽然这基于提升标准的通用性与灵活性,但就多年的基于 ISO 9001 标准质量管理体系实践而言,特别是对于有一定规模的组织而言,《质量手册》无疑是很有必要编制的,否则标准中那些需要简要描述的东西就会很分散,也没有引出众多可能的程序文件,或者说程序文件及其对应的管理活动究竟属于标准哪个条款等就难以有序规范的表达,或者说整个质量管理体系文件缺乏看得见的顶层设计,亦即至上而下的众多文件(包括记录)缺乏溯源性。

1.2　编制《质量手册》应注意的问题

组织在编制自己的《质量手册》时应避免出现以下问题。

第一,基本照抄 ISO 9001 标准的条款。这样的手册恐怕除了编制者,其他人是看不懂的,因为 ISO 9001 标准是由西方人制定的,翻译成中文后除非受到专业的培训,一般人是看不懂的。一个编制得好的《质量手册》就是将标准中条款内容具体表达成一般人能看懂的描述;当然对于标准中的关键性术语最好不要随意更改,比如最好不要将纠正措施改为容易理解的什么“防止再次发生的措施”或“整改措施”,这样会妨碍与外部相关方的顺畅沟通。

第二,没有体现组织质量管理的特点。这样的手册一般人看过后还不知道是哪个行业的《质量手册》,因为没有将行业或者组织具体的质量管理特点体现出来,再加上里面也很少出现专业术语,从而导致质量手册的可执行性非常差。在保证将 ISO 9001 体系标准各要素充分描述的基础上,一定要将组织的质量管理特点表达出来,这些特点可以是关于组织的产品、过程、管理要求等诸多方面的,比如,应该将标准中大部分的“组织应……”转化为手册中的“(本)公司确定(确保/将按/已经策划等)……”。

为了使组织的员工更好地看懂和执行《质量手册》,可以将标准中的一些不符合我国表达习惯的各级条目加以变更,比如,将标准中“7.5.2 创建和更新”变为“7.5.2 文件与记录新建和修订”,“7.5.3 成文信息的控制”变为“7.5.3 文件与记录控制”,将“8.4.1 总则”变为“供应商、承包商与服务商的评定和业绩评价”,将“8.4.2 控制类型和程度”变为“8.4.2 供应商、承包商与服务商日常监管”,将“8.4.3 提供给外部供方的信息”变为“8.4.3 供应商、承包商与服务商正规性合同签订管理”(或者将 8.4.3 与 8.4.2 对调,更符合逻辑思维顺序)等就非常适合我国国人的理解,同时也没有遗漏标准中表达的内容。

第三,详略不恰当。一个理想的《质量手册》,对于有程序文件或质量管理文件引出的部分应该简要描述关键和重点内容(当然也可将程序文件直接放置于手册中,不过从许多实例来看,这样做得不好会损害手册编排的逻辑性,容易使人"只见树木不见森林",即影响到整个手册的 PDCA 循环思路的清晰性),不要使手册中的描述与程序文件或质量管理文件内容相当,这样一旦两者编写得有差异,是按手册中的规定执行还是按程序文件中的规定执行呢?

第四,与质量管理体系其他层次文件脱节。由于《质量手册》是组织关于质量管理体系宏观的总体要求,即宏观性的管理思路、理念、方向和应达成结果或状态,除了个别的如管理评审、设计和开发比较有可直接执行性(可以不再细化成更具体的规定,如程序文件),整个《质量手册》宏观质量管理要求的实现还得依靠质量管理体系程序文件和(各部门或跨部门的)管理规定这些第二层次文件的实施,所以一定要在手册中引出这些文件的名称和编号,这样才能形成一个完整的体系文件架构。

一个形成惯例的《质量手册》条款与 ISO 9001:2015 标准条款主条目对应关系见表 6-1。

表 6-1　质量手册主条款与 ISO 9001 标准主条款的对应关系

推荐的《质量手册》章节	ISO 9001:2015 标准条文
封面	
0.1 发布令	0.1 总则
0.2(管理者代表)任命书	0.2 质量管理原则
0.3 发布和修订一览表	0.3 过程方法
0.4 目录	0.4 与其他管理体系标准的关系
0.5 手册管理说明	
1 企业概况	1 范围
2 引用文件	2 规范性引用文件
3 术语和定义	3 术语和定义
4 公司质量管理体系运行环境	4 组织环境
5 领导作用	5 领导作用
6 公司质量管理体系策划	6 策划
7 质量管理体系运行所需硬件与软件保证	7 支持
8 产品实现过程的策划、现实与控制	8 运行
9 质量管理绩效评价	9 绩效评价
10 改进	10 改进
附表 1:影响质量管理体系预期结果能力内外部因素相关信息及其监视与评审一览表	附录 A(资料性附录)新结构、术语和概念说明
附表 2:影响质量管理体系预期结果能力内外部有关相关方、相关方要求及其监视与评审一览表	附录 B(资料性附录)ISO/TC 176 制定的其他质量管理和质量管理体系标准
附表 3:质量管理体系要素对应质量管理过程职责分配表	

1.3 《质量手册》编制简要指南

限于篇幅,本节只给出《质量手册》编制时各层次条款的通俗化名称,其条款号仍然与 ISO 9001:2015 保持一致,《质量手册》中可编制的图表在第 3 章中已经有详细的罗列,故只对应给出位于第 3 章中的图号与表号即可,同时也给出可引出的程序文件名称(这在本书中多个表格中提及)。

一个以制造业为例的《质量手册》编制指南见表 6-2。

表 6-2 制造业为例的《质量手册》编制指南

《质量手册》目录	描述示例、简要说明与可引出的程序文件名称
封面	公司 logo《质量手册》Quality manual 编号、版本号
0.1 发布令	本《质量手册》(以下可简称为"手册")是依据 ISO 9001:2015《质量管理体系 要求》标准编制的质量管理体系大纲,它阐述了 ABC 公司(以下可简称为"ABC""公司"或"本公司")从原材料采购、××产品制造、包装到储运销售全过程的质量管理宗旨、目的与实现策略,并规定了公司质量管理体系的过程顺序和相互作用。 本手册是 ABC 公司质量管理体系运行的基本准则与纲领性文件,有利于 ABC 公司稳定地提升输出满足顾客要求和相关法规标准要求产品的能力,以及通过切实执行本手册及其统领的质量管理体系文件,包括持续改进质量管理体系过程的有效性和质量管理绩效,旨在增强顾客满意。 遵守本手册是 ABC 公司每位员工应尽的职责,公司各级管理人员有义务向其下属宣讲《质量手册》,并模范带头遵守。 本《质量手册》自发布之日起在全公司范围内正式生效执行 总经理(签字) ××××.××.××
0.2 (管理者代表)任命书	ABC 管理者代表 任命书 任命王某(副总经理兼总工程师)先生为 ABC 公司质量管理体系管理者代表,其相应的主要职责如下: a)确保 ABC 公司按照 ISO 9001:2015 标准建立、实施、保持与持续改进质量管理体系; b)通过管理内部审核以及对包括质量目标在内各类信息数据的统计分析向总经理报告质量管理体系的绩效和任何改进的需求,包括质量管理体系改进、生产过程改进以及各类资源配置的改进; c)通过培训、宣讲与专题会议等方式,确保在 ABC 公司内提高全体员工满足顾客要求与期望的意识; d)在策划质量管理体系文件与资源等变更时,确保持续符合 ISO 9001:2015 所有条款的要求; e)负责与认证机构的联络,包括认证审核安排和协调,以及审核后纠正措施证据提交等方面 总经理(签字) ××××.××.××
0.3 发布和修订一览表	版本号 发布日期 修订理由与条款内容简要说明 起草人签字 审核人签字 批准人签字
0.4 目录	

续表 6-2

《质量手册》目录	描述示例、简要说明与可引出的程序文件名称
0.5　质量手册管理说明	0.5.1　起草、审核和批准 《质量手册》由 ISO 9001 质量管理体系运行管理中心(设置于品控部)组织 ABC 公司内审员依据 ISO 9001:2015 标准和 ABC 公司生产与销售经营质量管理总体要求与战略起草,管理者代表审核并征求各部门对手册内容的意见和建议,最后由总经理批准发布 0.5.2　有效版本控制 《质量手册》的有效版本有两种形式:一种是经过审核批准的(纸质)文本版本,其原件存放于质量管理体系运行管理中心,保管责任为体系运行主管;另一种是与文本版本对应的电子版本,其格式为 pdf,电子版本《质量手册》存放于 ABC 公司共享服务器上的“ABC ISO 9001 质量管理体系”文件夹中的“质量手册”分文件夹中。质量管理体系运行管理中心只对以上两种形式的手册有效版本进行控制,且只有这两种形式的有效版本才是 ABC 公司内部质量管理体系运行及外部认证审核的唯一依据 0.5.3　手册的查看和使用 公司任何人都有访问和查看位于服务器上《质量手册》的权限,但只有部门经理及以上人员才有打印权限。对其他诸如由于合同或协议要求需要向外部提供 ABC 公司质量手册的情况,由相应的部门经理依照电子文本进行打印,质量管理体系运行管理中心提供给外部的《质量手册》不进行跟踪,也不做同步更新;对于各部门经理用于内部培训等用途需要查看《质量手册》时,第一,尽量不要打印,如通过投影机投影电子版本学习,需要打印,也要保持其完整性如整体装订;第二,要保持其时效性,如当通过 E-mail 接到有效版本已经被修订时,部门经理就要负责将以前打印出的《质量手册》及时予以销毁或隔离(并做诸如“作废保留”的标注) 0.5.4　修订和版本号控制 ABC 公司任何员工都可以向体系主管提交书面的或口头的针对《质量手册》修订的建议,待体系主管将这些建议汇总到一定程度,可向管理者代表提出修订要求,但是否修订需经管理者代表确认并经口头请示总经理同意,一经同意,其修订流程同首次发布流程。可能导致《质量手册》修订的其他情形还有管理评审决定、ISO 9001 标准换版、ABC 涉及质量管理体系的重大变化以及与 ABC 适用质量管理相关法规标准的重大变化等 《质量手册》首次发布的版本号为 1.0,以后每小修订一次,版本号上升一次,如 1.1、1.2、…,当上升到 1.9 或手册出现一次关键性的或大范围内的修订时,版本号可直接上升至 2.0,以此类推 为方便和提醒使用者查看手册,每次手册修订后将以下划线的形式标明最新修订的对象或新增内容。 0.5.5　解释权 对于各部门在执行《质量手册》中的任何疑问,都可以询问本部门经理或内审员,当他们不能解释时,可再询问管理者代表,管理者代表对《质量手册》有最终解释权
1　企业概况	公司发展沿革、股份说明、地址与周边环境、产品与品牌、市场占有率、投资额与产能、职能部门、质量管理理念战略、人才战略等
2　引用文件	ISO 9001:2015(GB/T 19001—2016)、集团公司或公司《管理手册》

续表 6-2

《质量手册》目录	描述示例、简要说明与可引出的程序文件名称
3　术语和定义	ISO 9000 标准解释过的且出现在 ISO 9001 标准或《质量手册》中的术语，诸如组织环境、相关方、顾客、改进、持续改进、质量管理、质量控制、质量改进、更改控制、过程、程序、外包、合同、设计和开发、体系、基础设施、管理体系、质量管理体系、质量方针、愿景、使命、质量、等级、要求、质量要求、法规要求、不合格（不符合）、能力、可追溯性、质量目标、输出、产品、服务、绩效、风险、效率、有效性、信息、文件、成文信息、质量手册、记录、验证、确认、反馈、顾客满意、投诉、顾客服务、评审、监视、测量、试验、检验、测量设备、纠正措施、纠正、降级、让步、放行、返工、返修、报废、审核、审核方案、审核计划、审核员等 公司内部使用的行业术语、专业术语与内部特定术语
4　公司质量管理体系运行环境	
4.1　公司质量管理体系运行环境	表 3-1，《公司质量管理体系内外部环境因素识别、监视与评审管理程序》
4.2　理解相关方的需求和期望	表 3-2，《公司质量管理相关方及其要求识别、监视与评审管理程序》
4.3　确定质量管理体系的范围	公司产品范围、过程范围与经营场所
4.4　质量管理体系及其过程	表 3-3、图 3-1
5　领导作用	
5.1　领导作用和承诺	
5.1.1　总则	
5.1.2　以顾客为关注焦点	总经理通过以下活动，履行其以顾客为公司关注焦点的示范作用与郑重承诺： a）通过精心策划与有效执行《顾客要求确定、理解与持续满足管理程序》《适用质量管理法规标准识别、遵守与合规评价管理程序》，确保顾客要求与适用质量管理相关的使用要求得到持续获取、理解、识别、遵守、评价、改进与持续性满足； b）通过精心策划与有效执行《质量管理风险和机遇评估、应对措施及其评价管理程序》《质量危机管理程序》，识别出可能影响公司产品与服务质量以及持续提升顾客满意能力的各种风险和机遇，并通过制定出适宜的应对措施、监视与评审应对措施效果来确保这些风险与机遇得到控制，包括可能获得的正面影响； c）正如公司愿景、使命、质量方针所体现的信念那样，持续致力于提升顾客满意能力不仅是公司质量管理的核心所在，也是决定公司可持续发展的决定性因素，所有的质量管理过程及其活动皆是围绕这一核心目的展开的。 《顾客要求确定、理解与持续满足管理程序》《适用质量管理法规标准识别、遵守与合规评价管理程序》

续表 6-2

《质量手册》目录	描述示例、简要说明与可引出的程序文件名称
5.2 方针	
5.2.1 制定质量方针	公司愿景、使命、质量方针
5.2.2 沟通质量方针	
5.3 公司质量管理高层岗位、职责和权限	公司质量管理组织结构图、表 3-4,《公司岗位、职责和权限管理程序》
6 公司质量管理体系策划	
6.1 应对风险和机遇的措施	表 3-5,《质量管理风险和机遇评估、应对措施及其评价管理程序》《质量危机管理程序》
6.2 质量目标及其实现的策划	质量目标确定原则与范围,表 3-6,《质量目标策划、实施、评价与改进管理程序》
6.3 变更的策划	
7 质量管理体系运行所需硬件与软件保证	
7.1 资源	
7.1.1 总则	
7.1.2 人员	《员工招聘管理程序》
7.1.3 基础设施	《设备设施管理程序》
7.1.4 过程运行环境	《员工满意度调查与改进管理程序》

续表 6-2

《质量手册》目录	描述示例、简要说明与可引出的程序文件名称
7.1.5　监视和测量资源	《计量与检测仪器仪表管理程序》
7.1.6　公司知识与人才	公司知识与人才管理目的、原则与途径,《公司核心人才与技术知识库管理程序》
7.2　质量管理能力	《员工技能认定管理程序》《员工培训管理程序》
7.3　质量意识	
7.4　质量沟通	内外部质量沟通目的、原则与途径,表 3-10,《内外部质量沟通管理程序》
7.5　文件与记录管理	
7.5.1　总则	
7.5.2　新建与修订	《文件控制管理程序》
7.5.3　文件与信息控制	《记录管理程序》
8　产品实现过程的策划、现实与控制	
8.1　生产的策划和控制	《产品、生产工艺技术标准管理程序》《工艺调整与变更管理程序》《SOP 管理程序》《过程产品检验管理程序》《工艺与产品异常管理程序》《外包过程管理程序》《试验管理程序》《产品储运管理程序》
8.2　产品营销管理	
8.2.1　经销商沟通	《销售合同与订单管理程序》

续表 6-2

《质量手册》目录	描述示例、简要说明与可引出的程序文件名称
8.2.2 产品质量与售后服务要求的确定	
8.2.3 销售合同订单与生产计划管理	《库存、订单与生产计划编制管理程序》
8.2.4 销售订单变更管理	
8.3 新产品开发	
8.3.1 总则	《新产品开发管理程序》
8.3.2 新产品开发策划与项目计划书	
8.3.3 新产品开发项目计划书评审	
8.3.4 新产品开发试验过程管理	
8.3.5 新产品开发报告书编制管理	
8.3.6 新产品开发过程中变更管理	
8.4 供应商、承包商与服务商管理	《供应商评估、选定与业绩评价管理程序》《承包商评估、选定与业绩评价管理程序》《服务商评估、选定与业绩评价管理程序》

续表 6-2

《质量手册》目录	描述示例、简要说明与可引出的程序文件名称
8.4.1 供应商、承包商与服务商的评定和业绩评价	
8.4.2 供应商、承包商与服务商日常监管	《原材料采购控制程序》《辅助材料与工程助剂采购控制程序》《包装材料采购控制程序》《设备采购控制程序》
8.4.3 供应商、承包商与服务商正规性合同签订管理	
8.5 生产和售后服务过程管理	
8.5.1 生产过程的控制	同 8.1 对应的程序
8.5.2 产品标识和可追溯性	《产品标识与可追溯性管理程序》
8.5.3 顾客或外部供方的财产	《客户与外部供方财产管理程序》
8.5.4 产品防护	《产品防护管理程序》
8.5.5 售后服务	《售后服务管理程序》
8.5.6 更改控制	
8.6 产品生产与储运过程转序控制	《产品出厂检验与交付管理程序》

续表 6-2

《质量手册》目录	描述示例、简要说明与可引出的程序文件名称
8.7 不合格品控制	不合格管理的目的与原则，表 3-14，《不合格品控制程序》
9 质量管理绩效评价	
9.1 监视、测量、分析和评价	
9.1.1 质量管理绩效监视与测量的范围和对象	监视与测量的范围与对象，表 3-16，《质量管理体系监视与测量管理程序》
9.1.2 顾客满意	《顾客满意度调查与改进管理程序》
9.1.3 绩效监视与测量结果的分析与评价	
9.2 内部审核	《内部审核管理程序》
9.3 管理评审	
9.3.1 总则	《质量管理体系管理评审程序》
9.3.2 管理评审输入	
9.3.3 管理评审输出	
10 改进	
10.1 总则	
10.2 不合格和纠正措施	纠正措施的目的、原则，表 3-17，《不合格、不符合及其纠正措施管理程序》（或《纠正措施管理程序》）
10.3 持续改进	《质量管理体系持续改进管理程序》《员工质量改进建议与提案管理程序》

第 2 节　质量管理体系程序文件编制指南

2.1　概述

程序文件是对《质量手册》所规定的需要具体细化且为跨部门质量管理流程与活动的详细说明，是确保质量方针与《质量手册》要求得以充分有效执行的关键，ISO 9001:2015 标准由于需要保持其广泛的适用性，与先前版相比，基本上没有明示具体性文件（包括程序文件）的要求，但就组织而言，除非是小型且业务及其流程非常简单，否则没有程序文件（不管是位于《质量手册》之中还是单独形成文件）的质量管理体系是无法想象的。程序文件最大的好处就是可以将跨部门质量活动的流程、启动条件、上下接口、与其他程序文件的接口、权限、要求以及引出的文件与记录等明确化，即充分体现了过程管理的当代管理原则与途径，避免跨部门质量管理活动的职责不清、流程不明、缺乏沟通平台、缺乏启动与过程监视、缺乏改进平台（引出的文件与记录）、好像事事有人管，但出了问题没人管的管理弊端，总之程序文件是否能够体现过程管理特征与特性是评价其优劣的关键指标。

国内常见的比较正规的程序文件格式见表 6-3。

如果程序文件是直接写在《质量手册》中，则其形式可以非常简单，内容也非常简洁，如只写出表 6-2中的工作流程（或简单的工作流程图，见图 6-1）和记录即可。

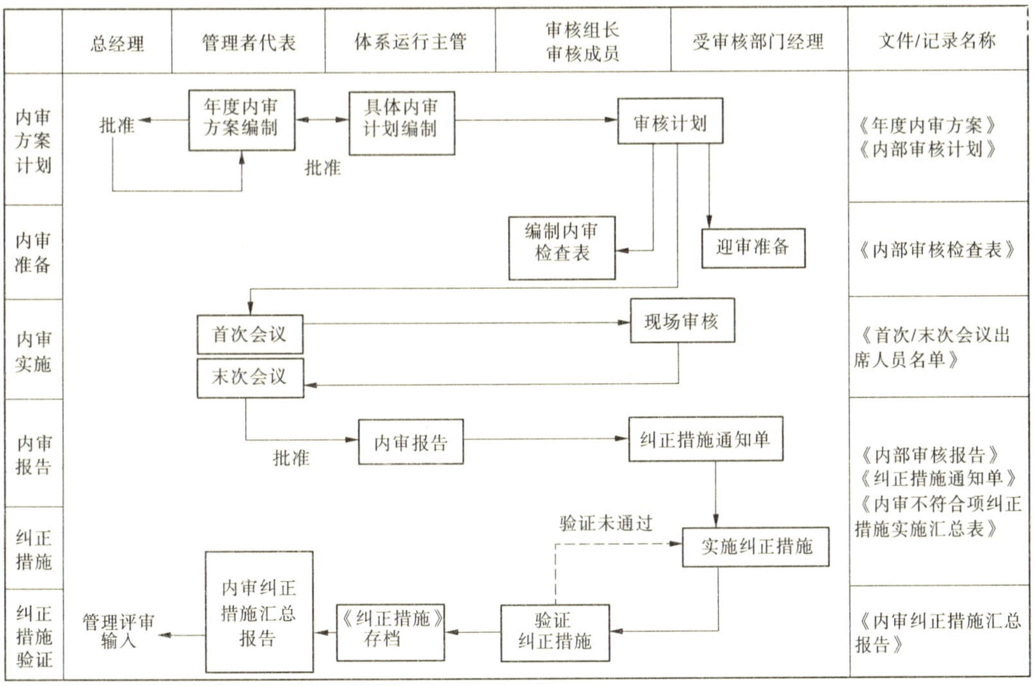

图 6-1　可代替文字性程序文件的程序活动流程图

程序单独形成程序文件时，其繁简程序依据组织员工的文化素质和质量管理意识技能而异。表 6-2中所给出独立于管理手册的程序文件的形式和内容是比较烦琐的，组织参照时可以加以精简，不过其中的“工作流程”和“记录”是不能够省略的，否则就不能算是程序或没有执行性与证明性。

程序文件的名称包括尾部名称可以是多种多样的，完全由组织自己决定，诸如“……控制程序，……管理程序，……管理规定，……管理活动流程图”等。

表 6-3　国内通行的管理体系程序文件形式和内容一览表

封面 发布页	组织的名称、logo	此处略
	程序文件名称、编号	此处略
	适用部门	程序文件规定质量管理活动所涉及的部门名称
	发布信息	起草、审核、批准(印签)
	修订经历一览表	修订目次、内容、(再)起草、审核、批准(印签)
	备注	发布后几日内生效、电子版本公共获取途径、其他说明
正文	页眉	组织名称、程序文件名称、编号、版本号、发布日期、页码、正文标识
	1　目的和适用范围	本程序所控制(管理)活动目的与涉及范围
	2　引用文件和相关术语	手册中引出本程序的条款号、必要的术语及其定义
	3　职责	工作流程中所涉及人员按职务或部门的具体职责汇总描述 (还可包括):该程序文件的管理者/责任者(部门); 该程序文件日常运行的监督者/部门
	4　活动流程	按照活动启动与发生、处置等逻辑顺序展开活动细节。包括:活动对象、实施者、活动时间、活动地点、处理或异常处置办法、引出的下级文件(具体作业指导书等),所谓5W1H 或者以图表等形式给出的程序所包含活动的流程图
	5　关联文件 (或参考文件与关联文件)	(1)引用或参照的国内外法规标准编号、名称; (2)与本程序文件相关的质量体系其他程序文件编号、名称; (3)与本程序文件关联的公司其他体系程序文件或上级管理规定名称; (4)本程序文件所引出的下级文件编号、名称
	6　引出文件与记录	实施本程序文件规定活动引出的执行性文件与需要保留的证据性记录,即: 活动所输出(形成的)的文件(名称和编号,D－××/D××); 证明活动完成或完成结果的记录(名称和编号,R－××/R××)

2.2　程序文件编制示例

为减少篇幅,以下程序文件示例仅给出表6-3程序文件格式中的“正文”部分。

2.2.1　《质量管理风险和机遇评估、应对措施及其评价管理程序》示例

质量管理风险和机遇评估、应对措施及其评价管理程序

1　目的和适用范围

规定ABC与其质量管理体系环境及相关方相关的风险与机遇评估、应对措施确定及其实施后有效性评价的管理流程,期望风险出现的频次及其后果得到消除、减缓或减低至公司与其他利益相关方能够接受的范围内,并避免由质量风险事件引发对公司声誉、生存、产品质量与品牌形象有严重甚至毁灭性影响的质量危机。在质量风险管理过程中,及时识别出有正面影响的机遇,并将机遇转化为提升质量管理体系及其预期输出绩效的促进因素,包括为质量管理持续改进扫清可能的障碍。

本程序适用于ABC质量管理风险与风险管理的全过程。

2　引用文件和相关术语

2.1　引用文件

引用《质量手册》的章节号:6.1 应对风险和机遇的措施。

2.2　相关术语

2.2.1　风险

不确定的影响。

注:(1)所谓不确定就是风险相关事件出现时间不能确定、后果(对公司质量管理体系、产品、售后服务以及法规合规性等的影响)不能确定、控制措施有效性的预期不能确定。虽然不能确定,还是要在收集整理公司与行业过往质量风险事件发生、处置与后果影响案例基础之上,应用风险管理基本手段对有发生经历的、有潜在发生可能性甚至凭借推理、头脑风暴识别出理论上有发生可能性的质量管理相关风险进行罗列、梳理、评估,为制定可行的应对(控制)措施提供可能性。

(2)本程序文件管理的"风险"也可称为"质量风险""质量管理相关风险""来自内外部相关方的(质量)风险"等,"(对质量管理体系及其预期输出有重大影响的重大)质量事件或风险事件"是风险实际上发生或出现的表现形式。

2.2.2　风险评估

确定风险等级的过程,为制定应对(控制)措施以及措施输入性资源提供确定优先顺序,以及为监视与风险事件响应管理提供基础性决策信息。

ABC 质量风险等级确定方法见以下工作流程。

2.2.3　机遇

机会或有利的境遇。

就 ABC 质量管理而言,其机遇来自风险管理应对措施及其有效实施对质量管理带来的积极性正面影响。

4　工作流程

4.1　(质量)风险识别领域与(质量风险)事件的确定

基于公司及行业多年发生的直接与间接影响产品质量及其交付质量的各类重大事件的经历与事件,以及对潜在具有重大影响事件的分析,ABC 识别出多种内外部的与顾客、相关方及自然相关的风险,这些是 ABC 实施质量风险与机遇管理的基础信息,见表 1。表 1 中风险信息并不是一成不变的、且无法罗列现有能力还不能识别的其他风险情形(也见下文 4.5"风险发生或出现的应对"最后一段的描述),在管理评审中对其进行评审,与做必要的与时俱进式的完善性修订。

表 1　ABC 质量管理体系风险管理相关基础信息一览表

来源	相关方 具体名称或类别	风险(事件)描述
外部	供应商及其产品质量重大异常	供应商提供的原料突然断供或大幅度不符合接收标准要求
		供应商突然终止合同,宁愿接受合同规定的处罚
		进口的核心原料突然涨价,导致多交付产品意味着多亏损
	天气突变	工厂突遇暴雨造成严重内涝无法生产
		突发恶劣天气导致原材料进不了厂、产品出不了厂
	国际政治与经济环境突变	国际政治、战争、贸易壁垒等原因,导致关键原材料进口中断
		汇率突然性上升,导致核心进口原料价格突然大幅度上升
	外部能源供应突发异常	电力公司线路等突发故障或限电,导致生产停顿
		燃气公司路线突发事故或限气,导致生产停顿
	短期内难以满足适用法规标准要求	一时无法满足新发布或修订的行业生产规范或产品标准
		生产许可证延期申请与评审过程出现问题,导致到期后一段时间无法生产(出现生产许可证到期而延续手续还没有办好的情形)

续表 1

来源	相关方 具体名称或类别	风险(事件)描述
外部	金融环境重大异常	贷款银行突然银根紧缩,导致无法购买足够的原料和实现订单
	国家产业政策影响	国家产业结构调整对生产及市场的负面冲击
	媒体负面新闻影响	ABC 内部人员或外部相关方人员通过媒体(网站、QQ 群与微信群、电台、电视等)传播针对产品、品牌、生产过程与现场,以及工艺、原料等方面的不利或恶意文字、图片或视频,导致客户与消费者不信任甚至流失
		媒体突然出现涉及行业或者 ABC 公司产品、品牌与服务的负面报道,甚至恶意负面报道,导致客户与消费者不信任甚至流失
	客户新要求的重大影响	组织短期内无法满足客户新提出的产品特性标准
	突发性竞争对手引发的重大影响	竞争对手采用行业最新最先进的技术装备,其产品功能特性或价格等明显超出组织产品,客户与市场迅速流失
		竞争对手发布贬低组织及其产品形象的媒体宣传
		由于竞争对手的退出,导致订单猛增,一时难以满足
	顾客相关紧急情况的影响	核心客户未能按照合同要求准时付款,导致一时资金周转困难
		客户或消费者对质量投诉处理不满意,要反映到媒体或法院
内部	非质量管理领域事件带来的重大影响	污染物排放不达标或污染事件,导致环保局责令停产、限期整顿
		因重大生产安全事故,导致政府及安监局责令停产整顿
		安全生产检查发现重大生产安全隐患,导致安监局责令停产整顿
	日常管理紧急情况的影响	突发火灾,导致生产短时间内难以恢复
		关键设备突然故障,导致在一定时间内完不成客户订单
	人员相关紧急情况的影响	高管层被突然解职或突然离职
		核心技术人员突然离职去竞争对手公司,导致产品竞争的劣势
		员工突然大批离职导致停产,而完不成客户订单
		因薪酬福利问题,导致员工停产维权
		临近春节前夕生产旺季,劳务工大批返乡
		核心销售人员突然离职并带走关键性客户,导致市场份额迅速流失

表 1 是表 2《ABC 质量风险识别、评估和应对措施制定与有效性评价以及机遇识别与把握一览表》中的一部分(位于最左边)。

4.2 (质量)风险评估

4.2.1 风险评估方法

ABC 质量风险(对应为对质量管理体系及其预期输出有重大影响的质量事件)等级评估输入因素包括:

——风险事件发生的可能性(概率),可划分为:

高:依据行业多年来经历与本公司特定环境、管理机制与企业文化来看,极有可能每年都有发生。

中:依据过往行业经历,极有可能三五年就发生一次。

低:依据过往经历与逻辑判断,较难发生,或者即使发生会有相对较长的持续过程,基本上不存在突发性,可能七八年甚至更长时间才有可能发生一次。

——风险事件发生前觉察或有意识别(简称"识别")的难度,可划分为:

高:无法识别发生的前兆、难以设置专门职责或机制识别。

中:有渠道识别发生的前兆,稍加留意与分析便可识别。

低:稍加留意与分析就可以识别与观察出前兆,甚至后续关键性步骤。

——风险事件后果的严重程度,可划分为:

高(非常严重):后果涉及违法、生产经营中断、市场占有率显著下降、重要管理过程停滞、产品与服务提供严重不足等直接看得见的影响,直至可引发质量管理危机,重要相关方也能在短时间内获悉、识别到这种后果,并极可能会采取相应措施或对策,即后果传播迅速、波及范围广。

中(较严重):可预见时间内对生产经营、产品与服务提供、产品质量与品牌形象、市场份额等有间接性影响,虽然暂时能够渡过难关;重要相关方也能在可预期时间内获悉、识别到这种后果,并可能会采取相应措施或对策。

低(不严重):至少公司外部相关方,主要为顾客、外部供方与政府质量监管部门暂时或在可预期时间内不太可能觉察到可能的负面影响。

——风险事件后果处置(资源保证性、可干预性、降低预期后果影响可行性,简称"处置")的难易程度,可划分为:

高:在短时内公司可能束手无策,只能做公司能够做的,且对其效果没有把握与信心。

中:在短时间内公司可以实施预定的应对措施,且对其效果有一定把握。

低:在短时间内公司可以实施预定的应对措施,且有把握将后果降低至公司与相关方可以接受的范围内。

依据以上风险等级评估规则,引出"ABC 质量风险识别、评估和应对措施制定与有效性评价以及机遇识别与把握一览表"中评估部分活动的实施,见表 2。

4.2.2　风险评估

4.2.2.1　首次风险评估

由管理者代表召集各部门经理、重要质量管理人员以及全体体系内审员应用以上 4.2.1 中风险评估方法,对表 1 中各项风险进行风险等级评估,评估信息及其结果填入表 2 中的中间位置("风险评估"列下的五小列"概率、后果、识别、处置、等级"),其中"等级"(高、中、低)判定依据表 2 下方的"风险评估等级判定规则矩阵"。

4.2.2.2　临时风险评估

当 ABC 或行业发生或出现表 2 中风险情形时,则在其处置及后续适宜完毕后,由管理者代表负责对表 2 中的对应风险(等级,以及以下 4.3 中制定的"应对措施")进行再评估,评估人员同上条,即在掌握整个风险事件及其处置全过程信息基础之上完善表 2 中的对应内容。

4.2.2.3　年度风险评估

即使没有发生或出现实施临时风险评估的情形,整个表 2 中的内容也要在管理评审中进行年度评审,并做必要的完善性修订。

4.3　风险应对措施制定

4.3.1　首次应对措施制定

ABC 风险管理应对措施基于以下风险管理原则制定。

ABC(质量)风险管理原则:

——规避风险

——消除风险源

——降低风险(质量事件)后果的严重程度

——分担风险

——与风险相关方就风险事宜进行沟通

——暂时保留风险作为日常改进质量管理的重要关注点

——适用的包括质量管理在内的强制性法规标准是风险及其后果管理的底线

结合以上风险应对措施原则以及以下“针对风险评估等级应对措施繁简程度规则”(具体内容位于以下表2的右下方),由管理者代表召集相关人员(同以上4.2.2.1)制定风险的应对措施,并填写进表2中的“应对措施描述”列中。对于高等级风险还需在管理者代表协调下编制对应的应急预案,其预案的文件编号也应填入本列各对应行的最下边。

应对措施实施的责任落实到具体的部门,涉及两个或以上部门时,指定一个部门负主要责任,其他部门负协助责任,主要责任部门经理指定一名主管对应对措施(包括应急准备落实、相关信息监视等)的落地负责。将责任部门(经理)及其落地主管名字填入表2“责任部门(落地主管)”列中。

落地主管对相应风险(事件)的关联信息实施日常关注与监视,并将相应信息填入《风险(事件)关联信息日常关注与监视记录表》中,每月向部门经理汇报,部门经理再在月度质量会议上作必要的说明。

由总经理和/或管理者代表对应对措施有效性进行评价,具体分工经他们商议后由管理者代表将名字填入表2“措施有效性评价职责”列中。

在应对措施制定的同时,识别出对应的由应对措施引入的正面性影响即所谓的“机遇”,这些机遇是持续改进ABC质量管理体系及其业绩的重要输入,机遇需要具体职能部门人员持续关注、寻找机会与时机来转化实现(实实在在把握住了机遇),识别出的机遇与把握职责描述填入表2中“机遇”列下的两列中。

4.3.2 临时应对措施评审

见4.2.2.2“临时风险评估”中的描述。

4.3.3 年度应对措施有效性评价

在年度管理评审中,对表2中的所有应对措施的有效性进行评价,必要时完善或修订应对措施(包括高等级应对措施对应的应急预案),调整责任部门及其落地主管。

4.4 机遇把握

一旦机遇因应对措施实施而自行出现或在此基础上稍加资源或管理性配套就可以完善,负把握职责的部门经理必须固化自行出现的机遇成果,或在此基础上添加资源或管理性配套予以完善并固化成果,具体执行落地过程中,保持与总经理和/或管理者代表的沟通。

管理者代表将所有应对措施相关的机遇及其把握落地的信息,集中汇总后作为输入(《ABC风险应对措施相关的机遇及其把握落地信息汇总表》)提交管理评审。

4.5 风险发生或出现的应对

一旦风险发生或出现,由各责任部门经理立即向管理者代表与总经理汇报,以启动应对措施(包括针对高等级风险的应急预案),整个处置过程及其结果(包括应对措施的有效性)由责任部门的“落地主管”填入《ABC质量管理风险处置记录单》。

整个质量风险处置完毕后,需对表2中的“风险(事件)描述”“风险评估”与“应对措施描述”重新评审,并做必要的完善修订,正如4.2.2.2“临时风险评估”所描述的。

也有质量事件及其处置后经认定属于质量风险情形且在表2中没有提及,此时应由管理者代表召集相关部门经理等质量管理人员将新出现或发生风险管理信息添加进表2中。

4.6 风险引发的质量危机管理

一旦质量管理体系风险引发质量危机,其危机处置按照ABC“质量危机管理程序”实施。

表 2 ABC 质量风险识别、评估和应对措施制定与有效性评价以及机遇识别与把握一览表

风险来源	相关方	风险(事件)	风险评估					应对措施描述	责任部门	机遇		措施有效性
	具体名称或类别	描述	概率	后果	识别	处置	等级	(应急预案文件编号)	(落地主管)	识别	把握职责	评价职责

风险评估等级判定规则矩阵

概率	后果	识别	处置	等级	概率	后果	识别	处置	等级	概率	后果	识别	处置	等级
高	高	高	高	高	高	高	中	高	高	高	高	低	高	高
高	高	高	中	高	高	高	中	中	高	高	高	低	中	中
高	高	高	低	高	高	高	中	低	中	高	高	低	低	中
中	高	高	高	高	中	高	中	高	高	中	高	低	高	中
中	高	高	中	高	中	高	中	中	中	中	高	低	中	中
中	高	高	低	中	中	高	中	低	中	中	高	低	低	中
低	高	高	高	高	低	高	中	高	中	低	高	低	高	中
低	高	高	中	中	低	高	中	中	中	低	高	低	中	中
低	高	高	低	中	低	高	中	低	中	低	高	低	低	低
高	中	高	高	高	高	中	中	高	高	高	中	低	高	中
高	中	高	中	高	高	中	中	中	中	高	中	低	中	中
高	中	高	低	中	高	中	中	低	中	高	中	低	低	中
中	中	高	高	高	中	中	中	高	中	中	中	低	高	中
中	中	高	中	中	中	中	中	中	中	中	中	低	中	中
中	中	高	低	中	中	中	中	低	中	中	中	低	低	低
低	中	高	高	中	低	中	中	高	中	低	中	低	高	中
低	中	高	中	中	低	中	中	中	中	低	中	低	中	低
低	中	高	低	中	低	中	中	低	低	低	中	低	低	低
高	低	高	高	高	高	低	中	高	中	高	低	低	高	中
高	低	高	中	中	高	低	中	中	中	高	低	低	中	中
高	低	高	低	中	高	低	中	低	中	高	低	低	低	低
中	低	高	高	中	中	低	中	高	中	中	低	低	高	中
中	低	高	中	中	中	低	中	中	中	中	低	低	中	低
中	低	高	低	中	中	低	中	低	低	中	低	低	低	低
低	低	高	高	中	低	低	中	高	中	低	低	低	高	低
低	低	高	中	中	低	低	中	中	低	低	低	低	中	低
低	低	高	低	低	低	低	中	低	低	低	低	低	低	低

针对风险评估等级应对措施繁简程度规则：

(1)高等级风险应对措施繁简程度规则：

①有对应的专项应急预案，包括信息收集、识别、分析、内外部沟通、响应、应急准备资源安排等方面的职责；

②应急准备最高责任至少落实到部门经理；

③应急响应最高责任为管代或总经理；

④日常相关信息监视至少落实到具体主管；

⑤应急响应融合进 ABC《质量危机管理程序》；

⑥部门经理每月汇报信息监视与分析预测结果；

⑦应对措施有效性评价作为管理评审的一部分。

(2)中等级风险应对措施繁简程度规则：

①“ABC 质量风险识别、评估和应对措施制定与有效性评价以及机遇识别与把握一览表”中“应对措施描述”执行责任应具体落实到具体部门经理；

②应对措施启动最高决策人为管代或总经理；

③日常相关信息监视至少落实到具体主管；

④责任部门经理每月汇报相关信息监视与分析预测结果；

⑤应对措施有效性评价作为管理评审的一部分。

(3)低等级风险应对措施繁简程度规则：

①同以上中等级风险中的“①”；

②日常相关信息监视至少落实到具体主管；

③监视与分析结果作为输入，由责任部门经理提交管理评审

5 关联文件与记录

QMS－P××《质量危机管理程序》;

QMS－P××《内外部质量沟通管理程序》;

QMS－P××《顾客要求确定、理解与持续满足管理程序》;

QMS－P××《适用质量管理法规标准识别、遵守与合规评价管理程序》;

QMS－P××《质量管理体系管理评审程序》。

6 引出的文件与记录

QMS－P××－D1《ABC 质量风险识别、评估和应对措施制定与有效性评价以及机遇识别与把握一览表》;

QMS－P××－D1－D1《(各)高等级质量管理体系风险应急预案》;

QMS－P××－R1《风险(事件)关联信息日常关注与监视记录》;

QMS－P××－R2《ABC 风险应对措施相关的机遇及其把握落地信息汇总表》;

QMS－P××－R3《ABC 质量管理风险处置记录单》。

2.2.2 《供应商评估、选定与业绩评价管理程序》示例

供应商评估、选定与业绩评价管理程序

1 目的和适用范围

评价和选择有能力稳定提供高质量与价格适中原料的供应商(外部供方),以及通过对供应商提供产品和服务业绩的评价来形成对所有供应商优胜劣汰的竞争机制,保证和促进 ABC 公司质量的不断提升。

本程序适用于 ABC 公司对自主采购产品供应商现场考察、评估与选择,以及供应商业绩评价与重新选定的全过程。

2 引用文件和相关术语

2.1 引用文件

引用《质量手册》的章节号:8.4 供应商、承包商与服务商管理。

2.2 相关术语

2.2.1 供应商

——为 ABC 提供原料、辅料、包装材料、工程材料(过滤器、过滤介质等)、清洁与清洗等与产品及其质量形成直接 ABC 产品的外部供方。供应商分为两大类,一是直接生产并向 ABC 提供产品的生产商;二是仅对 ABC 销售产品的经销商(代理商、进口商、分销商等)。

2.2.2 合格供应商名录

——通过考察、评估选择的以及通过业绩评价选定的有资格与继续有资格向 ABC 提供其产品的所有供应商按类别和顺序排定的清单,是采购部采购产品时的主要依据(其他依据还包括集团公司集中采购合格供应商目录、关键客户指定的供应商名录)。

3 职责

3.1 总经理

批准合格供应商名录。

3.2 (副总经理兼)总工程师

审核合格供应商名录,并在总经理授权下对供应商选择和业绩评定中出现的各类情况予以决策和裁定;批准对某些批次不合格采购产品的让步接受。

3.3　采购部经理

协助质控部对新开发供应商的考察与评定（评估与选定），主持供应商业绩评定会议，协助 ABC 与各供应商的沟通。

采购部各采购主管负责依照合格供应商名录进行采购，并记录各类业绩信息，负责被拒收的不合格采购产品的退货以及出现各类问题时与供应商的联络工作。

3.4　质控部经理

负责对供应商现场考察与评估并编写考察评价报告，依据对评估报告的批准以及业绩评定会议的决定编制或更新 ABC 合格供应商名录，并监督采购部执行该名录。

质控科负责对采购产品的验证，以及使用过程中出现任何质量问题时的再检测确定工作。

3.5　生产部和工程部经理

负责本部门在使用采购产品出现质量问题时的汇报和处置工作，同意涉及本部门使用的不合格产品让步接受。

4　工作流程

4.1　供应商考察、评估与选定

4.1.1　供应商的初步筛选

供应商自我上门推荐、网上搜索、专业杂志广告、集团公司与兄弟公司推荐等是常见的供应商信息获取途径，对此可先由质控部经理与采购部经理进行初步筛选，即对供应商的知名度、工艺设备、产品性能参数、大致价格、其他同行使用情况等信息进行评估，每类产品选定 2～3 家供应商作为进一步重点考察对象。

4.1.2　供应商的现场审核

对提供产品的国内生产商和经销商，原则上都要到产品的生产现场进行考察评估，考察评估由质控部经理主持实施，评价人员可包括质控部与生产部门经理及其技术人员、采购部经理或对应的采购主管等。在现场考察前应依据《ABC 公司供应商现场考察评估与选定记录表》空表格中的各考核内容编写一份类似现场审核的考察清单，以提前做到心中有数，不至于遗漏考察重点。考察方法是观察（关键生产设备、检测仪器、现场生产状况、员工素质）、询问（诸如不合格质控制等的管理程序）、查看记录（进货、生产与检测以及第三方检测报告）与各类质量管理文件，必要时现场抽样利用他们的分析仪器进行关键指标的检测；同时要依据确认的各类检测数据与标准，针对产品的关键参数计算其过程能力指数 $C_p(C_{pk})$，C_p 值一般应在 1.33 以上。到生产商现场考察完毕后将供应商的相关信息填写进《ABC 公司供应商现场考察评估与选定记录表》，报告交总工程师签字确认后，作为质控部更新合格供应商名录的依据。更新后的名录交由总经理批准后方生效。

对于通过经销商销售的进口采购产品，在进入合格供应商名录之前，采购主管必须依照质控部文件 PP－Q－03《采购进口产品首次使用管理规定》中规定的内容向经销商索要相关的资质、测试与声明等文件，并填写好 TM－Q－03－R1《供应商资质清单》报告交总工程师审核。

一般情况下在正式批量从新供应商采购产品之前，应该现由供应商提供少量样品进行试验，试验合格后方可大批量采购，试验的结果与相关信息填入表 TM－Q－03－R1《供应商资质清单》中，作为总工程师审核的依据。

4.1.3　合格供应商名录管理

ABC 合格供应商名录由质控部负责编制，依照规定或年度业绩评价会议的决定（见以下 4.2.4.2 条款）进行更新，合格供应商名录是采购部采购产品的主要依据。名录中的合格供应商分为三个等级，即 A、B、C 级，各级别的相应规定如下：

A 级——优质合格供应商，经长期业务交往证明其提供产品的质量好、质量波动少，价格有竞争力、交付及时、售后服务好，为 ABC 优先采购产品的供应商，年度业绩评价分数在 94 分以上。

B 级——优良合格供应商，提供产品的质量合格、偶有波动，价格有一定竞争力、交付及时、售后服务尚可,为 ABC 可采购产品的供应商。优良合格供应商如果能连续两年保持业绩评价分数在94 分以上,则可升格为优质(A 级)合格供应商。当优良合格供应商业绩累计分数低于90 分时,则降为候补合格供应商并可暂停供应资格,待 ABC 质控部确认其质量已做实质性改进后方可恢复供应资格。

C 级——候补合格供应商,即通过 ABC 现场考察和评估认为其产品质量与保证能力达到要求,有资格列入合格供应商名录的供应商,为 ABC 可以采购产品的供应商;但是否从其采购产品还得经 ABC 总工程师、采购部经理与质控部经理商定以及下达采购指令,如果连续采购三批累计的业绩评价扣分小于2 分,则可由候补合格供应商升格为优良(B 级)合格供应商,如果一年内累计业绩小于85 分,则可考虑从合格供应商名录中去除,累计至80 分或以下则直接除名。

4.2 供应商业绩评价与重新选定

各供应商业绩评价以一年为时间间隔,即每年年初每个供应商的起始分均为100 分,每季度末由采购部以统一的格式将累计至本季度的业绩评价分数以书面的形式告知各供应商。

如果一个供应商业绩评价分类累计下降至90 分,则其在合格供应商名录上的级别下降一个档次,继续累计下降至80 分,则应从合格名录上去除,三个月内不得再申请 ABC 考察评价与再选择。

供应商业绩评价具体得失分标准见本程序记录 QMS - P0 × - R2《ABC 供应商业绩评价表》,得失分判定过程与记录方法如下4.2.1 ~4.2.3 条款规定。负责各类别采购产品的采购主管应记录和保留该类别所有(合格)供应商业绩评价(得失分)的原始信息。

为达到供应商积极配合 ABC 要求稳定持续提升其产品与服务质量的目的,各采购主管应向各合格供应商业务代表宣讲 QMS - P0 × - R2《ABC 供应商业绩评价表》,以使供应商保持和改进质量有明确的方向和途径。

4.2.1 (采购)产品质量

4.2.1.1 不合格品的拒收

进厂采购产品质量经检验(检测或验证)为不合格时,质控科长及时向质控经理和总工汇报,待决定为拒收时,质控科长通知采购主管,主管通知供应商将产品返回,并要求供应商说明不合格原因及下批整改措施和质量承诺,并记录相关信息;必要时,由质控部与供应商的质控人员一起对不合格品进行确认,并由质控部经理向供应商开具 QMS - P0 × - R1《纠正措施通知单》,要求其实施有效的纠正措施。

4.2.1.2 不合格品的让步接受

由于生产或其他考虑,当总工或授权质控部经理决定让步接受某批不合格品时(事先告知使用部门并征得其经理同意,必要时需制定使用时应采取的补救性措施),质控科长通知采购主管,采购主管将相关信息反馈给供应商,并要求做出说明或改进承诺。不合格品让步接受的基本原则是该批不合格品的使用在采取适当措施后不会导致最终产品的不合格。

4.2.1.3 质量问题对生产与产品质量的影响

当出现由已验收的合格采购产品或让步接受产品质量缺陷引起停产、最终成品不合格、质量事故或质量投诉时,发生部门及时通知质控部经理加以确认(必要时要求总工程师协助确认),当情况属实时,由总工程师或质控部经理决定纠正措施,质控科长将相关信息通知采购主管,主管反馈给供应商。

注:(1)某些采购产品的质量缺陷通过进厂(抽样)检验不一定能够识别出来,而是在使用过程中才能发现,即所谓经检验为合格的采购产品有可能经过使用时的全数验证变为不合格产品。

(2)经进厂检验为不合格或经使用者发现为不合格时不合格品的具体处理流程与处置记录按 QMS - P0 × - R1《不合格品处置单》执行。

4.2.1.4 供应商质量管理的改进

由质控部人员确认供应商是否再建立或实施质量管理体系、食品安全管理体系(包括 BRC 食品安全管理体系)以及实施产品认证。

当供应商通过质量管理体系认证、食品安全管理体系或产品质量体系认证时,也由质控部确认其证书复印件的有效性。质控部将以上确认结果通知对应的采购主管。

4.2.2　(采购)产品交付

4.2.2.1　变化定单的满足

当 ABC 需变更合同计划订单数量、规格或时间时,采购部及时通知供应商,要求其相应改变其供货计划,如供应商满足了 ABC 的需求,采购主管记录其相关信息。

4.2.2.2　及时性

采购主管记录相应供应商产品的迟交付批量和数量,迟交付以合同约定或变更承诺为判断依据。

4.2.2.3　交付损失与受到污染

对到厂的采购产品,经检验合格后入库,当仓库发现破损时,仓库保管员通知供应主管、品保科长或请示质控部经理决定破损材料能否使用;当仓库发现材料数量的负偏差超过标准时,通知采购主管在结算时从总量中扣除,采购主管将这些信息反馈给供应商。当检验之前发现车辆或其产品遭受到污染时,仓库保管员立即通知供应主管与质控部经理到现场进行确认,一经属实必须作退货处理,并拍照存档,向供应商联系人通过电子邮件开具《纠正措施通知单》限期整改,由此批产品造成停产等直接损失的,由采购主管、经理与生产部经理确定金额,依据采购合同相应条款进行必要的索赔。

4.2.3　服务质量

4.2.3.1　可联络性

当 ABC 就采购产品检验和使用质量或其他事宜需马上与供应商业务代表取得联系而未联系到,或虽然联系上,但找不到能负责任或解决问题的人时,采购主管记录其信息,包括对 ABC 产生的影响。

4.2.3.2　诚实性

当质控部确认供应商明知产品质量不合格或有缺陷而当作合格品进行交付时,通知采购主管;当使用时确认有明显质量波动而事前供应商未提供相关信息时,由质控部通知采购主管;主管将相关信息反馈给供应商。

4.2.3.3　反馈及时性

当供应商接到反馈信息(包括《纠正措施通知单》),承诺在规定时间内予以答复或改进而没有实现时,采购主管做好记录并做进一步的沟通,必要时采购经理或质控部经理进行协助。

4.2.3.4　技术支持

由于任何原因当 ABC 需要供应商提供技术支持时,由采购部采购主管与供应商进行联系,对提供的技术支持是否及时和有效由使用部门和质控部共同判定,并反馈给采购主管。

4.2.3.5　购买文件质量

当供应商未按约定随产品提供按照批次的分析报告时,由质控科通知采购主管。

当质控部确定供应商提供的报告有虚假成分时,通知采购主管及经理。

当采购主管发现其结算单据不规范时,反馈给采购商并作好记录。

4.2.3.6　价格变动性

通过双方协商,在合同执行期内或重新签合同价格发生变化时,采购主管记录每次价格上下变化的百分率。

每年至少在年末召开一次供应商业绩评定会,如果年中供应商普遍业绩下滑或其他特别情形下,也可以增加业绩评定会的次数。

4.2.4　供应商业绩评定会

4.2.4.1　会议由采购部经理主持,参加人员有各采购主管、仓库主管、质控部经理、质控科长、品保科长、生产部经理、工程部经理、(副总经理兼)总工程师。

4.2.4.2　采购部经理依据“供应商业绩评价表”依次将各供应商的供应业绩进行说明,质控部和使用部门对业绩的内容进行确定,在考虑各供应商业绩评价结果(分数)以及征求与会人员意见的前提下,由总工程师、质控部经理和采购部经理决定各供应商在合格供应商名录上的位置,再由质控部编制新的“ABC 合格供应商名录”经总工程师审核和总经理批准后正式生效，采购部依据新的名录与各供应商开始商谈下年度产品采购事宜。

名录中各采购产品各级别合格供应商数量控制总的原则是，必须保持两个或以上的供应商(C 级供应商名额不限)，以利于保持供应商之间的合理竞争态势和保证突发采购质量事故情况下采购产品不会发生断档。

4.2.4.3　对已决定要淘汰的供应商，由采购部做好相应的了断工作，同时要积极寻找其他供应商并着手配合质控部对其的考察和评估工作。

5　关联文件与记录

QMS－P××《不合格质控制程序》；

QMS－P××《原材料采购控制程序》；

QMS－P××《包装材料采购控制程序》；

QMS－P××《辅助材料与工程助剂采购控制程序》；

QMS－P××《不合格、不符合及其纠正措施管理程序》；

QMS－P××《内外部质量沟通管理程序》；

QMS－P0×－R1《采购材料检验记录》；

××－××－03《集团公司集中采购合格供应商名录》；

××－××－ABC－3《关键客户指定的供应商名录》。

6　引出的文件与记录

PP－Q－03《采购进口产品首次使用管理规定》；

QMS－P××－R1《供应商现场考察评估与选定记录表》(参见表 3-12)；

QMS－P××－R2《201×年度 ABC 供应商业绩评价表》(参见表 3-13)；

QMS－P××－D1《ABC 合格供应商名录》；

QMS－P××－R3《ABC 年度供应商业绩评价会议纪要》；

QMS－P××－R1《不合格采购材料处置单》；

QMS－P××－R1《纠正措施通知单》(参见表 3-18)。

2.2.3 《不合格、不符合及其纠正措施管理程序》示例

不合格、不符合及其纠正措施管理程序

1　目的和适用范围

规定 ABC 质量管理体系不合格(不符合)的种类，以确保不合格得到及时识别和评审、其产生原因得到确定和消除，防止各类不合格(不符合)再次发生。

本程序适用于 ABC 质量管理体系针对各类不合格实施消除其发生原因的纠正措施，以及评审纠正措施计划可行性、验证纠正措施有效性的全过程。

2　引用文件和相关术语

2.1　引用文件

引用《质量手册》的章节号:10.2 不合格和纠正措施

2.2　相关术语

2.2.1　不合格(不符合)

——未满足要求。

注:(1)“要求”包括:

①ISO 9001:2015 标准要求；

②适用法律、法规、规章、标准与行业指南等的强制要求；

③ABC公司质量管理体系文件规定的要求；

④公司总部相关文件要求；

⑤客户要求、消费者要求(包括隐含要求、不言而喻要求、行业惯例)；

⑥其他相关方要求，包括与外部供方签订合同协议中对ABC的要求，产品质量监管机关的要求，包括其书面与口头的要求；

⑦ABC各级管理者提出的书面或非书面性的要求。

(2)针对未满足与产品相关要求的称为不合格(品)，针对未满足其他管理性要求的情形称为不符合(项)。

2.2.2　纠正措施

——为消除不合格的原因并防止再发生所采取的措施。

注:(1)一个不符合(不合格)可以有若干个原因。采取纠正措施是为了防止不符合(不合格)再次发生。

(2)ABC纠正措施的流程依照"纠正措施通知单"自上而下执行。

3　职责

3.1　总经理

针对质量管理体系管理评审中识别的需要发放《纠正措施通知单》进行整改，将不符合的、就重大产品质量事故向责任部门签发《纠正措施通知单》。

3.2　管理者代表

针对日常(质量)过程管理监视、第二方审核、集团公司检查与审查、政府质量监管机关检查与审查、认证审核以及内外部相关方质量改进建议与意见评审识别出的不符合，向责任部门开具《纠正措施通知单》。

就重大产品质量事故负责实施相应的纠正措施。

3.3　质控部经理

针对日常过程产品监测、政府监管机关抽检产品、顾客投诉、顾客满意调查结果分析中发现与识别的不合格与不符合，向责任部门开具《纠正措施通知单》。

3.4　内审组长

就质量管理体系内部审核中发现的不符合，向责任部门开具《纠正措施通知单》。

3.5　各部门经理

针对属于本部门责任的不符合与不合格，依照收到的《纠正措施通知单》实施有效的纠正措施，即针对不符合或不合格透彻分析导致发生的根本性原因、制定消除不合格或不合格原因的针对性纠正措施计划，并落实措施计划，最终确保纠正措施的有效性，某些情况下，实施纠正措施之前需要临时性纠正不符合或不合格至符合或合格状态。

ABC公司质量管理体系不符合与不合格发现与识别途径、《纠正措施通知单》签发、纠正措施实施责任人、纠正措施有效性验证人以及报告纠正措施实施总体情况场合的相关信息如表1所示。

表1　纠正措施信息一览表

不合格(不符合) 发现途径	《纠正措施通知单》 签发人	纠正措施 实施责任人	纠正措施 有效性验证	报告纠正措施 总体情况场合
日常过程管理监视	管理者代表	责任部门经理	质控部经理	月度质量会议
日常过程产品监测	质控部经理	责任部门经理	QC质控主管	月度质量会议
内部审核	审核组长	责任部门经理	审核组长	管理评审
第二方审核	管理者代表	责任部门经理	质控部经理	月度质量会议
集团公司检查、审查	管理者代表	责任部门经理	质控部经理	月度质量会议

续表 1

不合格(不符合)发现途径	《纠正措施通知单》签发人	纠正措施实施责任人	纠正措施有效性验证	报告纠正措施总体情况场合
政府监管机关检查、审查	管理者代表	责任部门经理	质控部经理	月度质量会议
政府监管机关抽检产品	质控部经理	责任部门经理	QC 质控主管	月度质量会议
顾客投诉	质控部经理	责任部门经理	QA 质保主管	月度质量会议
顾客满意调查结果分析	质控部经理	责任部门经理	QA 质保主管	月度质量会议
重大产品质量事故	总经理	管理者代表	质控部经理	管理评审
认证审核	管理者代表	责任部门经理	质控部经理	管理评审
管理评审	总经理	责任部门经理	管理者代表	管理评审
内外部相关方质量改进建议与意见评审	管理者代表	责任部门经理	质控部经理	管理评审

4　工作流程

4.1　不符合(不合格)发现与识别、纠正措施、纠正措施有效性验证流程

4.1.1　日常过程管理监视发现不符合及其纠正措施

针对 ABC 总经理、管理者代表与质控部经理日常检查、质量活动主持或协调过程中发现的不符合(主要为违反 ABC 质量体系的《质量手册》与各程序文件、适用法规标准、总部文件等要求),由管理者代表向责任部门经理签发《纠正措施通知单》来实施纠正措施,质控部经理作为纠正措施有效性的验证人,在月度质量会议上报告上月度纠正措施的相关信息。

4.1.2　过程产品监测发现的不合格及其纠正措施

针对采购产品(原辅料、包装材料等)、半成品与成品过程检测与成品出厂检验发现的不合格品,在依照《不合格质控制程序》进行隔离、评审与处置之后,由质控部经理向责任部门(针对采购产品向供应商)签发《纠正措施通知单》,由 QC 质控主管验证纠正措施的有效性,质控部经理在月度质量会议上报告上月度纠正措施的相关信息。

4.1.3　内部审核发现的不符合(项)及其纠正措施

见《内部审核管理程序》中的相关规定。

4.1.4　第二方审核发现的不符合及其纠正措施

针对第二方审核中发现的不符合(项),由管理者代表向责任部门经理签发《纠正措施通知单》,质控部经理跟踪纠正措施进展、验证所有纠正措施的有效性,汇总并经管代确认后向审核方提交 ABC 第二方审核纠正措施报告,并在当月或下月月度质量会议上汇报第二方审核纠正措施实施以及审核方反馈的相关信息。

4.1.5　集团公司检查与审查发现的不符合及其纠正措施

针对集团公司质量管理总部与生产技术总部各模块年度检查与审查发现的不符合(项),由管理者代表向责任部门经理签发《纠正措施通知单》,质控部经理跟踪纠正措施进展、验证所有纠正措施的有效性,汇总并经管代确认后向总部对应模块提交纠正措施报告,并在当月或下月月度质量会议上汇报纠正措施实施以及总部模块反馈的相关信息。

4.1.6　政府质量监管机关检查与审查发现的不符合及其纠正措施

针对省市区各级质量技术监督管理局等质量监管机关通过进厂检查、SC 审查等途径发现的不符合,无论是书面还是口头提出的,都由管理者代表向责任部门经理签发《纠正措施通知单》,质控部经理

跟踪纠正措施进展、验证所有纠正措施的有效性，监管机关有要求时，以其要求的格式与时限汇总，经管代确认后向监管机关提交纠正措施报告，并在当月或下月月度质量会议上汇报纠正措施实施以及监管机关反馈的相关信息。

4.1.7　政府监管机关或代表监督机关抽检产品发现的不合格品及其纠正措施

针对政府监管机关或代表监督机关的机构（公司内或市场上）抽检产品发现的不合格品，由质控部经理在管代与总经理知情、支持与指导下，确认不合格品事实，必要时申请复议，或向检验机构与监管机关说明情况并进行有效的沟通，确保不会产生不利的负面影响。在确认产品确实不符合标签声明标准的情形下，除按照监管机关要求整改并提供所要求证据外，由管理者代表向责任部门签发《纠正措施通知单》，并由质控部经理跟踪与验证纠正措施有效性，当品管部为责任部门时，则由管理者代表跟踪与验证纠正措施有效性。由质控部经理或管理者代表在月度质量会议上报告相关信息，事态比较严重或重大时，则由总经理与管理者代表召集专题会议商讨不合格品发生的原因与纠正措施事宜。

4.1.8　顾客投诉与投诉处理中发现的不符合及其纠正措施

ABC 客服中心每日向总经理、管理者代表、质控部经理与营销部经理报告顾客投诉信息与处置信息，当管理者代表识别出涉及 ABC 内部管理责任相关的不符合或不合格时，授意质控部经理向责任部门经理签发《纠正措施通知单》，由 QC 质控主管验证纠正措施的有效性，质控部经理在月度质量会议上报告上月度纠正措施的相关信息。

4.1.9　顾客满意调查结果分析识别出的不符合及其纠正措施

每半年一次的经销商与消费者满意度调查由营销部与质控部依照《顾客满意度调查与改进管理程序》实施，其结果分析的不符合及其纠正措施依照该程序实施。

4.1.10　重大产品质量事故及其纠正措施

一旦 ABC 出现重大产品质量事故，总经理应依据《产品质量法》、集团公司《重大质量、环境、职业健康与（生产）安全事故报告制度》的规定，及时向市区质量监管机关、集团公司质量控制总部与生产技术总部报告，在他们的协助下，并依据法规要求、总部要求以及公司质量体系程序文件《质量管理风险和机遇评估、应对措施及其评价管理程序》《质量危机管理程序》妥善处理。

质量事故处理完毕后，由管理者代表依照监管机构要求提供相应的整改报告等文件、向总部提交事故处置及其整改报告。涉及相关部门责任时，则由总经理签发《纠正措施通知单》至管理者代表，由管理者代表负责实施（总体性 ABC 公司）纠正措施，包括通过专题会议进行原因分析、制定并落实详细的纠正措施计划，由质控部经理对每个措施进展进行跟踪、有效性进行验证，并将最终走完流程的《纠正措施通知单》提交总经理和管理者代表确认，所有相关信息作为输入由质控部经理提交管理评审（包括临时召开的管理评审）。

4.1.11　认证审核发现的不符合（项）及其纠正措施

针对认证审核小组长提交的不符合项纠正措施表格，由管理者代表明确责任部门，再由质控部经理按照部门将不合格项分类整理成“认证审核不符合项纠正措施实施汇总表”，提交各部门经理实施纠正措施，纠正措施的所有信息（纠正、原因分析、纠正措施、证据）全部填入该表的相应表格中，待纠正措施在规定时限内完成且证据皆有照片或文件截图，管理者代表与质控部经理确认有效后，再由质控部经理将表格中的信息及其证据填写进认证机构规定的表格中，最后在审核组长规定的时限之前向其提交 ABC 公司的纠正措施报告。一旦审核组长认为需要再完善纠正措施报告，由管理者代表与质控部经理负责后续事宜，直至完全符合要求。认证审核纠正措施的相关信息（包括认证机构反馈信息）作为输入由质控部经理提交管理评审。

4.1.12　管理评审识别的不符合及其纠正措施

质量管理体系管理评审中识别出的需要以纠正措施形式整改的不符合，由总经理向责任部门经理签发《纠正措施通知单》，并由管理者代表对每个措施进展进行跟踪、有效性进行验证，并将最终走完流程的《纠正措施通知单》提交总经理确认，所有相关信息作为输入由管理者代表提交下次管理评审。

4.1.13　内外部相关方质量改进建议与意见评审出的不符合及其纠正措施

ABC公司依照《质量管理体系持续改进管理程序》《员工质量改进建议与提案管理程序》收集来自内外部相关方针对产品与质量管理过程的改进建议与意见，管理者代表召集各部门经理与质量管理人员每月对这些意见与建议进行评审，作为持续改进ABC质量管理的有效输入，当确认改进需要以纠正措施方式实施时，由管理者代表向责任部门经理签发《纠正措施通知单》，由品管部经理验证纠正措施的有效性，并在月度质量会议上报告上月度纠正措施的相关信息，年度的汇总信息及其分析作为输入由质控部经理提交管理评审。

4.2　纠正措施实施相关要求

(1)在各类质量管理体系不合格评审的基础上做出是否需要实施纠正措施决定，内部审核、认证审核发现的不合格(不符合)项和管理评审得出的不符合项都需要对应实施纠正措施。其他的不合格评审时如果原因一目了然和非常简单，口头提醒相关责任人下次注意就可以了，可以不必走纠正措施流程。

(2)不符合(不合格)发生的责任部门经理在接收书面《纠正措施通知单》后，应及时组织相关人员或委托某一下属组织相关人员进行原因分析，原因分析一定要彻底全面，即将全部原因识别出来以后，要达到理论上原因不存在了则其不合格就不会再发生的必然逻辑关系。

(3)要针对导致不符合(不合格)的原因制定永久消除原因的措施，措施可包括人员培训、修改文件(如SOP)、修订标准、变更工艺、新增提醒标志、设备改造与增加设施、增加检验频次与范围、完善程序文件及其流程、新增管理流程与活动、重新分配职责权限、改进与完善产品质量及其特性等诸多方面。消除不合格原因的措施要具有科学性、经济性与可实施性，不要小题大做，避免矫枉过正。

(4)要及时实施消除不符合(不合格)原因的措施，措施完成后还要进行一段时间的部门内跟踪和检查，以保证措施持续，防止不合格再次发生的有效性。原则上不符合(不合格)原因分析、消除原因措施计划确定和实施应在两周内完成，需要设备设施完善的纠正措施可适当延长纠正措施时间。

(5)在制订纠正措施计划时，应考虑措施可能引起的并发性风险，即虽然理论与实践上可以消除不符合(不合格)发生的原因，但其可能的负面效果可能引发其他方面不符合(不合格)出现的可能性，此时应针对这种可能性进行分析与评估，必要时将相应的预防性措施作为纠正措施的一部分一起实施。当然，有时较复杂或付出较大代价的纠正措施可能导致其他方面改进质量管理的机遇，对此机遇应予以关注，必要时进行固化，将形成的固定性管理举措通过文件修订等途径融入质量管理体系之中。

(6)不符合(不合格)责任部门在完成纠正措施并确认防止不合格再次发生的纠正措施有效后，应通知《纠正措施通知单》签发人派人前来现场验证纠正措施以及不符合(不合格)没有再次发生的有效性，某些情况下再次发生的概率本来就很低，此时验证时段可适当延长至数月后再填写验证信息。

(7)纠正措施验证人应依据书面和现场实际的纠正措施信息对原因分析、消除措施、措施实施以及防止不合格再次发生等的有效性和能力进行综合评判，在确定不合格原因已经彻底消除的前提下，在《纠正措施通知单》上予以简要记录和签名。

(8)后果比较严重的不符合(不合格)的原因分析可能需要组织专题会议，必要时总经理、管理者代表以及相关部门经理、质量管理人员需要参与；还可能需要《纠正措施通知单》签发人对原因分析与纠正措施计划进行评审的情形，此时只有在确认或要求重新原因分析与制订纠正措施计划并获得再次评审通过后，方能实施纠正措施计划，是否需要评审由签发人在《纠正措施通知单》上注明。

(9)在月度质量会议上报告纠正措施实施信息时，非责任部门经理及其质量管理人员应针对其他部门实施的纠正措施及其对应不符合(不合格)情形，评价在本部门是否存在类似情形，以确定进行内部改进的需求。

(10)同一个不符合(不合格)在任何部门再次出现即视为重复发生或出现的不符合(不合格)，除同样需要实施纠正措施以外，将扣减纠正措施实施期间该部门的相应绩效考核分，此项考核由质控部体系运行主管负责提供相关输入信息，并直接对总经理与管理者代表负责，其他人无权进行负面性干预。

4.3　纠正措施记录

所有纠正措施完成后其原始(纸质)《纠正措施通知单》交体系(一、二级)文件运行管理中心(设置于质控部)统一保存,同时中心(ABC 体系运行主管)将其对应的电子版放在质量管理体系共享文件夹"体系运行记录中的'纠正措施实施记录'"中,方便相关人员查阅。

5　相关文件

QMS－P××《内外部质量沟通管理程序》;

QMS－P××《售后服务管理程序》;

QMS－P××《不合格质控制程序》;

QMS－P××《质量管理体系监视与测量管理程序》;

QMS－P××《顾客满意度调查与改进管理程序》;

QMS－P××《内部审核管理程序》;

QMS－P××《质量管理体系管理评审程序》;

QMS－P××《质量管理体系持续改进管理程序》;

QMS－P××《员工质量改进建议与提案管理程序》。

6　引出的文件与记录

QMS－P××－R1《纠正措施通知单》(参见表 3-18);

QMS－P××－R2《认证审核不符合项纠正措施实施汇总表》。

第 3 节　标准操作规程 SOP 与标准检验规程 SIP 编制指南

3.1　SOP 的定义

标准操作规程 SOP(Standard Operating Practices),完成某项特定操作(质量管理过程活动某个步骤)或达成某种特定状态(质量管理活动输出之一)所必须遵循的方法、步骤和准则。

质量管理中与标准操作规程相类似的提法还有作业(操作)指导书(Work Instruct tions,简称为 WI)、标准操作(作业)程序(Standard Operating Procedures,简称为 SOP)等,以上几种提法可统一简称为 SOP。

SOP 是实现质量管理过程(包括程序文件规定的质量管理过程)及其活动步骤的最具体要求,一线业务性员工与操作工依据 SOP 操作的记录是质量管理体系运行的证据之一,也是内部审核和认证审核所关注的重点之一。对于实施基于 ISO 9001 标准质量管理体系的组织而言,各质量管理岗位 SOP 执行及其记录也是各级管理人员日常关注和检查的主要对象。

就制造类组织而言,环境管理要求、职业健康安全管理要求以及(食品链组织)食品安全管理等其他非质量管理体系要求全部可以融合进以实现质量管理输出为主的各类 SOP 中。

多数情况下,SOP 内容中不会描述每个操作或业务步骤这样做的原因,故 SOP 只是规范统一性操作的指南,不是培训用材料,理解与熟练运用需要一定的专业背景,故对初次从事这个岗位人员需要一定时间的岗前培训与效果确认。那种认为 SOP 应该达到无论什么人只要看几遍就能操作的说法或观念,实为不懂管理的无稽之谈,十分有害。

3.2　SOP 模板

一个全面、完整与规范的 SOP 形式和内容见表 6-4。此表中所罗列的是一个全方位、综合性的 SOP 模板,值得组织特别是制造类组织借鉴与采用。

表 6-4　制造类组织现场 SOP 参考形式与内容一览表

<table>
<tr><td rowspan="3">页眉</td><td>组织 LOGO</td><td colspan="3">组织名称</td></tr>
<tr><td>标准操作规程 SOP</td><td rowspan="2">名称
原料处理(示例)</td><td>编号:SOP×××××</td><td>页码 × of ×</td></tr>
<tr><td>适用部门/班组</td><td>发布:201×/××/××</td><td>版本:</td></tr>
<tr><td>页脚</td><td colspan="4">标准操作规程 SOP</td></tr>
<tr><td rowspan="3">发布页</td><td>起草:</td><td colspan="2">审核:</td><td>批准:</td></tr>
<tr><td colspan="4">修订经历一览表</td></tr>
<tr><td colspan="4">备注:(如本 SOP 有效电子版在组织网络中的路径)</td></tr>
<tr><td rowspan="8">正文</td><td colspan="4">1　基本要求
1.1　质量基本要求(物料有序、标识清楚、工作环境整洁)
1.2　环境基本要求(环境因素及其控制措施)
1.3　职业健康安全基本要求(职业健康安全危险因素及其控制措施,包括防护装备穿戴要求)</td></tr>
<tr><td colspan="4">2　(启动操作的)前提条件
2.1　生产计划(解读)
2.2　工作指令(解读)
2.3　设备设施状况(检查,包括各类动力、能源、介质确认)
2.4　前后工序联络(确认)
2.5　检测设备(预先校准等)
2.6　工具器具(完好性)
2.7　材料(流程材料到位,类别、品种、质量、外观与包装完好性检查)</td></tr>
<tr><td colspan="4">3　操作描述
3.1　操作流程图
3.2　操作步骤
3.3　过程检测实施
3.4　操作记录填写</td></tr>
<tr><td colspan="4">4　过程控制基准
4.1　工艺控制参数
4.2　过程检测要求(项目、频次、方法、不合格汇报与处理流程及其表格)
4.3　产品内控标准
4.4　质量控制点/关键控制点</td></tr>
<tr><td colspan="4">5　异常处置
《异常情况及处置、汇报一览表》</td></tr>
<tr><td colspan="4">6　设备点检
《日常设备点检项目、频次、方法、异常处理与汇报一览表》</td></tr>
<tr><td colspan="4">7　操作记录
记录名称编号(SOP××××× -R)</td></tr>
<tr><td colspan="4">8　常用联系方式
8.1　上下工序内部电话分机
8.2　其他相关班组内部电话分机
8.3　班长/主管/部门经理手机
8.4　环境、职业健康安全紧急事件汇报与联络人手机</td></tr>
<tr><td>附录</td><td colspan="4">操作记录表(规定了填写内容的空表)</td></tr>
</table>

3.3　标准检验规程 SIP

SIP(Standard Inspection Procedure)中文名称为标准检验规程,或称为标准检验程序或流程,是针对产品检验的 SOP,通过将某一产品所有检验项目相关的判定标准、检验方法与所使用的工具等信息集中在一起,很多情况下还包括与判定规则相关的抽样方案,是测量与综合判定产品是否符合相关标准的检验指导书。

SIP 示例见表 6-5。

表 6-5　标准检验规程 SIP 示例

<table>
<tr><td>部门</td><td>品控部</td><td>文件编号</td><td>SIP－QC－029</td><td>版本</td><td>3.1</td><td>生效日期</td><td>××××.××.××</td></tr>
<tr><td colspan="3">编制:张某</td><td colspan="2">审核:李某</td><td colspan="3">批准:王某</td></tr>
<tr><td colspan="8">目的:有效控制采购原料质量,确保保护膜入库前符合规定的质量要求,即 PPS－PK－007 标准要求</td></tr>
<tr><td colspan="8">使用范围:适用于采购的包装材料保护膜进厂接收检验</td></tr>
<tr><td colspan="8">检验方法与条件:检验背景灯光(1 000 ±200)lx,距离 30 ~45 cm,时间 20 s</td></tr>
</table>

<table>
<tr><th colspan="2">检验项目</th><th>符合性判定标准</th><th>检验方法</th><th>检验工具</th><th>备注</th></tr>
<tr><td colspan="2">材质</td><td>材质与标准样相符</td><td>目视</td><td>—</td><td></td></tr>
<tr><td rowspan="3">尺寸</td><td>长度</td><td>保护膜标准长度 ±1.0 m</td><td>测量</td><td>卡尺、直尺</td><td></td></tr>
<tr><td>宽度</td><td>保护膜标准宽度 ±1.0 mm</td><td>测量</td><td>卡尺、直尺</td><td></td></tr>
<tr><td>厚度</td><td>保护膜标准宽度 ±0.005 mm</td><td>测量</td><td>厚薄规</td><td></td></tr>
<tr><td rowspan="12">外观</td><td rowspan="5">表面</td><td>表面无严重色差</td><td>目视</td><td>—</td><td></td></tr>
<tr><td>表面轻微色差</td><td>目视</td><td>放大镜</td><td></td></tr>
<tr><td>表面无严重皱褶、晶点、黑点、白点、麻点、异物、胶泡(面积 >0.5 mm²),与面板贴合后不会有脏污现象</td><td>目视、测量</td><td rowspan="2">菲林片/投影片放大镜</td><td rowspan="2">5 个,面积 <0.2 mm²(1 m² 内)每批来料贴合 LENS,5PCS 进行试验,不许有残胶、脏污、异物及水印现象</td></tr>
<tr><td>表面无轻微皱褶、晶点、黑点、白点、麻点、异物、胶泡(0.2 mm² ≤面积≤0.5 mm²),与面板贴合后不会有脏污现象</td><td>目视、测量</td></tr>
<tr><td>白点:D <0.15 mm,且不突起</td><td>目视、测量</td><td>卡尺、放大镜</td><td></td></tr>
<tr><td>透明度</td><td>透明度差,影响被贴物之目视</td><td>目视</td><td>—</td><td></td></tr>
<tr><td rowspan="5">膜内</td><td>膜内无明显条纹(长度 >10 mm),与面板贴合后没有残胶现象</td><td>目视、测量</td><td>卡尺</td><td rowspan="5">尺寸测量与机能特性检查抽样方案采用 GB/T 2828—2003 特殊检查水平 S－Ⅱ,AQL 为 1.0;其他项目抽样方案为 GB/T 2828—2003 一般检查水平Ⅱ,AQL 为 0.65</td></tr>
<tr><td>膜内无轻微条纹(2 mm≤长度≤10 mm),与面板贴合后没有残胶现象</td><td>目视、测量</td><td>卡尺</td></tr>
<tr><td>无破损</td><td>目视</td><td>卡尺</td></tr>
<tr><td>杂质点:≤3 个(0.15 mm≤D≤0.2 mm,且间隔大于 10 mm)
不密集(D <0.15 mm)</td><td>目视、测量</td><td>卡尺、放大镜</td></tr>
<tr><td>异物:
(1)允许有几个(异物 <ϕ 0.15 mm,每两个尘埃点的距离大于 2 mm);
(2)不允许有(异物 >ϕ 0.15 mm)</td><td>目视、测量</td><td>卡尺、放大镜</td></tr>
<tr><td>边缘</td><td>毛丝:保护膜边缘 <3 mm,无异物</td><td>目视、测量</td><td>卡尺</td><td></td></tr>
</table>

续表 6-5

检验项目		符合性判定标准	检验方法	检验工具	备注
可靠性	高低温	参照玻璃信赖性测试要求	参照玻璃信赖性测试 SOP（SOP 30007）	试验机	
	恒温恒湿	参照玻璃信赖性测试要求		试验机	
	盐雾试验	参照玻璃信赖性测试要求		试验机	
RoHS		符合欧盟 RoHS 指令(2005/618/EC 指令)	供应商提供第三方检验报告		

第 4 节　质量管理记录编制指南

就质量管理体系而言，所谓质量管理记录（表）一般可分为《质量手册》（运行）记录（表）、（各）程序文件（运行）记录表以及 SOP（运行）记录（表），特别是后两个记录一般以记录表（格）的形式出现。程序文件的记录表在其他章节与本章节都已经介绍过，诸如“纠正措施通知单”“（ABC）供应商现场考察评估与选定记录表”“不合格采购材料处置单”等，本节着重阐述一下各质量管理现场与（标准）操作（规程）相关的操作记录表。

因操作记录表引出自相应的 SOP，故其编号是在 SOP 编号后加“－R”；如一个 SOP（假设编号为 SOP×××××）引出多个记录，则记录编号可分别为 SOP×××××－R1、SOP×××××－R2 等；如果两个 SOP 共同引出一个记录，则此记录编号可为 SOP×××××/SOP×××××－R1。

为标注 SOP 记录要求或格式的变化情况，可在记录的表头或表末尾适当位置标注编制（或起草人）、审核人（一般可省去）、批准人、版本号与生效（启用）日期，这些信息可排成一行，例如“编制：张某　审核：李某　批准：王某　第×.×版　××××.××.××（日期）”。

编制操作记录应注意的事项有：

其一，繁简要适宜，即繁简程度要与操作平均技术素质、操作本身复杂性、自动化水平、在线或离线自动检测仪器与测量仪器多寡、岗位对最终产品影响程度，以及行业特点相适应。太简单的风险是，一旦出现质量问题时，操作记录对于问题的分析与解决帮不上忙，太复杂的风险是操作者嫌麻烦而懒得填或干脆填虚假数据。在那些搞过所谓 TPM 活动的不少企业就出现过这般匪夷所思的情形，如某日资企业，一个操作工每天上班仅需要填写的对各设备运行检查的点检表竟然达 80 页，每页项目几十项，操作工苦笑道：“即使不干别的事，光把 80 页上的几千个对钩打好都得两三小时，哪还有时间与心情工作，逼人造假呗（闲时将一个星期的对钩先打好）。”

其二，形式要灵活，以前操作记录基本上为纸质的，需要将内容用笔写上去，如今很多行业纸质记录越来越少，电子版形式的记录越来越多，这非常便于保存和检索，也环保。

其三，操作记录的目的一定要明确再明确，且明确的确认过程一定要有经验的操作工参与，明确目的对编制出切实可行且操作者又喜欢的操作记录至关重要，同时该有的、与质量形成相关的重要信息也没有遗漏。

其四，记录形成过程要规范，需填写的信息与信息采集时段要规定好，且通过培训与日常抽查、突击检查来验证，避免操作工作“习惯”事先就将记录信息填好或事后才将记录信息补上、信息采集时段不符合要求、定时采集信息异常或超范围时由非采集时段的正常数据代替、对出现的异常不记录（及不处置与汇报）等记录填写通病，这些通病最典型的结果是，一旦出了任何质量问题，哪怕是天大的质量问题，想从操作记录上找出蛛丝马迹，没门！

一个规范的操作记录应当充分反映工艺标准、SOP 关键控制点及控制参数、检测结果、监视结果（最好对应列出应有状态与指标要求）、异常处置信息、与上下环节重要沟通信息、交班时需要说明的重要事项等内容与要求。

一个比较规范的水反渗透（RO）处理 SOP 操作记录见表 6-6。

表 6-6　水反渗透(RO)处理 SOP 操作记录示例

编号:SOP × × × × × – R1　　操作人:________　　班长确认:________　　20____年____月____日____班

工序设备	井水(1#/2#)	1#水箱	2#水箱		RO(反渗透)处理								透过水	过滤原水添加	3#终水水箱	
					进 RO 膜前	进水压力	第二段进水压力	第三段进水压力	浓水压力	前后压差	浓水水量	透过水水量				
监视对象	气味	余氯	pH	余氯	余氯					进水 – 浓水			电导率	添加量	电导率	余氯
项目参数(单位)	异味异常	mg/L		mg/L	mg/L	MPa					m^3/h		μS/cm	m^3/h	μS/cm	mg/L
时段	限值															
	无异味	0.10 ~ 0.30	6.00 ~ 8.50	0.10 ~ 0.30	0 ~ 0.20	< 1.60				< 0.60	10 ~ 25、50 ~ 70		< 200	2.5 ~ 7.0	测试值	0 ~ 0.30
结果异常处置信息	工艺控制参数异常与处置: 监视监测结果异常与处置: 设备设施运行异常与处置:															
用水部门沟通信息																
重要交班提醒信息																

编制:张某　　批准:李某　　第×版　　20××.××.××执行

第 7 章　ISO 9001:2015 质量管理体系第三方认证审核

第 1 节　认证机构和认证机构的管理机构说明

1.1　(质量)管理体系认证机构的选择

很多因素会影响到组织对认证机构的选择,以下是几个常见的情形:

(1)关键顾客建议、要求或指定认证机构;

(2)集团公司统一要求的认证机构;

(3)在本行业认证中最有名与权威的认证机构;

(4)与本行业领先组织的认证机构保持一致;

(5)行业协会推荐的认证机构;

(6)组织通过某种强制审查时被暗示要求选择的认证机构;

(7)通过网上查询到的、认证机构的自我推荐、咨询机构的推荐或者其他第三方的推荐;

(8)决策者熟悉或有某种关系的认证机构。

目前,在认证机构"工商局"(CNCA,中国国家认证认可监督管理委员会,简称"认监委")拿到认证资格、通过认证机构"技术监督局"CNAS,中国合格评定国家认可委员会,简称"认可委")认可的管理体系认证机构(据最新消息)有三百多家,绝大部分是本土的认证机构。

注:CNCA 官方网址:http://www.cnca.gov.cn/

CNAS 官方网址:http://www.cnas.org.cn/

CNAS 管网上显示获得其认可的质量管理体系认证机构共计 116 家(截至 2108 年 3 月 18 日),名录网址:

http://cb.cnas.org.cn/cnas_published/servlet/NetShowServlet? actionType=showOrgList&field=QMS

知名度较高的国外在华管理体系认证机构有 DNV GL 挪威船级社、BSI 英国标准、TÜV 德国莱茵、BV 法国必维、SGS 瑞士通标等,管理体系认证证书的认可方(习惯上也称为授信方)不仅有 CNAS,而且包括欧美的,比如荷兰 RvA、英国 UKAS 和美国 ANAB 等。对于外资企业、产品出口型企业或其他跨国企业而言,管理体系的认证,选择外籍认证机构应该是顺理成章的。

从多年的认证实践来看,组织选择境外认证机构实施管理体系认证的优势主要有以下几点。

第一,这些机构动辄都有几十年甚至上百年的历史,为非政府的民间机构(其中不乏非营利性机构),在全球工业界和政府间都享有很高的威望,这些威望不是媒体吹出来的,更不是所在国政府扶植起来的,而是长期技术、管理、人才、研发等综合优势为保证条件下为各国不同组织提供优质增值服务所造就的和被认同、认可的,单就管理体系认证而言,只不过是这些跨国机构业务的一小部分。

第二,这些机构也是全球许多工业技术领域的领头羊,是许多国际间通用工业技术标准的制定者,也是各 ISO 管理体系标准出台前主要参考标准的制定者之一。这些机构由于有欧美总部的技术支持,在各管理体系认证标准的理解、应用与符合性判定方面会更接近各 ISO 管理体系标准本身的初衷,有利于组织管理体系运行符合性和有效性的持续提升。

第三,这些认证机构各方面管理比较正规,认证前期服务、合同签署、审核安排、审核、费用结算等人员都分属不同部门。认证机构及审核人员都有非常明确和规范的职业操守,并且能够严格执行。最重要的是审核比较严格,非常注重被审核对象的风险管理水平,特别是对相应法规标准的切实遵守,如果组织管理水平与风险管理都不理想,很有可能不会接单,决不是只要给钱就一定会通过认证的那种。

所以,对于那些想通过(质量等)管理体系认证而自身管理基础薄弱,甚至连适用法规遵守有时都成问题的组织,在选择这些著名的境外认证机构时要考虑清楚。

从认证费用来讲,境外认证机构的费用当然要比本土认证机构要高一些,不过高出的部分完全可以被这些品牌所弥补,重要的是,除了明交的费用,组织不需要考虑另外支付任何的其他“额外”费用。

有许多证据显示,医疗、教育等行业收受红包的潜规则也被传染到认证业,某些“不良”认证机构审核员在审核时会接受红包或者组织会被某些人(如类似中介性质的人员)暗示给审核员红包,不然在审核过程中是会有“麻烦的”,正规的依靠管理体系实施提升管理水平和经营业绩的组织决策者是不应该选择这类认证机构的。

组织选择管理体系认证机构最好综合考虑以下原则后做出决定:

(1)顾客原则:一般情况下要选择组织主要顾客要求或者推荐的认证机构;

(2)品牌原则:认证机构的名气、公信、威望越高越好;

(3)专业原则:认证机构对组织行业越熟悉,甚至越权威越好;

(4)体系原则:认证机构能够认证的管理体系越多越好;

(5)地域原则:认证机构所在地或其分支机构所在地离组织越近越好。

还有一点非常重要,认证费用对于绝大多数组织来讲,很少,微不足道,如果在这点上还要什么节约、贪什么便宜,则很可能是一家资质不全、能力不够的认证机构,其后果是非常糟糕的,比如通过其质量管理体系审核,到头来其管理体系文件连起码的生产许可证审查都过不了关,岂不是荒唐至极。

当然,体系认证委托方(一般情况下就是组织自身)不能与选定的认证机构有认证认可条例规定的关系,如“认证机构不得与认证委托人存在资产、管理方面的利益关系”。

接触选定的认证机构时机应该在体系试运行之前,签订认证合同最好在组织确定的初访(第一阶段审核)日期的前三个月,因为很多认证机构的审核安排是以三个月甚至更长时段为基准的。

组织可以口头要求认证机构派遣综合能力最高的审核员前来审核,如果通过了解知道哪位审核员能力高,能够给组织带来更大的受益也可以点名要求其前来审核,认证机构会尽量予以安排;反过来,如果通过审核,组织上下一致不认同某位审核员的审核能力、方式或举止,也可以向认证机构要求以后不要安排此人到组织审核,他们会满足这个要求的。

无论组织(质量)管理体系的建立过程中有无咨询机构咨询、有无外部培训(如内审员培训等),均不会影响其实施(第三方)认证审核,《中华人民共和国认证认可条例》第二十条明确规定:认证机构不得以委托人未参加认证咨询或者认证培训等为理由,拒绝提供本认证机构业务范围内的认证服务,也不得向委托人提出与认证活动无关的要求或者限制条件。

1.2　认证机构的管理机构

许多组织的人员对各认证机构的管理部门不熟悉,或者被 CNCA、CNAS 等简称、职能和其颁布的相关文件搞得晕头转向,以下做一些简要说明。

中国国家认证认可监督管理委员会(简称认监委)是中国认证行业的最高管理机构,隶属于国家质量监督检验检疫总局,是认证机构的“工商管理局”,主要职能是审批和颁发认证(经营)资格证书。

中国合格评定国家认可委员会(简称认可委)是认证机构的“技术监督局”,主要职能是对认证机构业务能力进行管理,即所谓认可。

与认证机构相关的几个常见的官方和半官方管理机构,以及它们之间的关系如图 7-1 所示,更详细的信息可到这些机构的官方网站查看。

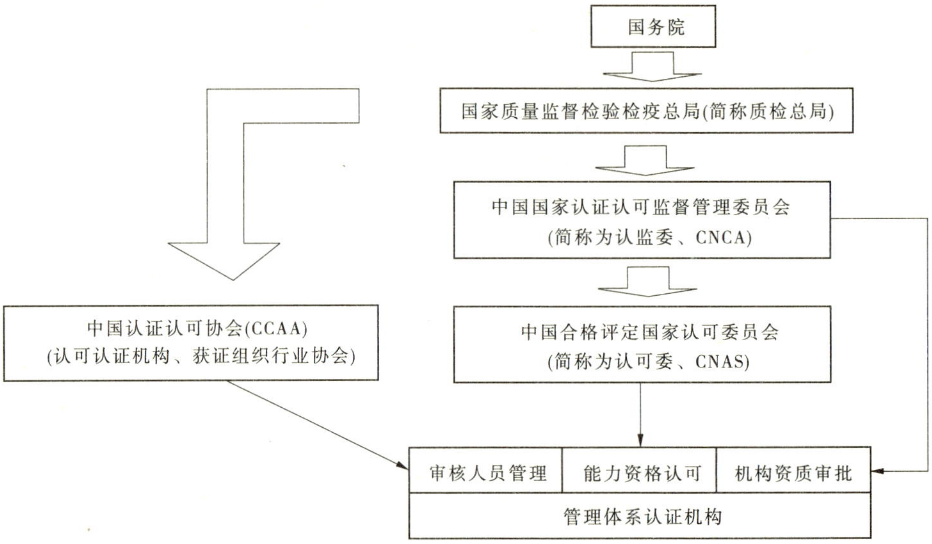

图 7-1　与认证机构相关的官方管理机构之间的关系示意图

第 2 节　管理体系认证流程与流程说明

2.1　组织管理体系认证流程

包括质量管理体系在内的各管理体系初次认证的基本流程如图 7-2 所示。

从图 7-2 中可以看出,(质量)管理体系认证和(认证)审核是两个既有区别又有联系的概念与活动,表现为:

(1)管理体系认证包括管理体系审核的全部活动。

(2)管理体系审核是管理体系认证的基础和核心(过程与活动)。

(3)审核(活动)的输出是审核报告,认证活动的输出是颁发认证证书。

(4)当审核报告发出后,审核宣告结束;证书颁发以后,认证活动并未中止,如后续验证、监督审核以及三年认证证书到期前的再认证审核等;审核以首次会议为启动,编制和发送审核报告为结束,后续活动有纠正措施的(现场)验证;认证以受理认证申请为启动,证书有效期期满为结束,后续活动有复评(再认证审核)。

(5)审核后对组织纠正措施的验证通常不视为审核的一部分,而对于认证来说,却是一项必不可少的活动。

(6)管理体系审核不仅是指第三方审核,而对于认证来说,所进行的审核就是一种第三方审核。

总之,对于组织而言,(质量管理)体系认证是一个宏观的概念,包括从认证申请开始到获得认证证书,以及认证证书三年有效期内的所有活动,以及再认证。而认证审核是体系认证的主体和核心活动,好似汽车中的发动机一样。

2.2　体系认证基本流程说明

对于以上认证基本流程的简要说明见表 7-1。

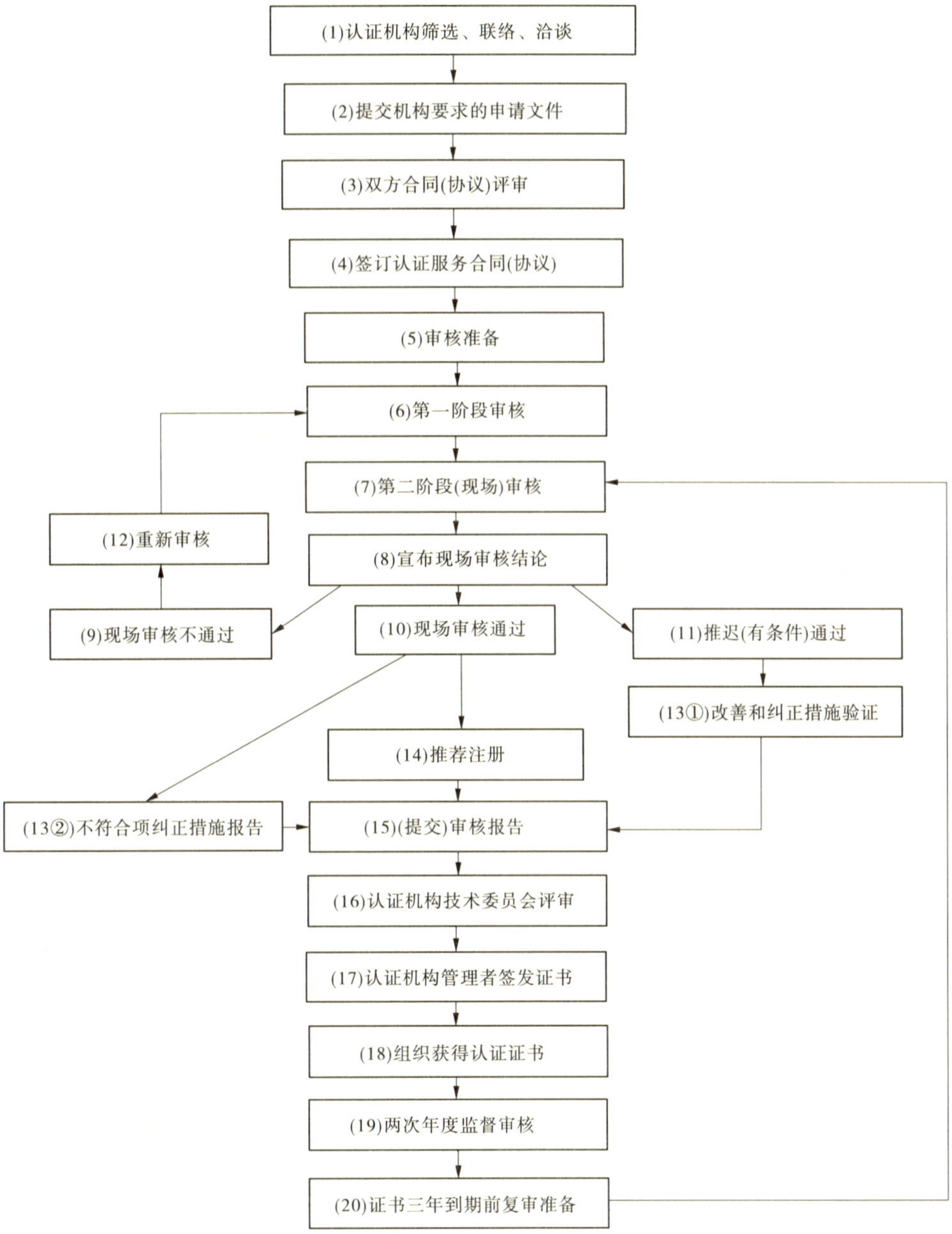

注:复审(复评)最新的叫法为“再认证”。

图 7-2　管理体系认证基本流程示意图

表 7-1　质量等管理体系初次认证流程简要说明一览表

认证流程	简要说明
1.认证机构筛选、联络、洽谈	一般是认证机构的市场人员来组织宣传认证机构特点优势,同时也了解一下组织的基本情况,初步探讨与协商申请认证范围、过程和场所
2.提交机构要求的申请文件	主要是管理体系一、二层次文件以及与组织、生产、工艺、设备和产品等相关的资质证明、说明文件,有利于认证机构对组织有比较全面的了解与初步评估
3.双方合同(协议)评审	组织很难评审出什么名堂来,只需注意费用等情况即可,依据规定审核员来组织审核的所有交通费和住宿费应由组织承担,一个好的办法是组织将这个费用固定下来打入认证费中,可省心许多。许多认证机构只有在组织接受其认证报价的基础上才着手签订合同

续表 7-1

认证流程	简要说明
4.签订认证服务合同(协议)	合同为格式合同,非常复杂,由认证机构提供,一式两份,由组织总经理或管理者代表(或称为“体系负责人”,下同)签署
5.审核准备	包括体系已经正式运行三个月以上,内部审核和管理评审已经完成,以及将公司管理体系手册与程序文件提供给认证机构(有的认证机构无此要求)。具体的审核计划(如审核时间、审核部门、审核要素、审核组成员名单、联系方式等)会由审核组长在审核前一两周发给组织的管理者代表或其指定的联络人
6.第一阶段审核	包括文件审核和现场审核,一般情况下审核员应到组织现场进行审核。第一阶段审核完成后审核小组会提出改进建议与第二阶段审核关注点,供组织改善以达到可以实施正式的认证审核的目的。在某些情况下,如果第一阶段现场审核发现组织根本不具备认证条件,也有可能取消或推迟第二阶段现场审核,依据《管理体系认证机构要求》(CNAS—CC01)第一阶段审核可以没有审核计划
7.第二阶段(现场)审核	为正式的认证审核,一般在第一阶段审核结束后的一个月左右进行,现场审核的审核发现可分为严重不符合项和一般不符合项,在没有严重不符合项的情况下,现场审核就算通过了。审核之前,组织会收到审核组长的审核计划
8.宣布现场审核结论	由审核组长在其主持的末次会议上宣布审核结论,即现场审核不通过、现场审核通过(并推荐认证注册)或推迟通过(待严重不符合项整改/纠正措施并通过验证后再推荐认证注册)
9.现场审核不通过	现场审核不通过的结论有时会在现场审核过程中宣布,如发现多个严重不符合项或可随时导致严重违反法规标准、事故等的致命缺陷,此时审核组长在与组织协商的情况下可宣布中止审核或改变审核目的与审核范围,此种情况极少发生,审核员在第一阶段审核结束后就应该得出可靠的组织在实施改进建议后是否具有正式审核条件的评价
10.现场审核通过	即现场审核没有发现严重不符合项。对于审核组提出的一般不符合项,组织应该三个月内整改完毕并提交纠正措施报告,报告一般都在审核组提供的不符合报告内容及格式基础上完成,对于需要三个月以上才能完成的纠正措施,只需在纠正措施报告上详细说明即可,对于纠正措施的现场验证一般会在下次监督审核中实施
11.推迟(有条件)通过	推迟通过也称为有条件通过,一般各认证机构规定,如果组织能够在三个月内在改善其严重缺陷或严重不符合项并由审核组验证且验证通过后,才能推荐认证注册
12.重新审核	如果现场宣布审核中止或现场审核不通过,一般须在六个月后重新开启审核程序即重新进行第一阶段审核,并且在此期间组织不能更换其他认证机构并实施认证流程
13.①改善和纠正措施验证 ②不符合项纠正措施报告	由于需要审核员到组织现场验证严重缺陷或严重不符合项的整改(纠正措施),会在正常认证费用上产生额外的费用,比如一个人天费(人日费),这会在认证服务合同中约定。在现场审核通过的情形下,组织也必须在审核组长要求的时限内(最长不会超过三个月)提交针对所有不符合项纠正措施的实施报告
14.推荐注册	为通过现场审核的标志。审核组长无权说组织已经通过全部认证流程并会取得认证注册与证书,因为审核组的现场审核文件包括结论还需要认证机构的技术委员会进行评审,评审通过才说明现场审核及结论是有效的,虽然极少出现现场审核文件及结论通不过委员会评审的情况
15.(提交)审核报告	由审核组长在收到组织的纠正措施报告后结合现场审核情况编写审核报告,认证机构技术委员会将在审核报告的基础上评审决定组织是否能够通过认证注册(获得认证证书),初次审核组织应尽快提交纠正措施报告,以便尽快拿到认证证书

续表 7-1

认证流程	简要说明
16.认证机构技术委员会评审	为认证机构内部的必需流程，在审核报告、审核小组对是否授予认证的推荐性意见及附带的任何条件或评论，以及组织提供给机构的申请文件信息等基础上做出对组织认证注册决定
17.认证机构管理者签发证书	证书签发者可为认证机构法定代表或管理者代表（或称为“体系负责人”）；证书签署前，认证机构还需要提交简要材料交其认可（授信）机构审批
18.组织获得认证证书	认证证书可由机构邮寄至组织，或组织到机构去取
19.两次年度监督审核	认证证书自签发之日起的有效期为三年，中间会有两次监督审核，即认证审核后的一年以后和两年以后，快到第三年前的一两个月组织应该已经进行了管理体系的换证审核（也称为“复审”或“再认证”），如果未进行复审，认证证书会在到期后自动失效
20.证书三年到期前复审准备	证书到期至少六个月前，如组织期望认证继续下去，应重新与认证机构签订认证服务合同（或协议），并在证书到期至少前三个月完成新一轮体系认证的现场审核，复审中一般不再需要第一阶段审核（初防），直接进行第二阶段的现场审核，除非组织的机构、管理体系以及组织或管理体系的运作环境（如法律的变更）发生重大变化，可能仍需要第一阶段审核

几乎所有的认证机构都有自己的认证审核管理规定（或程序、须知等），这些管理规定之间大同小异。

第 3 节　初次管理体系认证的第一阶段审核和第二阶段审核

3.1　概述

依据 CNAS 最新颁布的《管理体系认证机构要求》（CNAS-CC01:2015）以及实施指导技术报告之一《管理体系两阶段审核的合理性安排和实施》（CNAS-TRC-002:2009，2015 年 6 月 1 日再次修订）5.1“初次认证审核”中的要求，管理体系的初次审核应分为两个阶段实施。

注：该技术报告同时规定“当管理体系、获证组织或管理体系的运作环境（如法律的变更）有重大变更时，再认证审核活动可能需要有第一阶段审核”。也就是说，当质量管理体系认证标准（ISO 9001 标准体系，即 GB/T 19001 标准体系）出现重大与原则性修订、已经取得质量管理体系认证组织所适用的法律（诸如《中华人民共和国认证认可条例》等）发生重大与原则性修订时，组织质量管理体系 3 年认证有效期到期前的再认证可能还需要进行第一阶段审核，当然就目前情况而言，可预见的短期内，这种可能性不大。

《管理体系认证机构要求》（CNAS-CC01:2015）等同采用国际标准 ISO/IEC 17021—1。

由 2015 版《合格评定　管理体系审核与　认证机构的要求　第 1 部分：要求》可以看出，无论国内国外，组织管理体系初次认证审核都需要分两阶段进行。

本文件中的管理体系是指质量管理体系（英文简称为 QMS，即等同采用 ISO 9001 的 GB/T 19001）、环境管理体系（英文简称为 EMS，即等同采用 ISO 14001 的 GB/T 24001）、食品安全管理体系（英文简称为 FSMS，即等同采用 ISO 22000 的 GB/T 22000）以及职业健康安全管理体系（英文简称 OHSMS，即将等同采用 2018 年 ISO 发布的职业健康安全管理体系标准 ISO 45001:2018 的新版 GB/T 28001，但转化为国标可能还需时日）。

以下论述在提及“管理体系”时，包括质量、环境、食品安全和职业健康安全管理体系。

3.2　初次管理体系认证的第一阶段审核

3.2.1　概述

通常情况下，就大多数组织的管理体系而言，建议至少部分第一阶段审核宜在组织（受审核方）的现场进行。对于任何不在组织的现场进行第一阶段审核的情况，认证机构宜有合理性的安排，以确保其以等效的方式满足第一阶段审核所规定的目标,并保持记录以证实其安排的合理性。

从多年的实践来看,认证机构只有在同时满足以下两个条件的前提下才可以通过评审组织文件的形式(不经组织现场审核),实现第一阶段审核的目的:

(1)认证机构对组织有充分的了解,包括认证机构先前已经认证了组织的其他管理体系,或者组织该管理体系风险较低,如产品和服务不涉及国家强制标准的要求等;

(2)审核组具备组织的专业审核人员。

依据 CNAS-TRC-002:2009 第 6.1 中的要求,对于以下情形初次认证审核的第一阶段审核宜在受审核方的现场进行:

①复杂的管理体系,如:

组织的规模、结构及其职能复杂,如集团公司(具有不同等级体系及其层面的活动);

组织的运作场所及现场复杂多样,如具有多个临时场所和/或多场所的组织;

体系覆盖了相当数量的产品/服务范围,或具有高度复杂的活动和过程;

多个管理体系的结合审核。

②新扩展的技术或认证领域;

③对组织产品/服务、过程或活动中的相关技术或问题缺乏足够的了解或经验不足;

④高风险项目,如:

法规环境或社会关注度较高的行业,如食品、药品、航空、核动力等;

基于质量、环境、职业健康安全等相关因素的性质及其具有的高风险特性,如《质量管理体系认证机构认证业务范围能力管理实施指南》(CNAS-GC11)、《环境管理体系认证机构认证业务范围管理实施指南》(CNAS-GC31)、《职业健康安全管理体系认证机构认证业务范围管理实施指南》(CNAS-GC41)规范文件附表 1“认证机构认证业务范围分类表”中带“★”号或风险等级标识为一级的各专业类别;

⑤联合审核。

3.2.2 第一阶段审核目的

第一阶段审核的范围及其程度宜基于以下目的:

(1)确定受审核方已按约定标准建立并运作了一个管理体系,并依此确认受审核方对审核的准备程度;

(2)为认证机构第二阶段审核的顺利实施作充分的准备工作,如:

①为策划第二阶段审核提供关注点(每次审核都有一个特别关注点,如全员意识与培训、降低能源消耗、适用法规标准合规性程度、质量风险管理等);

②审查第二阶段审核所配置资源(包括审核组能力和审核员时间)的充分性。

3.2.3 第一阶段审核内容

为实现上述目的,在第一阶段审核中,认证机构应通过审核以下内容,以获取与受审核方(组织)管理体系有关的关键绩效和重要运行要素的适当信息。

3.2.3.1 审核受审核方的管理体系文件

管理体系文件提供了管理体系策划和实施的证据,系统地对管理体系文件进行审查,是审核受审核方理解和实施标准要求的重要环节,也是了解受审核方管理体系基本情况的重要手段。

通常在第一阶段现场审核前,应评审受审核方的管理体系文件,必要时,包括其他与管理体系运行有关的重要文件或需提前获取的任何信息(如工艺流程图、污染源调查报告等),以确定文件所描述的管理体系与审核准则(管理体系认证标准)的符合性,并获取受审核方在下列各方面进行有效策划的信息:

(1)建立了所需的文件体系;

(2)阐明了管理体系的实施范围,包括任何的删减及其合理性;

(3)建立了适当的质量、环境、职业健康安全或食品安全方针;

(4)制定了相应的质量目标、环境、职业健康安全目标、指标和管理方案、HACCP 计划及操作性前提方案;

(5)识别和确定了应控制的过程、重要环境因素、危险(源)及相关风险和食品安全危害,并制定了相应的控制措施;

(6)识别了应遵守的法律法规和其他要求;

(7)对管理体系的运行绩效建立了必要的监控机制;

(8)规定了管理体系各个职能与层次的相应职责、有关的责任机制和信息交流机制,并确定了必要的资源能力;

(9)规定了对管理体系进行内审和管理评审并持续的要求。

注:本条所包含的内容就是过去现场审核前的所谓"文件评审"。

3.2.3.2　评价受审核方的运作现场和现场的具体情况,并与受审核方的人员进行讨论,以确定第二阶段审核的准备情况

此处内容略。

3.2.3.3　审查受审核方理解和实施标准要求的情况,特别是对管理体系的关键绩效或重要的因素、过程、目标和运作的识别情况

通过对以下方面的了解,评价受审核方实施标准要求的情况:

(1)了解受审核方对质量管理过程、环境因素、危险(源)和食品安全危害等的识别、评价和管理情况,并与受审核方共同确认对关键过程、需确认的过程、重要环境影响、危险(源)和食品生产(加工)过程的关键控制点、关键限值识别的充分性、适宜性和控制方法的合理性;

(2)了解受审核方的方针、目标、指标与法律法规相关要求的一致性,目标、指标的可测量性。

3.2.3.4　收集关于受审核方的管理体系范围、过程和场所的必要信息,以及相关的法律法规要求和遵守情况(如受审核方运作中的质量、环境、法律因素,相关的风险等)

收集的信息可包括(但不限于):

(1)受审核方文件描述的管理体系范围与现场运作情况的一致性。

(2)产品、服务和活动范围。

(3)生产/服务状况、流程、班次安排。

(4)运作场所及现场的分布、距离及所处区域。

(5)动力及上下水管分布等。

(6)管理体系运行中对有关法律法规要求的遵守或执行情况,包括:

①相关的法律许可类文件及其有效性,如营业执照、生产许可证、3C 证书、安全生产许可证、其他法定的生产经营资质证书等;

②其他与质量相关的法定的评价、验收和抽查报告与证明性文件,如环评报告、职业健康安全评价报告、环保验收报告、排污申报和排污许可证、协议等;

③所提供的产品(如主要机电类产品或成套设备)是否属于国家明令淘汰的产品,如高能耗、高污染、结构落后、安全性差的产品。

(7)产品或服务的主动和被动监测情况。

(8)受审核方对适用法律法规的识别及在管理体系中的运用情况,以及合规性评价的实施情况。

(9)有关违法和投诉记录。

3.2.3.5　审查第二阶段审核所需资源的配置情况

包括以下内容:

(1)确认受审核方为审核组配备了满足第二阶段审核所需资源和设备(如人员和办公、交通、通信等设施设备)的情况;

(2)与受审核方商定第二阶段审核的时间、路线安全等细节;

必要时,根据认证项目的规模、复杂性及其第二阶段审核的条件,评估:

(3)拟派人员的能力(审核组人员的资格和经验)与其所承担项目职能的适宜性;

(4)审核时间配置的充分性。

3.2.3.6 结合可能的重要因素充分了解受审核方的管理体系和现场运作,以便为策划第二阶段审核提供关注点

(1)对受审核方的管理体系绩效要求有重大影响的过程或场所进行现场勘察,并与有关管理人员和作业人员交谈,以便为策划第二阶段审核提供关注点;

(2)质量管理体系宜重点关注设计、关键生产/服务、检验、采购过程及生产/服务提供场所。

3.2.3.7 评价受审核方是否策划和实施了内部审核与管理评审,以及管理体系的实施程度能否证明受审核方已为第二阶段审核做好准备

基于上述审核结果,评价受审核方管理体系的实施程度能否证明其已为第二阶段审核做好准备,认证机构能否进行第二阶段审核。

3.2.4 **第一阶段审核的后续活动**

对第一阶段审核发现的任何不能保证第二阶段审核进行的问题,包括文件和在第二阶段审核中可能被判定为不符合的问题,(审核组)应以书面方式向受审核方提出,要求其改进并完善其管理体系。

对于第一阶段审核中发现的问题,认证机构应在进入第二阶段审核前进行验证确认,验证确认的方式可根据问题的性质确定(如现场验证、确认组织提供的改进措施报告及其证明文件)。在问题没有得到纠正的情况下,尤其是存在不符合法规要求的情况(如连续监测不达标等)时,认证机构不会匆忙进行第二阶段审核,还可能需要再次进行第一阶段现场审核或针对所发现问题的区域进行现场验证和确认(从而会增加总体的认证审核人天数与审核费用)。

3.3 初次管理体系认证的第二阶段审核

第二阶段审核的目的是评价受审核方(组织)管理体系的实施情况,包括有效性。

第二阶段审核将依据认证标准的要求并基于第一阶段审核的结果,对受审核方的管理体系进行全面的符合性、适宜性和有效性评价。考虑到第一阶段审核中收集到的有关基础设施、工作环境、过程识别等信息,以及重要环境因素、危险(源)及其风险、食品安全危害等评价信息,已得到审核组与受审核方的共同确认,第二阶段审核时可以直接采用上述相关信息,但这并不意味着无须进行深入审核,如基础设施和工作环境应在第一阶段审核的基础上,进一步审核其运行、维护、保持的情况。

第二阶段审核应在受审核方的现场进行,并至少覆盖以下方面:

(1)与适用的管理体系标准或其他规范性文件(如部门管理规定)的所有要求的符合情况及证据;

注:如《手册》、程序文件、部门管理规定、各类内部标准等文件的实施情况,包括记录。

(2)依据关键绩效目标和指标(与适用的管理体系标准或其他规范性文件的期望一致),对绩效进行监视、测量、报告和评审的情况;

注:如目标的完成情况、关键绩效目标如产品合格率、顾客质量投诉、污染物排放达标率、职业健康安全事故件数等的内部监视测量结果、外部抽检报告、不合格时纠正措施的有效性等。

(3)受审核方的管理体系和绩效中与遵守法律法规及相关要求有关的方面;

(4)受审核方过程的运作控制以及应急预案的可操作性;

注:如现场与管理体系相关的程序文件、SOP、操作记录、现场管理状况等。

(5)内部审核和管理评审;

注:内部审核和管理评审的人员能力、过程、输入输出、记录、报告与后续措施(如纠正措施及验证)等是否符合《手册》或相关程序的要求。

(6)针对受审核方方针的管理职责;

注:主要为管理体系方针中的遵守法规和持续改进承诺是否在体系管理机构职能分配表中予以落实到具体的责任部门(人),同时这些责任之间形成了PDCA循环。

（7）规范性要求、方针、绩效目标和指标（与适用的管理体系标准或其他规范性文件的期望一致）、适用的法律要求、职责、人员能力、运作、程序、绩效数据和内部审核发现及结论之间的关联。

注：即内部审核的范围是否覆盖了上述管理体系要素（可通过查看审核清单确认），内部审核是否比较全面地发现了体系运行存在的主要问题，内部审核得出的结论是否与组织实际的绩效和管理现状相一致（如内审发现主要污染物因子经常超标排放，而责任部门未进行原因分析与实施纠正措施，就不能在环境体系内部审核报告中得出“ABC 公司环境管理体系运行基本符合 ABC 环境管理要求以及环境管理体系标准要求”等的结论）。

3.4 初次管理体系认证两次审核综述

认证审核第一阶段审核（又称为初防）与第二阶段审核（又称为正式审核或现场审核）的步骤、方法、活动、原则等在《管理体系审核指南》（GB/T 19011—2013 idt ISO 19011:2011）中有明确的规定，ISO 其他管理体系的认证审核也是按照该标准进行的，同时各管理体系的内部审核也是参照此标准实施的。以初次认证审核为例，综合该标准内容及认证审核实践第一、二阶段审核流程及主要内容见表 7-2。

表 7-2 管理体系初次认证第一、二阶段审核流程简要说明一览表

审核阶段	审核活动	审核活动说明	备注
第一阶段审核	确定审核组长		当审核小组只有一位审核员时，即为审核组长
	组成审核小组		
	文件评审	确定组织体系文件所述的体系与审核准则的符合性	
	编制审核计划	审核目的、范围和准则	审核计划将提前发至组织管理者代表
	首次会议	双方人员介绍、审核计划、准则、方式、风险、保密等事项说明	最高管理者、管代、被审核部门经理、向导等参加，末次会议也一样
	现场审核	审核发现（正面发现与负面发现）	有时不审核现场审核，只审核管理体系文件
	末次会议	书面以建议形式报告审核发现	许多认证机构第一阶段审核流程与第二阶段基本一致，也开具不符合项与纠正措施要求
	提交第一阶段审核报告		
第二阶段审核	编制审核计划	审核目的、范围和准则，组织各部门审核时间与要素的确定	两阶段审核的审核组长最好为同一人担任；审核计划将提前发至组织的管理者代表（或体系负责人）
	准备工作文件	审核清单等	
	首次会议	应由审核组长主持首次会议	最高管理者、管代、被审核部门经理、向导等参加，末次会议也一样
	现场审核	收集和验证信息，形成审核发现	每个被审核部门应指定审核陪同人员（向导）
	准备审核结论	审核组成员之间的沟通	
	与管理者代表沟通	再次沟通与确认审核发现，特别是负面审核发现	如推迟推荐注册或不推荐注册，此时应告知管理者代表（或体系负责人）并听取其意见
	末次会议	由审核组长主持，宣布审核发现与审核结论	审核结论：推荐注册、推迟（有条件）推荐注册或不推荐注册（未通过现场审核）
	审核报告编制、批准与分发	审核报告由审核组长编写，机构批准后发至组织管理者代表（或体系负责人、体系联络人）	组织应尽快提交针对不符合项的纠正措施（或纠正措施计划）报告给审核组长
	审核完成	审核计划中所有活动已完成，并分发了经过批准的审核报告时，审核即告结束	
	审核后续活动的实施	组织对不符合项的纠正措施及纠正措施由审核组的验证不视为审核的一部分	

注：（1）国内不同认证机构之间、境内外认证机构之间第一、二阶段审核流程与内容、方式略有不同；

（2）审核向导由组织各部门内审员担任最合适。

3.5 再认证审核简述

再认证审核也称为“复审”“复评”“换证审核”等。认证机构应基于认证周期内（通常为三年）获证组织管理体系的绩效水平和以往的审核结果，策划并实施管理体系的再认证审核（当然，组织也可以在认证期满以后不再实施认证审核，此时应在认证证书有效期截止前三个月以上通知认证机构），再认证审核可以不进行第一阶段审核，但包括因管理体系、获证组织或管理体系的运作环境发生重大变更时，认证机构可能需要实施类似初次认证审核的包括第一、二阶段审核的必要安排。

第4节 认证审核相关事宜详解

4.1 审核组

4.1.1 第一阶段审核

应依据认证项目的能力需求配置适当的具有相关专业的审核人员，如果审核组仅由一人组成，此人应满足审核组的全部要求，包括专业能力要求。

第一、二阶段审核宜尽可能安排同一审核组，以确保审核的延续性，如果第一阶段审核的审核组长或专业人员不能参与第二阶段审核，应将相关的信息和材料转递给第二阶段审核的有关审核人员。

注：组织应该有权询问或确认认证机构所选派的审核组成员的资质与专业背景是否满足认证的要求，如审核组长是否为高级审核员、审核组中是否具备组织专业背景的人员等。

4.1.2 第二阶段审核

审核组的组成，可根据受审核组织的规模大小，在原有人员的基础上适量增加，同时可考虑适当增加专业审核员的比例。

第二阶段审核前，审核组长应向新增加的审核员（即未参加第一阶段审核的审核员）全面介绍组织的情况和第二阶段应关注的审核重点。

注：有时管理审核关注点的是由审核组长和组织的最高管理者临时共同确定的，包括中间的监督审核一般都有审核的关注点。

4.2 审核时间确定

4.2.1 几个基本定义

审核时间：（各类审核的审核时间）是指按审核人日度量的实施审核活动所需的有效时间。

审核人日：一个审核人日通常为8小时，是否包括旅途时间或午饭时间，以当地法定要求为准。

CNAS注：我国除香港特别行政区、澳门特别行政区、台湾地区外，审核时间通常不包括旅途时间或午饭时间。

作者注：审核组长提供的审核计划中每天的审核时间安排加起来长达8小时，原来是要满足CNAS规定的要求。

有效人数：包括认证范围内涉及的所有全职人员（含每个班次的人员）。审核时将在场的非固定人员（季节性人员、临时人员和分包商人员）和兼职人员也应包括在有效人数内。

CNAS注：多场所审核时，每个拟审核场所的审核时间基于该场所有效人数计算。

作者注：实际认证审核组织有效人数的一种确定方法是以正常上班时的员工数为准，此时待在家里休息的倒班人数可不计在内。

临时场所：组织为在有限的时间内进行特定工作或服务而设立的，且不会成为常设场所的场所（如施工现场）。

复杂程度类型（仅适用于EMS）：对于环境管理体系，组织环境因素的性质、数量和严重程度对审核时间有根本影响，（本文件所规定的条款）按照组织环境因素的性质、数量和严重程度划分五种基本的环境因素复杂程度类型。

以上定义来自《管理体系审核时间(QMS、EMS、OHSMS)》(CNAS—CC15:2009)。

4.2.2　各管理体系初次认证审核时间

认证机构应针对每个认证项目的性质和风险等级,在充分考虑组织管理体系、过程、活动和产品/服务等方面的特性及其复杂因素(包括技术和法规环境)的基础上,依据《管理体系审核时间(QMS、EMS、OHSMS)》(CNAS—CC15:2009)有关审核时间的要求和计算方法确定合理的审核时间,包括为确保完成管理体系的第一、二阶段审核,合理地分配审核员的时间。表格中的审核时间规定来自《管理体系审核时间(QUC、EMS、OHSMS)》(CNAS—CC15:2013),更详细的解释说明见该标准中的对应文字描述。

质量管理体系初次审核时间规定如下。

质量管理体系初次认证审核的审核时间(天数,或称为审核"人日数")主要与组织员工有效人数相关,除此之外,认证机构还应该考虑其他增加审核时间和减少审核时间的因素,对规定的审核时间做一些必要的调整,需要考虑的增加审核时间与减少审核时间的因素见后文的论述。

质量管理体系初次审核时间规定见表 7-3。

表 7-3　质量管理体系组织员工有效人数与审核时间的关系

有效人数	审核时间 第一阶段+第二阶段(天)	有效人数	审核时间 第一阶段+第二阶段(天)
1~5	1.5	626~875	12
6~10	2	876~1 175	13
11~15	2.5	1 176~1 550	14
16~25	3	1 551~2 025	15
26~45	4	2 026~2 675	16
46~65	5	2 676~3 450	17
66~85	6	3 451~4 350	18
86~125	7	4 351~5 450	19
126~175	8	5 451~6 800	20
176~275	9	6 801~8 500	21
276~425	10	8 501~10 700	22
426~625	11	>10 700	遵循以上递进规律

注:(1)审核时间不包括实习审核员或技术专家的工作时间,下同;

(2)审核时间中的现场审核时间不得低于审核时间的 80%,且最少为 1 天。

对于表 7-3 中规定的质量管理体系初次认证审核时间而言,还应该考虑其他增加审核时间的因素和减少审核时间的因素。

增加审核时间的考虑因素如下(但不限于这些因素):

(1)组织的工作在多于一处的建筑物或地点实施,审核时需要复杂的后勤安排;

(2)员工使用多于一种的语言(需要翻译或妨碍单个审核员独立工作);

(3)与人员数量相比,现场很大(如森林);

(4)受法制管制的程度较高(如食品、医药、航天、核能等领域);

(5)体系覆盖着高度复杂的过程或数量较多的互不相同的活动;

(6)需要访问临时场所,以确认拟认证管理体系中的常设场所的活动;

(7)仅适用于 EMS:

①与同行业典型情况相比,受纳环境的敏感度较高,利益相关方的意见;

②有必要增加审核时间的间接因素,组织所属行业的附加的或特殊的环境因素或法规要求。

减少审核时间的考虑因素如下(但不限于这些因素):

(1)(仅适用于 QMS)客户不负责设计工作,或体系的范围删减了标准的其他要素;

(2)低风险的产品或过程(对于 EMS,表中已经考虑了该因素);

(3)与人员数量相比,场地很小(如仅有综合办公区);

(4)体系成熟,把两个或多个兼容的管理体系整合起来的一体化体系实施结合审核;

(5)对客户管理体系已有的了解(如同一认证机构已依据另一管理体系标准认证了该客户);

(6)活动的复杂程度低,如:

①过程仅包含单一的一般性活动(如仅包含服务);

②以往审核(内部审核和认证机构审核)显示,所有班次都实施相同的活动,且有适当的证据表明所有班次的表现相同;

③相当一部分员工从事相似的简单职能;

(7)有一部分员工在组织的场所外工作,如销售人员、司机、服务人员等,并且有可能通过记录审查来对其活动是否符合体系要求进行充分地审核。

以上增加审核时间的因素与减少审核时间的因素对审核时间的影响可以相互抵消。

4.2.3 各管理体系初次认证审核时间的安排

对于管理体系初次认证审核中的第一阶段审核时间最少为 1 天(人数少、风险较低的组织可为 0.5 天);第二阶段现场审核应为第一、二阶段总审核时间的 80%~90%。

4.2.4 各管理体系监督审核和再认证审核时间

在整个监督审核期间以及再认证审核时,如果组织质量管理体系以及其他内外部运作环境未发生重大变化,监督审核与再认证审核可以参照以上各管理体系初次认证审核时间来策划审核时间,即:

(1)监督审核时间:初次认证审核时间的 1/3;

(2)再认证审核时间:初次认证审核时间的 2/3。

4.3 审核费用

依照国家计委与国家质量技术监督局〔2003〕312 号文《质量体系认证收费标准》、国家计委与国家环保总局《关于环境管理体系认证收费的通知》(计价格〔1999〕1556 号文)以及国家认监委 2010 年第 5 号公告《食品安全管理体系认证实施规则》(CNCA-N-007:2010),质量管理体系、环境管理体系、职业健康安全管理体系的审核费用项目与金额基本相同,食品安全管理体系认证费用参照质量管理体系认证费用,即可分为固定费用、审核费用和变动费用。固定费用包括认证申请费、注册费、标志使用费;审核费用是审核时间(人天数)与人日费的乘积,审核时间见上文,国内证书人日费的标准为 3 000 元/(人·日),国外证书人日费未作规定(实际情况是比国内证书费用高许多);变动费用包括两个部分,其一是按照惯例支付的审核员在进行初访(第一阶段审核)、审核时发生的实际食宿、交通费用;其二是不可遇见的,由于组织原因导致额外的审核时间及费用,如对第一阶段审核发现的重大需要改进项目在第二阶段审核实施前的现场验证等。

以上信息汇总成管理体系认证费用一览表。表中数据为以上规章规定的要求,为国内认证机构认证收费的参照依据,国内境外认证机构认证审核(取得国外认可标志认证证书,认证标准为 ISO 或其他非 ISO 体系标准,非 GB/T)费用标准一般比此标准要高一些,具体可与认证机构商议。

由于国内认证行业的无序竞争,以及“僧多粥少”的市场现状,一些认证机构采购降低认证费用的方式吸引了认证客户,造成了诸多负面影响,为此中国认证认可协会(CCAA)于 2007 年发布了《认证机构公平竞争规范——管理体系认证价格暂行规定》(2009 年修订),对质量、环境和职业健康安全管理体系各阶段认证审核费用做出了最低限价要求(不含审核员交通、食宿费用),此规定对 CCAA 的认证机构会员有约束力。

该规定对质量管理体系认真审核的最低限价的规定如下:

(1)员工人数在 65 人以下,初审最低限价为 12 000 元;

(2)员工人数在 66~125 人,初审最低限价为 18 000 元;

(3)员工人数在 126~275 人,初审最低限价为 21 000 元;

(4)员工人数在 276~625 人,初审最低限价为 28 000 元;

(5)员工人数在 626~1 175 人,初审最低限价为 32 000 元;

(6)员工人数在 1 176~1 550 人,初审最低限价为 36 000 元;

(7)员工人数在 1 551~2 000 人,初审最低限价为 40 000 元;

(8)员工人数在 2001 人以上时,每增加一个审核人日,认证收费最少增加 2 400 元。

此规定中的第四条"两体系结合审核初审的最低限价为相应的两个单体系初审最低限价之和的 75%;三体系结合审核初审的最低限价为相应的三个单体系初审最低限价之和的 65%"应该可以作为各体系整合后的审核乃至四大体系一体化结合审核时审核费用的确定依据。

该规定中的第五条"再认证的最低限价为相应初审最低限价的 2/3,监督审核的最低限价为相应初审最低限价的 1/3。

关于组织建立包括质量管理体系在内的管理体系咨询费用,国际惯例为管理体系(初次)认证审核费用的 2~3 倍。

包括质量管理体系在内的各管理体系认证费用计算可参照表 7-4 形式来进行。

表 7-4　管理体系认证审核费用一览表

类别	初次认证审核费用	监督审核费用	三年后再认证审核费用
固定费用	5 000 元,其中: (1)申请费 1 000 元; (2)审定与注册费 2 000 元; (3)年金(含标志使用费)2 000 元; (4)认可标志使用费 1 000 元	年金(含标志使用费)2 000 元	同初次认证审核费用,按惯例可免申请费
审核费用	审核时间 =(人日数)×人日费,其中人日费:3 000 元/(人·日)		
变动费用	(1)如需加印证书,每证另收费 50 元; (2)由于组织原因导致的额外审核时间; (3)审核员的交通、食宿费用	审核员的交通、食宿费用	同初次认证费用

注:(1)对于组织而言,变动费用可在认证合同中以固定数量加以包干;

(2)取得境外认证机构的境外授信(认可)标志的认证要比此表中各项费用数目高一些,特别是人日费。

第 5 节　组织如何应对质量管理体系认证审核

5.1　概述

认证审核的最主要目的是检验和评价组织质量管理体系运行以及运行效果是否符合认证标准、适用法规标准、顾客与相关方要求、组织自身确定的要求(如质量方针和质量目标)。

对于组织而言,通过现场审核的目的不仅仅是获得一张认证证书,而是将审核的过程及其结果(审核发现和审核结论)作为一种持续改进管理体系的一种最重要的外部输入,同时组织相关人员还应该通过应对审核不断提升对质量管理体系标准精髓的理解、领悟和应用能力,从而反过来改进组织管理体系和管理体系运行绩效,亦即各管理体系的管理者代表(或体系负责人)、质量管理人员与内审员等人员应该随着质量管理体系运作和认证审核的多轮次不断推进,持续提升自身质量管理意识和技能,以期早日达到甚至超过认证审核员的水准,最终将有形的质量管理体系化为无形,使组织向更高的管理境界迈进。

5.2 审核前与管理体系相关的准备

5.2.1 质量管理体系各阶段认证审核前的应有状态

表 7-5 是在理解质量管理体系标准以及设想通过不同阶段审核将组织质量管理体系不断推进的应有状态。

表 7-5 质量管理体系认证审核前的应有状态

审核阶段	应有的状态
初次审核	(1)建立了 QMS(质量管理体系)框架文件,包括质量管理风险得到识别并制定应对措施; (2)产品顾客要求、适用法规要求与其他有关相关方要求识别合理; (3)产品满足法规和顾客要求; (4)文件和记录控制规范
监督审核	(1)QMS 文件执行力提升,质量风险应对措施有效性得到评价与完善; (2)过程/产品监视测量有效; (3)不合格(不符合)控制机制已经形成并有效运行; (4)文件和记录控制有效
再认证审核	(1)质量管理风险机制已经成熟,日常监视得到有效落实; (2)过程能力提升机制形成,纠正/纠正措施持续有效; (3)持续提升顾客满意机制形成; (4)质量目标的领先性

5.2.2 与管理体系运行相关的文件与记录等的准备

现在稍微有些规模的实施体系认证的组织应该都有电脑甚至内部局域网,也有至少一个带有投影仪的会议室,如此可将质量管理体系各类版本控制文件,如手册、程序、标准、内部管理规定、SOP 等全部放在共享电脑上,同时也可以将运行记录包括 SOP 操作记录放在共享电脑上,甚至将各类外部文件,如法规、标准与检测报告等扫描成电子版文件存放于电脑中,便于审核时方便快捷地出示文件和运行证据,也便于各部门经理和内审员等在审核前检查是否有文件不规范或文件(包括记录)遗漏,这些不规范或遗漏应该及时加以纠正和完善,必要时采取纠正措施。

就像上文所描述的那样,如果产品质量或服务质量、生产或服务过程及其结果符合法规标准与认证体系标准要求,那么通过现场审核应该是没有问题的;即使管理绩效存在一些问题甚至是超出法规标准要求的问题,只要问题不是特别严重,纠正措施也正在落实中,内部审核、日常监测、不合格(不符合)输出控制、质量风险与机遇管理、纠错措施机制及其运行也比较正常的话,通过现场审核也不会有大的问题。

有一点需要特别强调的是,组织任何与质量管理体系相关的管理绩效,主要是质量目标指标的高低,不仅与审核结论没有直接的关系,而且即使某些目标/指标没有完成,也不应该成为不符合项的事实,为什么这样讲呢?其一,质量管理体系标准只是管理类认证标准,不是产品类认证标准,认证的是组织基于 ISO 9001 标准的管理模式,虽然模式最终的目的是提升组织质量管理绩效,但管理绩效到底应该提升多少及提升到怎样的境界,都不是质量管理体系标准所特别关注的地方。其二,即使某些质量目标没有达成,变更目标或者寻找目标现实过程的不足,甚至内部判定为不符合,并进行纠正和改进或持续改进等皆是可行的应对办法,对此审核员应谨慎评论和慎重开具所谓的不符合项,除非组织对于那些未实现的质量目标不闻不问,即既没有定期监测和评价,也没有改进措施或者变更目标指标的评审,或者产品质量长期或严重不符合相关标准与顾客要求,总之这些才是违反管理体系标准要求的管理行为。

5.3　审核安排

5.3.1　审核计划变更和向导安排

审核前审核组长发过来的审核计划的一个明显特征是每天的审核时间安排得非常满,往往是 8 小时,这是认证机构不得已、必须满足审核规范要求的安排,否则按照组织的人数等计算的审核天数可能还要延长,为此管理者代表(或体系负责人)可以对审核组长编制的审核计划中的时间进行调整,比如缩短某些要素相对简单部门的审核时间、提前每天审核结束的时间,好让组织相关人员能够按时乘厂车下班等,甚至可以依照实际需要对各部门的审核时间安排予以调整,比如将总经理的审核时间提前到首次会议结束后。不过管理者代表在对审核计划调整前应与审核组长沟通并取得其同意,一般情况下是会同意的,特别是针对缩短审核时间的调整,同时管理者代表(或体系负责人)应该将调整后的审核计划通过邮件发给审核组长,以便其能够及时转发给审核小组的其他成员,组织对审核组长提交的审核计划进行变更也体现了"审核计划和日期应得到组织的同意"这一 CNAS 对认证机构认可的要求之一。

同时,组织如果对审核计划中的审核员有异议,也可以向认证机构提出更换要求,如组织觉得某位审核员的审核风格和能力难以满足组织需求,或者认证机构连续几次安排同一位审核员实施该体系的认证审核等,都可以提出变更审核员要求,认证机构是应该予以满足的。

在管理者调整审核计划时,可以将每个被审核部门向导名字加到计划中,以方便审核员的审核。关于向导的定义与作用见第 2 章 3.13"有关审核的术语理解"中术语"向导"的理解。

管理者代表应该为每个被审核部门安排至少一位向导(审核陪同人员),向导最好是具备内审员资格的各部门质量管理人员,这样不仅对顺利实施审核有利,而且也可以通过见证审核过程,提高这些内审员的审核水平。

向导应该非常熟悉本部门在管理体系中的职责、作用、与部门相关的程序文件、部门管理规定、部门重点管理对象(如质量关键点等)、SOP、质量目标,以及部门生产或服务流程、工艺控制参数、内部标准、法规标准适用性条款、现场、所有人员等,以便熟练、自信与规范地为审核员的审核提供帮助和便利,当然向导不能代替被审核人员(如部门领导、管理人员、技术人员与现场操作人员等)回答问题、提供证据,但可以澄清双方不理解的问题、不了解的术语与不清楚的过程、工艺原理等,并为整个审核过程做见证,所以向导也应该随身携带一个笔记本、数码相机(甚至 MP3 录音笔)随时记录审核过程的情形,特别是与负面审核发现有关的证据、双方理由陈述等。在每个部门审核的前 10 分钟,向导应到达审核员所在位置准备引领到本部门审核。

当审核员与被审核者发生争执时,向导应立即予以调解和安抚、避免冲突发生,并给足审核员面子;当被审核者不愿合作、态度蛮横、被指出不利证据时大发雷霆甚至恼羞成怒时,向导更应立即制止,避免不利于审核进行的场面出现,事后应向部门经理和管理者代表(或体系负责人)汇报,以便他们能够及时向审核小组道歉并承诺将追究责任。

从组织的角度看,向导还有一个非常重要的角色就是通过对审核全过程的参入,其一,向部门经理和管理者代表(或体系负责人)提出改进意见和建议,特别是对于那些虽然审核员没有抽查到,但依据审核员审核思路与准则判断其实就是不符合项的地方,或者依照审核员不符合项判定内容举一反三发现的其他类似的不符合之处。其二,每位向导应该对审核员的综合审核素质做出自己的判断,这样当管理者代表综合每位向导的判断后就可以对整个审核小组每位审核人员的综合审核素质有所了解,正常情况下审核组长的综合审核素质应该最高,个别审核成员差一点不要紧,但如果全部不尽人意,那么管理者代表就需要在下次审核前考虑对策了,如向审核机构提出婉转的口头意见,要求其派高水平审核员,或在不尽人意情况多次出现的情况下,考虑三年到期后更换认证机构。

讲到这里,也许有人会说对于组织而言审核员水平差一些还是“好事”,我们更容易通过认证,其实不然,水平差的审核员往往比审核水平高的审核员更难“伺候”,他们往往会照本宣科、不分轻重地实施机械式、全检式的僵化审核,一点小的个别不合格点或者现场马上可以纠正的简单问题就开不符合项、听不懂或听不进被审核者的合理解释、一副“老师考学生”与“鸡蛋里挑骨头”的架势,或者将管理体系当成包治组织百病的“万能药”,往往搞得被审核者“难以招架”、心情郁闷与烦躁,因为水平差的审核员难以轻松把握和自信判定被审核部门整体质量管理状态与风险管控程度,又深怕审不出来问题会显示自己能力不行,于是机关枪式的乱审一气,被审核部门真正好的方面没能看出来,一点点小的瑕疵又被判定成不符合项,从而很难达到通过审核肯定成绩、鼓舞士气、持续改进不足的认证审核目的。

当然,组织也可以对审核计划中安排的审核员提出异议,如某位审核员已经连续几次来组织审核,此种情况下要求更换是符合体系认证相关规定的,或者从其他渠道了解到审核组长的审核风格在其他组织同样不被认同和满意时,也可以与审核机构编制审核计划的人员及时沟通和提出更换意见,通常情况下认证机构是会满足组织要求的。

注:管理者代表(或称为体系负责人)可以是最高管理者、质量管理部门经理等。

5.3.2 其他安排

组织应尽量安排专车接送审核组人员;有住宿要求的,在大中城市最好安排到三星级及以上酒店;审核中的午餐对于境外认证机构在组织员工食堂即可,不必搞特殊化;审核开始后的某个时段,管理者代表可通过审核组长邀请全体审核员参加审核完毕后的晚宴,这是我国国情决定的必要礼节步骤,虽然有违不少认证机构的规定,以及审核员不一定接受邀请;当然也有个别体系做得很差的组织,试图通过不正当手段通过现场审核的情形。

对审核员的称呼最好为“某某老师”,这是当下普遍能够接受的叫法,应该划定一个会议或至少一个办公间为(临时)审核办公室,作为审核员中午休息和存放电脑等物品的地方,最好在门口或门上贴一张审核办公室的标识,审核办公室内应配备饮水机、茶水、小点心、水果等。

组织也可以在审核办公室所在办公楼的显著位置用立标识牌、电子牌甚至横幅的形式打出“(热烈)欢迎某某认证机构审核专家莅临公司审核指导”,以示对审核小组的尊重。

5.4 现场审核

5.4.1 审核员素质要求规定和审核原则规定

本部分内容详见第5章第2节。

5.4.2 几种常见的审核员审核表现类型

上文中对审核员素质能力的要求皆是最理想状况的情形,现实情况中没有多少审核员能够达到这样的境界,有道是“人上一百,种种色色”。

几种常见的审核员审核期间表现类型和组织应对策略如表7-6所示。

表7-6 几种常见的审核员审核期间表现类型和组织应对策略

表现类型	言行或审核的主要特征	组织应对策略
“和风细雨”型	言辞举止中透出专业、老道、见多识广,能够轻松驾驭审核过程以及建立良好的审核氛围,“以理以德”服人	积极配合,力争通过观察和领悟其技能和方法来提升管理水平
“谦逊谨慎”型	将自身和被审核方视为各方面皆是“平等”的双方,态度非常谦逊、言语非常客气、判定非常谨慎,力图依理(道理、逻辑)依法(审核准则)做出令被审核者口服心服的审核发现	以礼相待,是内审员学习的典范之一,可能时,在内部审核中模仿和推崇这种类型

续表 7-6

表现类型	言行或审核的主要特征	组织应对策略
“老实巴交”型	语言与表情中透出其忠厚、老实、与人为善的特质，审核过程也是严谨认真，较多的是善意和中肯建议，不会使人紧张	与之多交流，以分享其经验和学习其技能
“居高临下”型	言语犀利、声音浑厚、语气透出一种非常强势的姿态，审核时好似老师批改作文，看似问题一大堆，人员被审得噤若寒蝉，最终开具的不符合项不一定多，享受的是过程和别样氛围	尽量适应、配合与给足面子，除非有高素质人员识别出某个漏洞甚至错误来挫一下其“锋芒”
“阴险狡诈”型	言行看似温柔、有修养，审核过程却暗藏“杀机”，诱导式或暗示性的提问容易导致负面发现，审核过程看似轻松没有多少问题，末次会上属其开具的不符合项最多	有序审核应对，有问有答，也不多答，回答或出示证据前先搞清楚他的意图，勿被牵着鼻子走
“琢磨不透”型	语言中性、言辞极具逻辑、既非理性又非感性，令人看不透和心中没底，一副专业、严谨与认真的样子	以慢制动，或以专业对专业，将组织最高素质人员推向前线
“初出茅庐”型	自信掌握了审核精髓，跃跃欲试，地毯式轰炸审核，专注负面发现，对负面发现的判定也自感无可挑剔，很难听进去被审核者的解释，认为管理体系应该是包治组织百病的“灵丹妙药”，所有看似不顺眼的东西皆是体系运行不好所导致的，不免会提出超过认证标准或行业要求的不符合项或建议	以高素质专业人员应对，即以专业知识、对相关法规标准的透彻理解以及对认证审核、审核准则的高度领悟与其“切磋技艺”

总之，审核员类型的区分是各自的性格、脾气、修养、涵养、阅历、能力、从业年限、机构名气与文化氛围等诸多因素综合作用的结果，站在组织的角度，应当以良好的管理体系运行业绩和高素质的体系管理人员来从容应对，本着“有则改之，无则加勉”的宽广胸怀来迎接形形色色的审核员，并善于从他们身上吸取各自的长处为我所用，以求共同进步和发展，方为正道。如果组织内部有能力达到或超越审核员的管理人员，表现在对认证标准理解、认证实线经验、行业技术与管理知识方面与审核员比肩，同时此类管理人员在组织质量管理体系建立与运行中又被授权发挥出应有的水平，那么质量管理体系审核对组织而言不再是如同考试般痛苦与煎熬了，会很简单、从容。

5.4.3　现场审核应对注意事项

现场审核前及审核过程中应该注意的事项大致如下：

(1)应提前安排，以保证被审核区域在审核时保持正常有序的生产或活动，以及现场环境整洁、有序。

(2)提前准备好审核员进入有特殊穿戴要求场所时所穿戴的防护性用品与洁净性用品，用品应该是新的或者一次性的。

(3)所有与审核相关的文件、记录等再规范地整理一遍，以便审核时能在短时间内提供给审核员。

(4)对过程、体系文件(主要为 SOP)、控制参数、内控标准、记录等不熟悉人员，说话结结巴巴、不善于表达或理解力差的人员以及脾气暴躁等不利于保证审核效果的人员，不要安排在审核的班次上。

(5)对于审核员的提问，听懂了以后再回答，回答不完全时，其他被审核人员可以补充；回答要简明扼要、有的放矢，不要主动引申出其他主题或问题，还是那句老话“言多必失”，或者说话越多越容易发现漏洞或问题点。

(6)如果审核员感兴趣或重点审核的地方正是做得最完美的地方，当然应该花时间多方面展示甚至主动引申出审核员未打算审核之处。

(7)切记避免与审核员发生冲突,以平和的语气回答或说明问题;被审核者如果有充分理由认为是审核员误判之处,说明一下后如果审核员还是坚持已见,可以及时向管理者代表(或体系负责人)反映实情,再由管理者代表与审核组长沟通,即使此审核员就是审核组长,也应如此。

(8)对于审核员指出的明显的不符合不能再狡辩、推脱,应虚心承认。

(9)对于抽样量过大甚至是全检性质的审核,向导可以婉转地加以提醒审核员,比如说,“照这样审核下去,时间可能不够”等方式,如果经常就是这样,可向认证机构技术总监等类似管理人员反映。

(10)如快到下班审核还没有结束,被审核者不应表现出自己急于下班还要赶厂车的表情(万一赶不上厂车打车回家,公司哪有不报销的道理),应该耐心地继续配合审核,此时提醒审核员是否可以将未完成的审核推迟到明天,提醒出自向导之口比较合适,万一审核员仍然坚持审完,所有可能被审核的人员也只能“奉陪到底”。

(11)审核员对工艺、过程、术语等不懂或不明白之处,要耐心加以说明,其方式还要给足审核员面子。

(12)每个现场审核完毕后,被审核现场的负责人最好主动询问审核员是否有负面发现(不符合项),并请其说明不符合项事实,此时还可以出示其他证据或寻找其他证据来“反驳”不符合事实,这是最佳的“辩解”机会,因为有不少审核员出于审核习惯,在每个审核现场审核完毕后不会说出不符合项,而是留在现场审核结束后将自己发现的不符合项交给审核组长,有时会给被审核者一种假象,认为本部门这次审核没有发现问题,到末次会议宣布本部门不符合项时又“措手不及”。

(13)无论是否有负面审核发现(不符合项),审核结束后,被审核人员应与审核员以握手或寒暄方式表示感谢。

(14)如果被审核组织的最高管理者或者某个被审核部门经理是外国人,最好由组织配备懂管理体系或组织日常运作语言的翻译人员,一般认证机构是难以提供非汉语认证审核审核员的。

5.5 审核结论

所谓审核结论,就是审核小组在现场审核结束后综合考虑所有审核发现,特别是负面审核发现的基础上,结合考虑本次审核目的所得出的关于本次审核的结论,即现场审核是否通过。审核结论在末次会议上宣布前一般不会告诉审核方,除非出现会颠覆组织本次审核目的严重不符合项时,在宣布审核结果前审核组长可能会与组织体系管理者代表(或体系负责人)甚至最高管理者进行单独商议。

组织对设审核结论有异议的,在与审核组长协商未果的情况下应及时向认证机构反映和投诉,仍未果时也可以向 CNAS 反映和投诉。

5.6 不符合项的确定

在每次现场审核结束后和末次会议开始前的一段时间内,审核组长会与组织管理者代表(或体系负责人)单独沟通审核发现特别是不符合项的情况,此时如果管理者代表有理由与十分了解现场及管理体系情况,针对某些不好整改或判定不合理的不符合项应提出自己的意见和建议,比如将不符合项改成观察项或口头建议项等。所以,在每个部门审核完毕后,该部门经理或向导有必要及时将审核信息,特别是可能导致不符合判定的信息,以及现场已经判定为不符合但审核员不采纳的利于“驳回”不符合项判定的详细信息报告给管理者代表甚至最高管理者。

管理者代表还应该对不符合项的描述提出自己的意见,因为有些水平欠佳审核员开具的不符合项事实描述极不规范,不利于组织进行不符合原因分析与对策制定,此时管理者代表可对不符合项事实描述提出自己的合理建议,以便后续的纠正措施。

在末次会议中,当审核组织逐一宣读不符合项事实后,会询问是否还有不同意见或新的证据,此时该不符合项部门的经理或其他当事人员也可以出示在现场审核中没来得及出示的证据,以证明是符合的,证据可以是记录、检测报告、法规标准条款等,以便“据理力争”,减少不符合项的数目。

5.7　如何编制纠正措施报告

在末次会议中，审核组长会将按照其认证机构格式的将本次审核的所有不符合项汇总表交给管理者代表，按照通过审核规范要求组织在三个月内实施完毕针对不符合项的纠正措施，并将填好的此不符合项汇总表和纠正措施证据一并寄给本次审核组长。

当然，现在几乎所有的不符合项汇总表，以及在此表基础上编制的纠正措施汇总报告、纠正措施证据都是电子版的，非常便于编辑和传递。有的纠正措施有效性证据还需要现场照片，最好拍成数码照片的形式便于传送。

也有审核组长只需要组织在三个月内只提供纠正措施计划而无须提供纠正措施证据，纠正措施证据在下次审核时进行现场验证。

对各不符合项进行原因分析与防止再次发生对策制定，以及语言描述也是一个非常有技术含量与技巧的工作，最好由体系内审人员与不符合项部门经理以及技术人员共同制定。有时对审核员提出的书面观察项，也要进行原因分析和措施计划。

对于审核员按照很高要求（将管理体系看成包治组织百病的“灵丹妙药”）而开具的不符合项或者观察项，在有充分理由说明的前提下也不必非要采取什么具体的措施。总之，编制纠正措施报告最核心的要求就是要合情、合理与合法（体系认证标准要求、组织管理体系规定与法规标准条款以及行业规范、惯例与工艺技术特点）。表 7-7 是一个具体的由组织体系管理小组针对质量管理体系审核不符合项报告编制的纠正措施计划内容，是整个按照审核机构格式填写的不符合项与纠正措施计划表中的一部分，可供不符合项原因分析和对策制定时参考。

表 7-7 组织提交给审核组长的纠正措施报告内容(局部)

负面发现类别	认证审核组长发出的不符合项		组织不符合项纠正措施信息			
	描述	涉及标准条款	纠正(临时性措施)	不符合原因分析	纠正措施描述	纠正措施证据
建议项	HR 部门在制定培训计划、确定培训项目时应明确培训的目的,并选择适当的有效性评估方法,确保培训达到预期的效果	ISO 9001:2015 7.2 能力	将在××××年的公司培训计划(××月才能编制出来)中增加培训目的与培训考核方法两栏	以往培训目的已经在相关培训记录中表达出来,有效性评估方法由培训者在培训前决定,并在培训现场实施	自现在起,在总体培训计划中增加一栏培训目的,其有效性评估方法由培训者决定并实施,特别对于外部培训更是如此	下一年度ABC 培训计划
轻微不符合项	生产部包装车间没有对监控易拉罐封口质量的投影仪 GJY-WB 系统及使用的游标卡尺进行校准。对于装罐量的监控的电子秤使用砝码进行校准,但是没有记录标准砝码的编号,无法进行溯源,且没有在工作范围进行校准,标准砝码没有外校的证明。查实验室的电子秤 BR×××××,编号×××××××,校准的有效期是 2017-10-31	ISO 9001:2015 7.1.5 监视和测量资源	临时用实验室经外部检定的量具来对游标卡尺进行确认,结果符合控制精度要求。利用实验室经外部检定的1/10 000天平对砝码进行确定,结果精度符合现场控制精度要求	易拉罐封口质量检测用系统及其量具由生产商提供,多年使用效果良好,但未及时纳入内部校验系统。电子秤砝码已经纳入内部校验系统,使用化验室 1/1 000 外检天平校准,对于溯源性信息未予以记录。实验室电子秤等每年均在到期前邀请法定机构上门检定,但这次该电子秤所对应的检定报告中的变化写错,主管核对时未发现(注:正确的编号为××××××××。有效期为××××年××月××日,非审核员描述的)	购买量具并外部检定一次,保存检定报告,见证据×,量具对游标卡尺的校准纳入包装仪器仪表校准计划。购买系列砝码并外部检定一次,保存检定报告,见证据×。每年接到实验室仪器仪表外部检定报告时,科长仔细核对所有信息,发生非结果信息不符合时,及时要求检定机构更换检定报告	(1)量具外部检定报告;(2)砝码外部检定报告;(3)含游标卡尺的新版包装车间仪器仪表内部校准计划
	查酿酒车间《贮酒罐操作记录》,11#罐于××××年××月××日满罐,表格只有××天冷贮酒的温度、压力记录,无××月××日至××月××日的冷贮酒的温度、压力记录	ISO 9001:2015 8.5.1 产品和服务提供的控制	中试人员内部沟通,使得每个人明白对外汇报或说明时发酵与贮酒记录分别记在两个不同Excel文件上,下次汇报或说明时不要遗漏	现场审核时,被审核操作工仅向审核员展示了仅记录××天的(贮酒罐原始数据记录表),该表格主要记录满罐等信息,其温度与压力记录只有××天,一旦超过××天,因处于贮酒阶段,只记录温度与压力即可,且此时及以后的记录转移到另外一个《后熟贮酒记录》上继续记录,由于该记录未向审核员展示,故误认为超过××天的贮酒记录(温度与压力)没有做	通过内部沟通提升操作人员对文件与记录内容及其存放位置的熟悉程度,以便提升日后应对各类审核与检查实施的效率	相关证据见文件夹《酿酒满罐发酵与贮酒记录表》中的两个记录

注:(1)正式的格式由审核组长提供,本表只是将其中最重要的几项内容摘要出来供参考;

(2)不符合项的分类多数认证机构采用严重不符合项和一般不符合项两种,至于观察项、建议项、口头建议等依认证机构各异,组织只要对书面的审核(负面)发现报告做出正式书面回应即可;

(3)组织如果对建议项的内容不认同或技术上、经济上难以实施,以及法规标准上又无明确要求时,可直接说明理由而不必照办建议。多数建议项属于“锦上添花”属性,与审核结论没有多少关系。

参考文献

[1] 中国认证认可协会. 质量管理体系审核员 2015 版标准转换培训教材[M].北京:中国质检出版社,中国标准出版社,2015.

[2] 全国质量管理和质量保证标准化技术委员会,中国合格评定国家认可委员会,中国认证认可协会.2016 版质量管理体系国家标准理解与实施[M].北京:中国质检出版社,中国标准出版社,2017.

[3] 北京质量管理协会. 2015 版质量管理体系审核员实用教程[M].北京:中国铁道出版社,2015.

[4] 黄小祥.质量、环境、职业健康安全和食品安全管理体系认证指南[M].北京:中国轻工业出版社,2011.